U0589582

AI赋能财务
写给CFO
的AI使用手册

武魁 ◎ 著

人民邮电出版社

北京

图书在版编目（CIP）数据

AI 赋能财务 ：写给 CFO 的 AI 使用手册 / 武魁著.
北京 ：人民邮电出版社，2025. -- ISBN 978-7-115
-67869-0

Ⅰ．F275-39

中国国家版本馆 CIP 数据核字第 2025TP0508 号

内 容 提 要

本书是一本专为 CFO 编写的 AI 实务指南，书中探讨了 AI 在财务控制、价值管理、资本运作和战略决策中的应用，旨在帮助他们利用 AI 提升财务管理的效率和决策能力。书中还详细介绍了 AI 在智能预算编制、现金流预测、成本优化、EVA 计算与优化、投融资决策支持等方面的应用内容。通过 AI 技术，CFO 可以实现财务数据的自动化处理、实时监控和智能分析，从而提升财务管理的精准度，从传统的“数据管理者”转变为“战略决策者”。

本书不仅提供了理论知识，还通过实际案例展示了 AI 在财务领域的具体应用，具有很强的实用性和指导性。

◆ 著　　　　　武　魁
　　责任编辑　李士振
　　责任印制　彭志环
◆ 人民邮电出版社出版发行　　北京市丰台区成寿寺路 11 号
　　邮编　100164　电子邮件　315@ptpress.com.cn
　　网址　https://www.ptpress.com.cn
　　涿州市京南印刷厂印刷
◆ 开本：700×1000　1/16
　　印张：18　　　　　　　　　2025 年 10 月第 1 版
　　字数：382 千字　　　　　　2025 年 10 月河北第 1 次印刷

定价：89.80 元

读者服务热线：(010)81055296　印装质量热线：(010)81055316
反盗版热线：(010)81055315

AI 时代的财务总监：变革、机遇与挑战

AI（人工智能）的迅猛发展重塑了企业管理体系，财务职能作为企业的核心环节也率先受到影响。传统的数据录入、报表编制等工作正在被 AI 替代，CFO（财务总监）角色也正在加速从"数据管理者"向"战略决策者"转型。这一变革既带来了效率革命，也带来了全新的挑战，如何把握 AI 重塑财务价值成为关键命题。

一、技术重构：财务底层逻辑的颠覆

以机器学习、自然语言处理为代表的 AI 技术正在重构财务工作的底层架构。在数据处理方面，AI 可实时处理海量结构化和非结构化数据，使分析模式从抽样统计升级为全量计算。在流程自动化领域，"RPA+AI"组合已实现从发票识别到账务处理的全流程自动化，效率提升 300 个百分点的同时将错误率降至 0.1% 以下。更具颠覆性的是 AI 的预测能力，通过构建复杂算法模型，AI 可识别传统方法难以发现的数据关联，如某零售企业利用 AI 预测模型将库存周转率提升至 27%。

二、智能管控：构建实时防御体系

AI 推动财务控制进入智能化时代。传统人工审核存在 20%~30% 的覆盖率局限，而 AI 系统可实现 7×24 小时全量监控。某银行应用 AI 反欺诈系统后，异常交易识别准确率达 98.6%，风险响应时间缩短至秒级。在资金管理方面，AI 预测模型使现金流预测准确率提升至 40%；在风险管理中，多维预警体系可提前 14 天识别 80% 的潜在风险。这些突破性应用正在重构企业财务防御体系。

三、价值创新：从成本中心到利润中心

AI 推动财务部门向价值创造者转型。深度学习算法可识别隐性成本动因，某制造企业通过 AI 分析实现年降本 1.2 亿元。在定价优化方面，AI 模型综合 10 余个维度数据，帮助某电商平台毛利率提升 5.3 个百分点。实时经营仪表盘使决策周期从周级压缩至小时级，动态预算系统将预测准确率提高至 35%，这些变革正在重新定义财务的价值定位。

四、资本进化：智能投融资管理

AI 正在优化资本运作模式。在投资决策方面，自然语言处理技术可日分析 10 万余份

财报／研报，某基金公司 AI 选股模型年化收益跑赢大盘 8 个百分点。在融资管理中，AI 信用评级模型将评估误差控制在 3% 以内。投资者关系管理也因情绪分析技术发生质变，使资本沟通更加精准高效。

五、决策革命：战略管理新范式

AI 成为战略决策的核心引擎。企业经营模拟系统可实时推演 20 多种战略场景，某集团借此避免 3.5 亿元投资失误。在市场预测方面，时间序列模型将需求预测误差控制在 8% 以下；竞争监控系统能识别 83% 的对手战略动向。并购尽职调查效率提升 10 倍，某跨境并购项目借助 AI 系统发现隐藏负债 2.8 亿元。

六、机制创新：精准激励体系

AI 推动人力资源管理革命。实时绩效系统可捕捉 90% 以上的关键行为数据，某科技公司借此将考核偏差从 15% 降至 3%。薪酬优化模型综合 30 多个市场参数，使薪酬竞争力指数提升 25 个百分点。股权激励预测系统能模拟 5 年后的价值影响，某上市公司借此设计出最优激励方案。

七、破局之道：转型路径与挑战

财务总监需构建三维转型框架。

第一，能力升级：掌握 AI 技术原理，培养"财务 + 数据"复合型团队；

第二，治理体系：建立涵盖数据安全、算法伦理的治理框架；

第三，人机协同：保持专业判断力，关键决策实行"AI 分析 + 人工复核"双机制。

主要挑战包括：技术迭代带来的 72 个百分点的知识更新需求，数据隐私保护的合规成本增加 30 个百分点，以及组织变革中增加 62 个百分点的员工抵触率。某跨国企业通过"数字沙盒"培训计划，6 个月内使财务团队 AI 应用能力提升 400 个百分点。

唯有主动适应、统筹机遇与挑战，财务总监才能在 AI 时代实现真正的转型与价值跃升。

作者

2025 年 8 月

目录

第 1 章
公司财务治理与 AI 赋能

越来越多的股东认识到，虽然我国实行同股同权的公司治理机制，但拥有股权并不意味着拥有企业的控制权，更不代表拥有企业的财务控制权。企业管理者负责企业日常经营管理活动，财务部门直属于管理者，而股东不直接参与企业的经营管理活动，这就使得股东与管理者之间形成了信息不对称的局面，如果在公司财务治理上没有一个合理的体制和机制安排，股东们的利益保障就无从落实。因此，从财务管理体制方面来把握公司的控制权，将潜在的法律控股权转化为现实的财务控制权，越来越成为股东的迫切需求和强烈愿望。

公司会计人员的管理体制是公司财务治理的另一个重要问题。为了解决会计信息失真问题，遏制"内部人控制"现象，近年来出现的财务总监委派制、会计人员委派制和"会计楼"等模式，均属于对这一方面的创新探索。

1.1 公司财务的分层治理

随着公司规模的不断扩大，公司的利益主体越来越呈现出多元化的趋势。这使得公司财务越来越复杂，只有通过财务分层治理对财务体系进行分层次管理，才能达到降低财务体系的复杂性、简化管理的目的，进而使整个财务体系的效率得以提高。财务分层治理理论在未来公司财务治理中的作用将不容忽视，财务分层治理理论的研究对于完善我国公司财务治理结构、构建我国公司财务分层治理理论都有着重要的意义。

1.1.1　何谓公司财务分层治理

公司财务分层治理是指将企业所有者财务与管理者财务分离管理，以更好地实现财务管理职能。企业活动大致是由经营活动和财务控制活动两方面组成的，企业组织设计和管理控制系统的构建，也必须考虑经营和财务这两种不同的控制系统及其特性；与之相适应，企业内部权力也划分为经营权与财务控制权这两个方面。经营权涉及实物控制权，财务控制权涉及价值控制权。公司财务分层治理是公司制企业财务管理的有效模式。从公司治理结构来看，公司财务治理是分层次的，即不同的财务管理主体对应不同的职责、权力。公司财务治理具体可分为 3 个层次，如表 1-1 所示。

表 1-1　公司财务治理的 3 个层次

层次	管理主体	管理对象	管理目标	管理特征
出资者财务治理	所有者 / 财务总监	资本	资本保值与增值	间接控制
管理者财务治理	管理者 / 财务总监	法人财产	法人资本的有效配置	决策控制
财务经理财务治理	财务经理	现金流转	现金收益的提高	短期经营

（一）出资者财务治理

产权关系明晰是现代企业制度的基本特征，管理者重视的是公司财务运营的过程，而出资者重视的是公司财务管理的结果。因为出资者和管理者的权力、责任不同，所以产生了第一层次的财务治理，即以出资者为治理主体的出资者财务治理。从公司治理结构来看，股东会（大会）、董事会、经理层分别在公司内部拥有相互联系又相互制约的权、责、利关系，而这就要求公司具有独立于出资者的法人地位，出资者保留了最终所有权，企业得到了法人所有权和经营权。出资者财务治理约束机制的目标是要求企业管理当局提供真实、完整、及时的会计信息，监督企业管理当局的经营管理行为，做出正确的投资决策，实现资本的保值增值。

（二）管理者财务治理

在企业中，出资者只起到监督作用，提供战略层次的指导，不直接参与经营管理，而具体战术的制定是由管理者完成的。管理者需要制定具体执行方法让企业正常运作，以保证达到企业的目标。这是第二层次的财务治理，即以管理者为治理主体的管理者财务治理。管理者在进行财务治理的时候，主要管理企业的具体财务投资，有效地控制预算执行情况，负责聘任、解雇财务经理等。管理者是企业经营管理活动的灵魂。

（三）财务经理财务治理

出资者的最终目标要通过董事会的财务决策、组织和协调来实现，而管理者财务治理的决策和协调又要通过财务经理和财务人员的具体操作来落实。企业财务经理由董事会委托，财务经理和财务人员行使的是财务决策事项的执行权与日常管理权，这样就形成了传统意义上的第三层次的财务治理，即以财务经理为治理主体的财务经理财务治理。财务经理财务约束机制的目标主要是建立经营风险控制系统、保护企业财产安全完整、确保国家有关法律法规和企业内部规章制度的贯彻执行，实现董事会的财务管理战略和财务决策。财务经理的主要任务是管理好企业的日常财务工作，掌控企业财务的操作性大权，为了企业的财务稳固和发展，提高财务资金的使用效益。当然，财务经理除了管理企业日常财务工作外，还要负责财务治理和财务管理，拟订各种计划，管理日常财务决策、财务分析与财务报告等具体事务。财务经理还受到企业管理层的领导，是企业经济活动的具体执行者。

虽然上述 3 个层次的内容在整个公司治理中各有侧重，但它们的最终目标是一致的，即实现股东财富（企业价值）最大化，而它们之间的辩证统一是实施有效公司治理的关键。

1.1.2　公司财务分层治理控制

公司财务分层治理控制包括所有者对管理者的控制、财务总监行使会计控制权和公司会计部门及会计人员履行会计控制责任这 3 个层次。

（一）所有者对管理者的控制

所有者对管理者的控制对应公司财务治理的第一个层次。所有者将其资本投入企业后，其资本就与债权资本结合在一起构成企业的资本，形成企业的法人财产。所有者失去了对法人财产的直接控制权，为了实现其资本保值增值目标，只能通过控制其资本的方式操纵法人财产。控制资本既是产权控制的重要内容，也是财务控制的前提和基础，具体控制措施是通过所有者委派财务总监制度来实现的。

应强调董事会在企业财务控制中的主体地位。财务控制绝不只是财务总监或财务部门的事情，也不只是企业管理者的职责，而是所有者对企业财务进行的综合、全面的管理。一个健全的财务管理体系，实际上是完善的法人治理结构的体现；反过来，财务控制的创新和深化，也将促进企业制度的建立和治理结构的完善。

这一层次体现了两个控制主体相互制衡的关系：所有者通过激励和约束来控制管理者，保证自身获取最大化的经营利益；管理者通过正确的决策和有效的经营，在履行受托经济责任的同时获得制度化的、约定的经济利益。

（二）财务总监行使会计控制权

财务总监行使会计控制权对应公司财务治理的第二个层次，管理者财务控制的对象是企业法人财产。

财务总监是由所有者委派的，是所有者利益的维护者，并具体监督和指导企业会计控制过程。财务总监控制作用的发挥一方面通过对企业会计部门和会计人员的领导和控制，掌握企业会计系统的运行情况，对于企业重大的交易、资产变动等拥有审批权；另一方面通过主持定期及非定期的企业外部审计，及时发现企业经营和会计方面已经发生的或潜在的问题，并采取相应的措施。

（三）公司会计部门及会计人员履行会计控制责任

公司会计部门及会计人员履行会计控制责任对应公司财务治理的第三个层次，在这一层次上，不能将会计控制体制与企业行政管理体制混为一谈。在这一层次上，行使会计控制权的是企业的会计人员，作用方向是企业经理层和各部门，而监督和评价会计人员履行控制责任的，却是上一层次代表所有者利益的财务总监。由此可见，会计人员对经理层的会计控制与经理层对会计人员的行政领导，是不同的管理过程。

1.1.3　公司财务控制权的分层配置

在财务控制权的配置中，决策权的配置居于中心地位，是财务控制权配置的关键。在实际配置中，财务决策权是按财务事项的重要程度，依照重要性原则以及效率原则分层级配置的，其中事关企业发展全局、对企业影响较大的战略性财务事项的决策权由股东（大）会及董事会拥有，而日常、重复性、对企业影响较小的财务事项的决策权由经理层掌握。

公司财务控制权的分层配置分为财务决策权的分层配置和财务监督权的分层配置两个方面。

（一）财务决策权的分层配置

财务决策权的分层配置大致遵循以下规则：公司股东会（大会）或董事会决定公司的重大融资事项，公司管理层决定公司的营运资本管理，作业单元则主要负责公司的营业性收入和支出事项。

（二）财务监督权的分层配置

特别针对国有企业，我国在公司不同层次的财务监督方面做过许多改革探索，包括财务总监委派制、"会计楼"制度、会计人员委派制、监事会制度、稽查特派员制度等。

可以看出，不同财务监督方式在公司治理结构和财务治理中所处层次不同，所起的作用也不同。从实践情况来看，按照总经理和财务总监共同向董事会负责的双轨制思路，以"董事会委派财务总监和财务总监主导公司会计、审计系统相结合"为核心内容的财务总监制度，取得的财务监督效果最为显著。

1.2　会计人员的管理体制

由于企业的会计系统是唯一的，所以对会计人员的委托权也变成一种稀缺资源，成为企业各利益关联方争夺企业财务控制权的焦点。会计人员管理体制不仅与企业财务治理密不可分，而且也是企业财务治理的一个重要问题。

会计人员具有反映和监督这两种基本职责，根据这两种职责的统一和分离，从理论上讲，存在"会计人员独立""会计人员双重身份""会计人员委派制""会计人员回归企业"4 种基本的会计人员管理体制。与这些改革思路相适应，会计人员委派制是提高企业财务治理效果的较佳选择。

1.2.1　会计人员管理体制概述

我国会计人员管理体制的内容包括：会计人员专业技术资格制度，会计人员的任免、考核、表彰、奖励制度，会计人员的继续教育制度，会计人员权利、义务以及依法行使职权及保障制度等。

企业是由所有者、管理者、债权人、政府以及客户、社会公众等组成的一组契约的集合点。在这些契约中，会计数据是极其重要的组成部分，生成会计数据的会计人员处于受托者的地位，其工作涉及契约各方的利益。由于一个企业只能有一个会计系统，所以对会计人员的委托权就变成一种稀缺资源。如何配置这种委托权资源，以最大程度保证各方利益，并实现最大效益，便成为会计人员管理乃至公司财务治理的核心问题。

会计人员管理体制模式是与一定的社会经济环境相联系的。在高度集中的计划经济体制下，会计人员管理体制模式是高度集中的国家直接管理模式，即国家采取行政手段对会计机构、会计人员进行直接管理。随着以所有者为控制主体的企业制度的解体，一方面，会计信息与企业有关各方利益的联系日益密切，另一方面，"内部人控制"现象长期得不到根本性遏制，会计信息失真现象普遍存在。这引发了人们对企业会计人员管理体制的重新认识。处在变革时期的国有企业的会计人员管理体制模式，尚处在探索时期。财务总监委派制、会计人员委派制和"会计楼"等模式，都是探索的产物。

1.2.2　会计人员管理体制的理论分析

（一）会计人员管理体制的决定因素

会计人员职责的明确以及会计人员激励约束机制的建立，是影响企业会计人员管理体制的两个基本因素。

1. 会计人员职责

会计人员的职责包括核算（反映）和监督（控制）两个基本方面。核算是会计最基本的职能，获取企业的经济信息是所有信息需求者的基本需求。监督包括对企业生产经营过程的控制和对企业经营者的监督这两个方面：控制企业生产经营过程有利于提高企业的经济效益，符合所有信息需求者的目的，控制企业生产经营过程也必然是会计人员的一项基本职责；但是，监督企业管理者的要求来自外部信息需求者，这与管理者的要求相冲突，会计人员是否必须履行这一职责，要由其委托权的配置情况来决定。

在职责安排中，由于企业内部会计人员的两难境地，监督管理者的职责也最好从会计人员中分离出来，作为财务总监的主要职责之一。

2. 会计人员激励约束机制

企业会计人员的激励约束机制有法律模式、经济模式和道德模式这 3 种基本类型。

法律模式（又称"强制模式"）通过法律、法规的规定，明确会计人员应采取的行为和违反规定的责任。这种模式提高了会计人员做出有违委托者利益的行为所必须付出的成本，但不可能将这种行为移出会计人员的选择空间，特别是在利益大于成本的情况下。

经济模式（又称"交换模式"）从改变会计人员自身利益出发，赋予会计人员一定的剩余索取权，让其承担一定的风险，使其从自身效用最大化的目标出发，选择符合委托者利益的行为。其基本思想是尽可能解决会计人员"成本—补偿"的平衡问题。经济模式因其符合会计人员自身效用最大化原则，所以应作为选择会计人员管理模式的基本考虑。

道德模式（又称"劝说模式"）通过加强对会计人员的职业道德教育，从而使其改变对各种可选择行动的可能后果的评价，使其行为与委托者的预期趋于一致。但这种方式只能起到局部、短期的作用。

（二）会计人员管理体制的理论模式

企业会计人员管理体制模式，从理论上讲有"会计人员独立""会计人员双重身份""会计人员委派制""会计人员回归企业"4 种模式。

1. "会计人员独立"模式

会计人员独立的实质是将会计人员视为信息需求者的共同代理人，契约各方均要求会计人员为自己的利益服务。这种模式的特点是共同享有，但势必会出现"拥挤的产权现象"，引起效率上的牺牲。

2. "会计人员双重身份"模式

会计人员双重身份的实质是视会计人员委托权为"社团产权"，只不过这个"社团"

仅包括管理者和所有者。明确界定的产权是解除"拥挤的产权现象"的充分条件,这种模式下,单靠缩小"社团"规模仍然存在着与"会计人员独立"模式相同的弊端,只是问题的严重程度轻一些而已。

3. "会计人员委派制"模式

会计人员委派制又称会计委派制,是政府部门和产权管理部门以所有者身份,委派会计人员代表政府和产权管理部门监督企业资产经营和财务会计情况的一种制度。会计人员委派制从人事关系上实现了会计独立。将会计人员委托权界定给政府或企业所有者,必然要求会计人员履行核算和监督双重职责。这种模式的主要缺陷在于难以建立起对会计人员有效的激励和约束机制。

4. "会计人员回归企业"模式

这种模式是将会计人员委托权赋予企业管理者,因而只要求会计人员履行核算和控制生产经营过程的职责。这种模式的最大优点是会计人员的工作在委托者的直接监督之下,容易建立起有效的激励和约束机制;最大缺陷是无法满足外部信息需求者对企业管理者进行监督的要求。

(三) 会计委派制的实践情况

随着我国市场经济体制的逐步完善,以及世界经济全球化、投资主体多元化和所有制结构多样化局势的形成,传统的会计人员管理体制的弊端日益显现。这主要表现在:第一,部分会计人员利用所有者缺位、经营权失控的现象,采取各种手段,使国有资产流向特定利益主体,造成国有资产流失;第二,部分会计人员受局部或者个人利益的驱动,导致会计信息失真,使会计变成谋私工具;第三,会计群体独立性差,会计监督职能弱化,不能有效遏制财务上的滥收乱支现象;第四,会计人员的合法权益难以得到保障;第五,会计规范不能适应证券市场,会计与资本市场不能衔接。

跳出传统的会计人员管理体制,建立符合市场经济规律、与现代企业制度相协调,并与国际惯例相接轨的新型会计管理体制已势在必行。会计委派制作为防止会计信息失真和国有资产流失的一种新兴的会计人员管理体制,逐渐在我国得到推行。"会计楼"制、财务总监委派制和稽查特派员制是 3 种较常见的会计委派制的实践形式。

1. "会计楼"制

"会计楼"制是指将会计从企业内部分离出去,统一在"会计楼"办公,"会计楼"人员的工资报酬由"会计楼"负责统一管理发放的制度。这种制度类似于代理记账的会计委派制形式。"会计楼"制的优点是试图从会计核算的日常工作中保证会计信息的真实和可靠,力图使会计人员从双重受托责任中解脱出来,保证会计信息的质量;缺点是片面追求会计的监督职能而忽视会计的管理职能,且一定程度上干涉了企业自主权中的人事权,不符合现代企业制度的要求。

2. 财务总监委派制

财务总监委派制为国有控股、国有独资企业甚至民营企业、中外合资企业及外资企业提供了一种能较为有效地克服"内部人控制"问题的监督模式。这种模式的主要问题是：财务总监既代表所有者又代表管理者，容易陷入两难境地；如果会计人员仍由管理者领导，则财务总监履行职责无法得到保障。

3. 稽查特派员制

稽查特派员制是指向国有大、中型企业派出稽查特派员，由他们代表国家行使监督权力的制度。稽查特派员不参与、不干预企业生产经营活动，其主要职责是对企业的经营状况实施财务监督，对企业主要领导者业绩做出评价。稽查特派员制能有效解决国有企业管理者选择和国有企业管理者激励和约束机制这两方面的问题。但要发挥稽查特派员制的预期作用，首先必须挑选好稽查特派员及其助理，其次对稽查特派员及其助理进行严格管理，逐步建立起规范的管理制度。

1.3　会计人员管理体制的发展趋势

与我国经济体制改革和企业改革的进程相比，我国的会计改革，特别是企业会计人员管理体制改革相对滞后。在股权结构多元化的现代企业制度的环境下，按"董事会领导下的财务总监制度和财务总监领导下的会计人员委派制度相结合"原则构建的企业会计系统的独立性较高，能较大程度地满足各利益相关者的会计信息需求，不失为一种现实而有效的选择。从某种程度上讲，这种会计系统也代表了公司治理结构的发展趋势。

有些学者提出"财务会计中介化、管理会计企业化"以及"会计市场化"的改革思路，这两种思路对于彻底解决会计人员的角色定位问题和进一步完善财务总监制度，也有一定的借鉴意义。

1.3.1　财务会计中介化、管理会计企业化

所谓"财务会计中介化"，是指将原本隶属于企业的、主要从事会计核算职责的会计人员，剥离为独立于企业和政府的"第三者"。他们对委托者负责，以企业会计准则为依据，在客观、公正、独立、规范的基础上，通过提供财务、成本和财产经营责任信息来确

认管理者的受托责任完成情况，履行会计反映的职能。所谓"管理会计企业化"，是指原本隶属于企业的从事理财和控制的会计人员，应彻底摆脱政府和企业"双重"管理体制的束缚，实现会计角色的回归，并有效运用利益驱动规律，促使会计人员对企业整个经营管理过程进行预测、决策和监控，不断向企业管理当局提供有效的会计信息，以充分发挥理财和管理会计在企业经营管理中的作用。

在这种思路下，独立后的会计主体仍然是企业。会计中介机构则负责对外公开发布企业会计报告。企业管理会计机构在实时接收会计中介机构提供的会计报告的基础上，汇总企业内部其他非会计信息，为企业管理提供决策支持；内部审计机构可以通过对相关管理活动的实时监控和对财务会计信息的事中审计，达到维护所有者权益的目的。

1.3.2　会计市场化

很多学者认为，唯有把会计推向市场并形成专业市场，以市场需求为导向，以会计公司为中枢，合理配置会计资源，彻底实现会计机构和会计人员独立化、会计事务产业化，才是我国企业会计人员管理体制改革的基本思路和必然选择。

体现会计市场化思路成立的"会计公司"不是传统意义上的会计师事务所。会计公司实行独立核算、自负盈亏的政策，并依法纳税，具有独立的法人资格。会计人员由会计公司负责管理。会计公司接受所有者委托提供会计服务，负责企业的会计核算；企业只需设置管理会计，为企业管理当局服务。

企业按委托人要求，与会计公司签订合同，并向会计公司支付费用；会计公司按合同要求，向委托人及社会有关方面提供会计报表。会计公司之间实行公平竞争，优胜劣汰，从而充分、合理、高效地利用会计资源。

会计师事务所和注册会计师负责对会计公司提供的会计报表进行审计，会计公司需向会计师事务所支付审计费用。会计师事务所应停止会计服务业务，而专门负责鉴证性（含验资及经济案件鉴定等）业务。

1.4 AI 在公司财务治理中的应用

1.4.1 AI 在财务决策支持中的作用

（一）智能决策支持系统架构

AI 财务决策支持系统的核心是整合企业内外的数据资源。首先，通过多源数据整合引擎，将企业内部的 ERP 系统（如销售、库存数据）、CRM 系统（如客户信息）以及供应链数据融合，形成统一的数据池。其次，系统通过动态知识图谱持续更新行业趋势、政策法规和历史决策案例，当国家调整税收政策时，系统能自动识别变化，并结合企业历史数据推荐最优税务筹划方案。最后，决策模型仓库提供了多种分析工具，例如蒙特卡洛模拟可预测投资项目风险，博弈论模型能模拟竞争对手反应，帮助企业制定攻守兼备的策略，智能决策支持系统的架构如表 1-2 所示。

表 1-2　智能决策支持系统的架构（AI 财务方向）

核心模块	功能与组成	应用场景	技术支撑	示例
多源数据整合引擎	集成企业内部 ERP(销售、库存)CRM(客户数据)、供应链系统及外部市场数据，构建统一数据池	实时分析原材料成本波动对利润的影响，优化采购计划	数据湖架构、API 接口、ETL 工具	某制造企业整合生产线数据与供应商交货周期，预测原材料涨价对季度利润的冲击幅度
动态知识图谱	持续更新行业趋势、政策法规、历史案例，构建实体关系网络	政策变化时自动触发税务筹划优化，识别供应链风险节点	自然语言处理、图数据库、流式计算	国家增值税率调整后，系统结合企业历史数据推荐"研发费用加计扣除 + 供应链退税"组合方案
决策模型仓库	包含蒙特卡洛模拟、博弈论、机器学习等模型库，支持风险预测与策略推导	投资项目风险评估、市场竞争策略制定、预算动态调整	随机过程建模、强化学习算法、可视化分析工具	使用蒙特卡洛模拟测算海外建厂项目的 10 种风险情景，显示汇率波动对 IRR 影响超过 +3% 的概率
实时预警中枢	通过 Z-score 模型监控关键指标，异常时触发多级预警（如短信 / 邮件 / 系统弹窗）	费用超支预警、库存积压预警、现金流断裂风险预警	阈值动态计算、实时数据流处理、多通道通知系统	当营销费用超预算 15% 时，系统向 CFO 推送预警并附带"缩减线下活动 + 增加短视频投放"调整建议
人机协同界面	提供自然语言查询、3D 数据可视化和策略沙盘推演功能	管理层快速获取决策依据，财务人员修正模型参数，业务部门反馈执行结果	AR 可视化、低代码平台、语音交互技术	高管通过语音提问"华南区 Q3 最大资金缺口"，系统生成包含渠道回款率账期分析的交互式 3D 报告

（二）典型决策场景应用

在实际业务中，AI 已深度介入三大关键决策场景。

（1）资本结构动态优化：通过 LSTM 算法预测未来融资成本（如银行贷款利率走势），再结合遗传算法自动生成股权与债务的最优配比。特斯拉使用类似"天气预报"的时间序列模型（LSTM 算法），分析美联储利率决议、通胀数据等 300 余个指标，提前 6 个月预测贷款利率走势。

（2）股利政策智能推荐：系统分析股东历史投票记录、现金流预测模型以及社交媒体舆情，自动生成分红方案。家国内上市电子企业通过 AI 系统化解了分红争议，2024 年，企业宣布"15% 现金分红 +5 亿元股票回购"方案，股价当日上涨 3.2%，避免了原计划 30% 分红可能导致的 2 亿元流动性缺口。

（3）重大投资决策支持：AI 可解析非结构化数据（如行业研报、新闻），结合贝叶斯网络量化并购风险。美国更好并购集团（Goheal）为某跨国零售企业提供东南亚并购支持，模拟三种情景（政策收紧 / 民众抗议 / 汇率波动），结果显示并购后 3 年亏损概率达 42%，系统建议调整股权结构以降低风险，如引入本地合作伙伴持股 30%。

（三）决策效能提升机制

AI 通过三大机制持续优化决策质量，如图 1-1 所示。

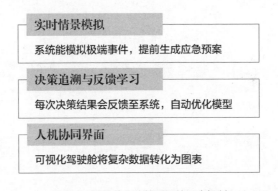

图 1-1　持续优化决策质量的三大机制

（1）实时情景模拟：系统能模拟极端事件，提前生成应急预案。京东物流在 2024 年东南亚台风季前，利用 AI 系统模拟了港口停运、陆运中断等极端场景。系统预测到华南仓库存可能短缺 30%，并发现依赖单一供应商的电子元件存在断供风险。基于模拟结果，京东物流迅速启动"多供应商 + 本地仓备货"双保险策略，将供应链韧性提升 40%，这一决策避免了因台风导致的数亿元订单延误损失。

（2）决策追溯与反馈学习：每次决策结果会反馈至系统，自动优化模型。英国国家医疗服务体系（NHS）通过分析 10 年病历数据，发现流感高发季的床位需求规律。AI 系统预测到某地区可能爆发疫情后，提前调配抗病毒药物和临时医疗设施。通过持续反馈学习，急诊患者等待时间缩短 40%，医疗资源浪费减少 20%。

（3）人机协同界面：可视化驾驶舱将复杂数据转化为图表，高管可通过自然语言交互提问（如"展示下季度现金流缺口"），系统即时生成多维度分析报告。某地部署 70 名 AI 员工，处理公文审核、执法文书生成等任务。高管可通过语音指令调取实时数据，如"展示上月企业投诉热点区域"，系统即刻生成热力图与整改建议。

1.4.2　AI 在财务风险控制中的应用

（一）智能风控体系构建

企业通过 AI 构建了更智能的风险防控系统。首先，风险知识库积累了 500 多种历史风险案例（如资金链断裂、合同欺诈），形成风险特征库。其次，动态风险画像技术为每个供应商、客户和业务部门建立三维评估模型。最后，风险传导路径预测技术可以像"风险地图"一样，展示单个风险事件如何引发连锁反应，比如当汇率波动时，系统能预测对原材料进口成本、产品定价乃至利润的逐层影响，智能风控体系构建图如表 1-3 所示。

表 1-3　智能风控体系构建图

模块层级	核心功能	技术支撑	应用场景
风险知识库	历史案例积累与模式识别	自然语言处理（NLP）、案例特征提取算法	企业风险档案管理、风险预警规则生成
动态风险画像	多维度实时评估	机器学习（XGBoost）、流式计算平台	供应商/客户信用评估、业务单元健康度监控
风险传导路径预测	连锁反应建模与可视化	图神经网络（GNN）、蒙特卡洛模拟	汇率/大宗商品波动影响分析、供应链断链推演
协同响应机制	风险处置策略库与自动化执行	规则引擎、RPA 流程机器人	风险事件分级响应、应急资源调度

（二）核心风险防控场景

AI 在三大财务风险防控中表现突出，如图 1-2 所示。

（1）流动性风险预警：通过融合两种预测模型（类似天气预报的多算法交叉验证），提前 3~6 个月预测现金流缺口。合生创展集团作为中国头部房企，在 2024 年面临行业资金链紧张时，部署了 AI 驱动的流动性风险预警系统。2024 年三季度，系统提前 6 个月预警到"华南区域现金流缺口将达 18 亿元"，管理层据此暂停了 3 个非核心项目投资，并通过资产证券化筹集 15 亿元应急资金。这使得企业在 2025 年 4 月触发 93 亿港元交叉违约事件时，仍能维持核心业务正常运转。

（2）信用风险评级：采用"模型委员会"机制（多个模型共同投票），评估客户还款能力。某网络平台在服务小微企业信贷时，创新采用"模型委员会"机制评估客户信用。系统设置 5 个专项模型组成"陪审团"，包括分析客户支付宝交易记录的流水侦探、扫描企业主社交动态的社交观察员、对接电子税务局数据验证纳税真实性的税务审计师、比对该商户在同类企业中的经营水平的行业分析师以及检测设备指纹或地理位置异常反欺诈专家。当某餐饮连锁企业申请 500 万元贷款时，5 个模型分别给出"通过""待查""拒绝"等意见，最终通过加权投票生成 1.2% 的坏账风险评级。相比传统方法，这套机制使蚂蚁小微贷坏账率从 5% 降至 1.2%，年规避损失超过 20 亿元。

（3）市场风险对冲：AI 像"智能交易员"一样，实时调整外汇期货、利率互换等金融工具组合。2024 年该企业美元收汇 4300 万美元，传统方式预估汇兑损失约 5000 万元。通过 AI 动态调整对冲比例，实际损失控制在 700 万元以内，节约成本达 4300 万元。这相当于每出口 100 元产品，比其他同行多赚 3 元利润。

图 1-2　AI 在三大财务风险防控中的表现

（三）风险处置智能支持

当风险发生时，AI 提供全流程应对支持。

（1）自动化风险缓释方案：系统根据风险类型自动生成应对清单。平安银行针对小微企业应收账款逾期问题，开发了 AI 驱动的风险缓释系统，对一家逾期 120 万元的建材企业，系统匹配"应收账款保理融资＋信用保险"组合方案，帮助企业 3 天内获得 80 万元流动资金，同时将坏账计提比例从 15% 降至 5%。

（2）影响范围模拟：通过建立"数字孪生"模型，模拟风险事件的影响。2024 年 9 月国际原油价格暴跌 36%，中石化通过数字孪生技术快速评估风险，系统实时接入青岛原油储备库库存数据（约 200 万吨），结合布伦特期货价格曲线，5 分钟内计算出库存贬值损失达 7.8 亿元。

（3）应急预案管理：AI 将应急预案分解为可执行动作，并监控完成进度。2024 年华北暴雪导致伊利石家庄仓库物流中断，AI 系统启动应急响应。系统 10 秒内筛选出北京、郑州等备用冷库，并调用 23 辆冷链货车紧急调货。根据实时路况重新规划配送路径，使华北地区超市断货时间从预估的 48 小时压缩至 9 小时，每半小时向管理层推送恢复进度，并自动向受影响客户发送补偿方案（赠品券 + 优先配送承诺）。

1.4.3 AI 在财务合规监督中的应用

（一）智能合规监控体系

AI 为企业装上了"24 小时合规雷达"。法规动态追踪系统能自动扫描全球监管文件，例如某跨国药企在新版反海外腐败法发布 48 小时内，就收到系统推送的 12 项合规要点修改建议。交易异常检测功能像"显微镜"般识别隐蔽风险，一家零售集团通过分析供应商、客户的资金流向，发现 3 家空壳公司虚构交易，及时阻断 1.2 亿元违规采购。电子凭证智能稽核可自动检查发票真伪，某建筑公司通过图像识别技术，3 个月内查出 87 张虚假发票，避免税款损失 560 万元。

（二）重点监督领域

AI 在三大合规战场发挥关键作用。

（1）反洗钱监测：通过分析资金流水特征（如频繁拆分大额转账），四川攀枝花某银行通过 AI 系统发现客户卢某某账户在 3 个月内频繁拆分转账，系统自动冻结 23 个关联账户，并发现这些账户与境外涉毒团伙存在"对敲"交易，警方根据银行提供的资金流向热力图，锁定贩毒运输路线，最终缴获毒品 38 公斤，截断 10 亿元洗钱链条。

（2）反腐败监控：AI 扫描邮件、审批记录中的敏感词（如"回扣""特殊处理"），某汽车企业发现某区域经理暗示供应商送礼的对话，及时启动内部调查。

（3）税收合规：税务规则知识图谱自动匹配业务场景，某电商增加"跨境业务税率自检"功能，每月自动扫描 3000+ 订单，错误率从 5% 降至 0.3%，平台通过系统自查，修正了跨境业务的增值税计算错误，补缴税款 3100 万元。

（三）违规处置智能化

当发现问题时，AI 提供全链条处置方案，如图 1-3 所示。

（1）预警分级响应：系统将风险分为红 / 黄 / 蓝三级。辉瑞制药收到"红色预警"后，AI 自动冻结可疑付款申请，同步通知法务、审计、高管三级响应。

（2）电子证据链生成：所有操作痕迹自动保存为法律认可的证据包。在应对监管检查时，AI 系统自动抓取交易数据（含时间戳、操作人员 ID）、内部审批流程截图、合规审查邮件，生成符合《中华人民共和国电子签名法》的证据包，某金融机构 5 分钟便提供了完整的交易溯源报告。

（3）整改方案推荐：系统根据违规类型推送具体措施。雀巢中国工厂出现环保罚金未计提错误，AI 不仅提示补记账目，还提前 3 个月预警并生成调整方案，推荐建立"政策处罚数据库"预防重复错误。

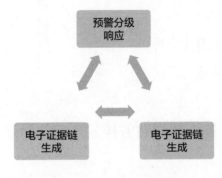

图 1-3　AI 全链条处置方案

第 2 章
集团公司财务控制

2.1　集团公司的财务特征与财务控制

2.1.1　集团公司的财务特征

（一）财务关系是联结企业集团的纽带，是决定其他各种关系的基础

企业集团内部（如总公司和分公司）主要是靠行政关系维系运转的，无关联公司间的经济交易活动是靠社会契约进行的。在我国现代企业集团的实践中，一些企业集团实行了集权制度，总公司剥夺了子公司的全部自主性权利；有些企业集团则是一盘散沙，无法形成企业集团的优势。究其根源，是没有处理好企业集团财务关系这条纽带，忽略了企业集团的财务特性。企业集团是母公司开展投资活动的结果。母公司通过投资所形成的股权纽带对子公司实施控制，这是一种能使企业集团持久而稳定运行的制度安排。

（二）母公司的股东权益是集团的最大利益，各子公司的利益应服从集团的利益

就法律角度而言，对于企业集团，母公司和子公司均是独立的企业法人，存在着各自不同的经济利益，为各自的股东追求财务成果最大化是它们的使命。但是就整个企业集团运营的角度而言，集团内的股东具有多层次性，子公司的股东是母公司，子公司为股东追求利益就是为母公司追求利益，而母公司的利益最终归属于母公司的股东。由此可见，母公司的股东权益是集团的最大利益，各子公司的利益只是这个利益的组成部分。

（三）企业集团内部的利益具有协同性

一般而言，组建企业集团的初衷就是要发挥"1+1>2"的群体效应。为了发挥群体效应，母公司在制定整个集团的总体战略时往往从企业集团的角度出发，并通过其控股权把各子公司的生产经营活动统一到集团战略之下。为了贯彻集团整体的财务、经营战略，母公司制定的战略可能会影响子公司的利益。例如，母公司对集团内部交易制定转移价格，调整集团内部各级子公司之间的利益分配，以有利于集团的整体利益。在这种情况下，子公司的利益服从于集团的利益，集团内部的利益关系表现出协同性。

（四）财务结构的合理性呈跨企业状态

财务结构状况是企业财务状况的风向标。资产与负债之间、资产各项目之间、各种负债之间的不同组合，将会影响企业抵御风险的能力，对此，企业应该予以高度重视。但在企业集团内部，从集团的整体利益出发，可能并不要求每个子公司的财务结构达到最优状态，却力求整个集团的财务结构达到合理状态。

（五）财务信息有重复，路线较长易失真

大部分的企业集团与单一企业一样，需要利用前期的财务信息进行未来经济决策。但是，企业集团这样一种特殊的组织结构，给财务信息的产生带来了一定的影响。首先，子公司之间的内部交易往来，会使财务记录出现重复现象，使信息失真；其次，各子公司所处的行业不同，可能会导致信息合并并无法反映集团的真实情况；再次，信息传递的层次越多信息越容易失真，集团结构的多层次使财务信息的传递路线加长，失真的可能性增大；最后，若各子公司采用的会计政策、会计方法不同，也会导致财务信息失真。

2.1.2　财务控制

（一）财务控制的含义

财务控制是指对企业的资金投入及收益过程和结果进行衡量与校正，确保企业目标实现以及为达到此目标所制定的财务计划得以实现的过程。现代财务理论认为，企业理财的目标以及它所反映的企业目标是股东财富最大化（在一定条件下也就是企业价值最大化）。财务控制总体目标是在确保法律法规和规章制度贯彻执行的基础上，优化企业整体资源综合配置效益。通过厘定资本保值和增值的委托责任目标与其他各项绩效考核标准来制定财务控制目标，是企业理财活动的关键环节，也是确保实现理财目标的根本保证，因此，财务控制将服务于企业的理财目标。

（二）财务控制的特征

财务控制是指按照一定的程序与方法，确保企业及其内部机构和人员全面落实和实现财务预算控制的过程。财务控制的特征有：以价值形式为控制手段，以不同岗位、部门和层次的不同经济业务为综合控制对象，以控制日常现金流量为主要内容。

财务控制是内部控制的一个重要组成部分，是内部控制的核心，是内部控制在资金和价值方面的体现。从工业化国家发展的经验来看，企业的控制存在着宏观和微观两种不同模式。其中宏观的财务控制主要借助于金融、证券或资本市场对被投资企业直接实施影响来进行，或者通过委托注册会计师对企业实施审计来进行；微观的财务控制是对企业内部虚假、欺骗行为的一个重要而系统的检查，是从微观层面对企业财务的控制和监督。前者主要反映公司治理制度、资本结构以及市场竞争等对企业的影响，后者实际是外部审计控制。

财务控制必须确保企业经营的效率性和效果性、资产的安全性、经济信息和财务报告的可靠性。财务控制的作用主要有以下 3 个方面：一是有助于实现企业经营方针和目标，既是工作中的实时监控手段，也是评价标准；二是保护企业各项资产的安全和完整，防止资产流失；三是保证业务经营信息和财务会计资料的真实性和完整性。

（三）财务控制的分类

（1）按照内容划分，财务控制可分为一般控制和应用控制。

（2）按照功能划分，财务控制可分为预防性控制、侦查性控制、纠正性控制、指导性控制和补偿性控制。

（3）按照时序划分，财务控制可分为事前控制、事中控制和事后控制。

（四）财务控制的局限性

良好的财务控制虽然能够达到上述目标，但无论控制制度的设计和运行多么完善，也无法消除其本身固有的局限，为此财务总监必须对此加以研究和预防。局限性主要有 3 个方面：一是受成本效益原则的局限；二是财务控制人员由于判断错误、忽略控制程序或人为作假等原因，导致财务控制失灵；三是管理人员的行政干预，致使建立的控制制度形同虚设。由于财务管理存在于企业经济活动的方方面面，其对企业生产经营的影响非常大。

2.2　集权与分权

2.2.1　集团总部与分部的财务定位

（一）集团总部

集团公司大多是跨地区、跨行业、跨所有制甚至跨国经营实体，是由多个具有独立法人资格的企业组成的企业群体。集团公司一般是由分散经营的各个成员公司组成的，集团的整体利益是集团的最高目标，为此，集团公司的财务管理要在保持集团整体利益的前提下进行，既要发挥集团的整体优势，又要充分尊重子公司的法人地位。作为掌控集团公司战略方向和重要资源的集团总部，其财务部门职能的定位应当放在以下几个方面。

1. 投资决策中心

集团控制主要体现在对三大权力的控制，即资产经营权控制、人事任免权控制和投资决策权控制。作为决定集团未来发展方向的投资决策，是集团财务部门需要重点关注的。集团总部对其所属企业的投资拥有决策控制权，集团公司所有投资必须在集团总部的掌控之中，只有这样才能有效地保证集团能将有限的资金投入集团战略需求，才能保证集团的发展方向符合集团战略。集团总部财务部门全面掌握集团财务资源，它是集团投资决策的主要参与者之一，是集团的投资决策财务控制中心。

2. 资源配置中心

按集团战略需要，集团总部每年对集团内各公司下达任务，集团总部掌握着集团内人、财、物等方面的资源配置权。为了完成任务，接受任务的下属公司往往需要向集团总部索要资源。人力、财务、物力资源需要在集团内部进行有效配置，以保证集团内各公司有充分的条件来完成预算。资源配置不能由集团各成员自行完成，也不能由市场来决定，而需要集团总部根据集团战略、集团资源保有量及各成员公司的具体情况，经过综合分析，决定集团资源如何在各成员公司间进行分配。集团总部是集团各公司的资源配置中心，作为掌管集团财务资源的集团财务部门，是集团资金的配置中心。

3. 信息中心

集团成员的各种信息都需要按集团的规定定期汇集到集团总部，经集团总部汇总筛选后向外发布。作为集团信息的重要组成部分的财务信息，是由各集团成员各自的财务信息汇集而成的。集团成员各自的信息只能代表其自身的情况，无法反映集团的全貌，只有汇集好各成员的单个信息才能反映集团的全貌。集团财务部门是集团的信息中心。

4. 制度中心

对一个集团来说，统一各项制度非常重要，特别是作为集团制度重要组成部分的财务制度。集团财务部门负责制定与修订集团内部统一的财务规章与制度，并督促集团成员执行这些制度。统一财务制度是集团各成员步调一致的根本保证，也是集团对各成员公司进行监控与考评的依据，集团财务部门是集团的制度中心。

（二）集团分部

集团所属各公司是集团开展业务的基础，集团的收入、成本、利润主要来自其下属成员，战略、制度主要由各成员来实施，因此，集团分部的职能定位主要为以下 3 个方面。

1. 收入利润中心

集团业务大都分散在集团各成员之间，集团各成员作为集团公司的各分部，是集团公司的利润源，完成集团预算的收入和利润计划是集团各成员的主要任务，集团分部成为集团的收入利润中心。

2. 成本费用中心

作为集团分部的集团各成员，既是集团的收入利润中心，也是集团的成本费用中心。收入、成本和利润是公司经营不可分割的三要素，集团的大部分收入由各分部实现，成本也由各分部支出，因此，成本费用中心与收入利润中心一样，都是集团分部。

3. 制度执行中心

集团总部统一制定相关制度，但制度具体还是要由各分部实施的。制度的执行贯穿公司经营始终，因此，集团分部在公司经营过程中形成了制度执行中心。

2.2.2 集权与分权的选择

（一）集权制

1. 集权制的含义

企业管理的集权制是指企业管理的权力集中在较高的管理层，以实现指挥的高度统一。集团制适当地削弱了下级管理层的管理权限，防止局部利益的盲目膨胀，避免下级管理层因本部门的利益驱动而做出与整体利益相违背的决定，有利于实现企业价值最大化。

2. 集权制的优点

（1）有利于企业管理层在生产经营活动中进行统一指挥、集中领导、直接决策。

（2）有利于企业管理层对企业的整个组织及经营活动实行全面控制。

（3）有利于企业有效地拟定和贯彻企业的经营管理战略。

（4）有利于充分利用企业的经营资源。

（5）有利于提高企业的整体效益。

3.　集权制的缺点

（1）加重了企业高层管理人员的工作负荷。

（2）不利于调动下级管理人员的积极性、主动性。

（3）有可能导致企业重大的决策失误，可能会存在企业高层管理人员由于个人利益、偏见等因素导致决策失败的情况，给企业集团造成难以估量的损失，甚至毁灭一个企业集团。

（二）分权制

1.　分权制的含义

分权，是指现代企业组织为发挥下级组织的主动性和创造性，而把生产管理决策权分给下级组织，最高领导层只集中少数关系全局利益和重大问题的决策权。

2.　分权制的优点

（1）可以降低集权程度，弱化直线制组织结构的不利影响：分权管理可以发挥下级管理人员在制定和实施决策过程中能迅速做出反应的优势。

（2）提高下级部门管理人员的责任心，促进权责的结合，提高组织的绩效。

（3）减少高层管理人员的管理决策工作，提高高层管理人员的管理效率。

（4）有利于实施下级管理人员激励机制。

3.　分权制的缺点

（1）管理人员意见产生分歧较多，难统一。

（2）协调各事业部与总部的关系变得更为困难，可能会导致职能失调的情况发生。

（3）可能导致整个企业统一指挥不够灵活，各部门间协调和对各分部的业绩控制更加困难，增加收集信息的成本。

（4）总部发生的管理费用一般会分配到各分部，从而产生不能公平分配的问题。

2.3　集团公司的财务控制机制探讨

2.3.1　母公司企业文化的作用机制

企业集团的企业文化能够对企业效能产生非常重要的影响。企业文化对价值创造的影响体现在：第一，企业文化简化了企业内部大量信息的处理成本；第二，企业文化弥补了正式社会契约（制度）的缺陷，使员工能够自觉遵守行为规范；第三，企业文化提高了团队的理性能力，降低了内部讨论成本，并促进了更多协作行为的产生与发展。在企业集团文化氛围之中，母公司企业文化占据主导地位。

组织文化与组织有效性理论认为，企业文化对绩效的影响是一个多种因素相互作用的漫长过程，它以不同程度的社会、心理、历史渗透等方式在组织内部进行传播，并与氛围营造、行为控制、组织学习、战略形成、领导和差异化等组织运作的动态过程交织在一起。企业文化对上述过程的影响又将受到要素一致性、符号力量、战略匹配度和权变灵活性的限制。显然，企业文化不仅会对控制绩效产生影响，还会对控制行为施加影响。企业文化通过氛围营造、组织学习等方式影响企业员工的价值观和工作态度，进而影响到员工工作行为，包括工作努力程度和工作方式等。因而，母公司企业文化还通过对财务控制行为施加影响而作用于控制绩效。

2.3.2　母公司管理者能力的作用机制

母公司管理者的能力中最重要的能力就是战略能力、管理能力、洞察能力和学习能力。母公司管理者的战略能力可使集团制定正确的发展战略目标和与之适应的战略实施策略，从而有效规避战略风险，减少母公司的投资损失、提高投资效益，并更加充分地利用集团内部的资源和能力。管理能力的作用至少表现在以下几个方面：对集团内部所有经济资源进行合理配置，使经济资源的组合效应实现最大化；设计有效的集团内部的财务管理制度，使财务管理工作有序化、标准化、高效化；具备良好的组织、领导、协调和沟通能力，有助于发挥集团的协同效应。

洞察能力是母公司管理者洞察市场、发现商机的能力，这关系到企业发展的方向与战略的正确性，对于企业的发展至关重要。学习能力是学习的方法与技巧，是把新知识融入已有的知识、分析和解决实际问题的能力，学习能力是其他所有能力的基础。企业每天都面临着千变万化的市场挑战。所以，管理者只有不断学习，才能在激烈竞争的市场中不被淘汰。

2.3.3　子公司治理有效程度的作用机制

治理控制是整个集团内部控制的上层建筑，是内部控制的动力来源，它决定着企业集团管理控制的有效性。财务控制属于内部控制的子集，公司治理与内部控制之间的关系同样适用于与财务控制之间的关系。公司治理是财务控制有效运行的前提条件，公司治理越完善，越能抑制公司管理层的机会主义行为，防范道德风险，降低集团内部的交易成本，提升集团价值。企业集团财务控制绩效不仅取决于母公司的治理有效程度，还取决于子公司的治理有效程度。母公司对子公司的财务控制要通过子公司的董事会传递到子公司管理层，最终落实到子公司的日常经营管理活动中。如果子公司治理结构存在一定程度的缺陷，权力过于集中，失去平衡，那么将会导致子公司被内部人控制，母公司的控制意图将会被扭曲。而随着企业集团层次的复杂化，"委托－代理"链条不断拉长，子公司治理有效程度低，将导致母公司难以对子公司实施有效监督；相反，子公司治理有效程度越高，母公司财务控制行为就越容易得到有效落实，母、子公司的控制绩效也就越好。

第3章
AI 在集团财务控制中的应用

每月末，财务团队耗费几周时间手工编制的预算，在市场变化面前瞬间过时——这是许多企业的真实困境。而今，AI 正颠覆传统财务模式：动态预算实时调整，成本浪费精准识别，现金流预测准确率大幅提升……从"事后补救"到"事前掌控"，智能技术正在重新定义财务管理的边界。

3.1　智能预算编制与动态调整

3.1.1　数据驱动的预算自动生成

数据驱动的预算自动生成是现代企业财务管理的重要创新，其核心在于通过大数据和人工智能技术实现预算编制的智能化与自动化。这一过程主要包含三个关键环节：数据采集与整合、预算模型构建以及预算生成与输出。具体步骤如图 3-1 所示。

图 3-1　数据驱动的预算自动生成

（一）数据采集与整合

在数据采集与整合阶段，系统需要从企业内外多个数据源获取全面、准确的数据支持。企业内部数据主要包括 ERP 系统中的财务数据（如历史收入、成本、费用等）、业务运营数据（如销售订单、库存水平、生产计划）以及人力资源数据。同时还需整合外部市场数据，如行业研究报告、竞争对手财务表现、宏观经济指标等。这些多源异构数据需要通过专业的 ETL 工具进行提取、转换和加载，包括数据清洗（处理缺失值和异常值）、数据标准化（统一计量单位和时间维度）以及数据融合（建立关联关系）。为确保数据质量，还需建立完善的数据治理机制，包括数据质量监控、元数据管理和访问权限控制。

（二）预算模型构建

预算模型构建是整个系统的智能核心，需要根据不同的预算场景选择合适的机器学习算法。对于销售预算这类具有明显时间规律的数据，可采用 LSTM 神经网络或 ARIMA 等时间序列模型；对于成本预算则更适合使用随机森林或 XGBoost 等能够处理多变量非线性关系的算法。

在模型训练过程中，需要特别注意特征工程的处理，包括特征选择、特征变换和特征创建。同时要引入外部环境变量作为模型输入，如行业景气指数、原材料价格波动等，以提升模型的预测鲁棒性。模型优化阶段需要通过交叉验证、网格搜索等方法调整超参数，并定期使用新数据重新训练模型以保持预测精度。模型解释性同样重要，可采用 SHAP 值分析等技术向管理层直观展示各因素对预算结果的影响程度。

（三）预算生成与输出

预算生成与输出环节需要将模型预测结果转化为可执行的预算方案。系统会自动生成包含多个维度的预算草案，既可按部门、产品线等组织维度划分，也可按季度、月度等时间维度展示。输出的预算方案需附带详细的假设说明，包括关键参数的取值依据和变动范围。

同时要提供敏感性分析，展示不同情景下的预算变化情况，如乐观、基准和悲观三种预测方案。为方便管理层决策，系统还应提供可视化分析工具，通过交互式仪表盘直观呈现预算分布、趋势变化和异常预警。最终生成的预算报告可采用自然语言生成技术自动编写，用业务语言解释技术分析结果，确保非技术人员也能理解预算建议的合理性。

3.1.2　实时预算执行监控

实时预算执行监控是智能预算管理系统的关键环节，它通过动态数据采集、智能分析和即时预警，确保企业能够及时掌握预算执行情况并快速响应偏差。这一功能主要包含三个核心模块：动态数据对接、异常检测与预警以及根因分析，具体如图 3-2 所示。

图 3-2　实时预算执行监控的三个核心模块

（一）动态数据对接

动态数据对接模块负责建立实时数据通道。系统通过标准化的 API 接口与企业各业务系统（如 ERP、CRM、SCM 等）进行无缝连接，持续获取实际收入、成本支出、费用发生等关键执行数据。这些数据经过实时 ETL 处理后，被加载到统一的分析平台。平台内置的数据可视化引擎可以自动生成多维度监控视图，支持按日、周、月等不同时间粒度展示预算与实际执行的差异情况。管理人员可以通过交互式仪表盘直观查看各部门、各项目的预算执行率，并下钻分析具体异常点。

（二）异常检测与预警

异常检测与预警模块采用先进的机器学习算法实现智能监控。系统运用孤立森林算法检测离群值，通过 K-means 聚类识别异常模式，能够自动发现超出合理范围的预算偏差。预警机制采用多级阈值设置，对于一般偏差通过系统消息提醒，重大偏差则自动触发邮件和移动端推送。预警信息包含偏差程度、影响范围和紧急程度评级，帮助管理人员快速判断处理优先级。系统还支持用户自定义预警规则，例如设置特定成本科目的波动阈值，或关键项目的进度偏差阈值。

（三）根因分析

根因分析模块提供深度的偏差诊断能力。当系统检测到预算执行异常时，会自动启动关联分析引擎。该引擎结合业务上下文信息，运用决策树模型识别主要影响因素，或通过关联规则挖掘发现隐藏的业务逻辑关系。例如，当销售费用超支时，系统可能识别出是市场推广活动增加所致；当生产成本异常时，可能追溯到原材料价格上涨或生产效率下降等根源。分析结果以可视化因果关系图的形式呈现，并附有置信度评分和数据支撑依据。系统还支持人工标注和反馈，通过持续学习优化分析模型的准确性。

3.1.3　自适应预算调整

自适应预算调整系统通过智能化的动态响应机制，确保企业预算管理能够及时适应内外部环境变化。该系统基于预设规则和机器学习算法，实现预算方案的自动优化与调整，主要包含三个核心功能模块：调整触发机制、智能调整建议和闭环反馈优化，具体如图 3-3

所示。

图 3-3　自适应预算调整的三个核心功能模块

（一）调整触发机制

系统采用多维度监测指标构建智能触发网络。当预算执行出现显著偏差（如超过预设的 ±10% 阈值）或检测到外部环境重大变化（如政策法规调整、市场剧烈波动）时，系统将自动激活预算调整流程。触发条件支持分层级设置，包括企业级、部门级和项目级三个层次，确保响应的精准性和灵活性。系统内置的环境监测模块会实时扫描宏观经济指标、行业数据和竞争动态，当检测到关键影响因素变化时，即使尚未出现执行偏差，也会提前启动预警性调整评估流程。

（二）智能调整建议

基于强化学习算法构建的智能决策引擎，系统能够模拟数十种调整策略的潜在影响。通过构建企业财务数字孪生模型，系统可以预测不同调整方案（如削减非核心支出、优化资源配置、调整投资节奏等）对关键财务指标的影响。系统会生成三套典型调整方案：保守型方案侧重风险控制，平衡型方案追求稳健发展，进取型方案着眼于机遇把握。每个方案都附带详细的敏感性分析报告，展示在不同市场情景下的预期效果，并标注关键假设条件和不确定性因素，为管理层决策提供全面参考。

（三）闭环反馈优化

系统建立完整的预算调整知识库，详细记录每次调整的决策依据、执行过程和实际效果。通过机器学习算法持续分析历史调整案例，系统能够不断优化调整策略的推荐逻辑。每次预算调整后，系统会自动跟踪实际执行效果，将结果与预测进行比对分析，计算预测偏差并更新模型参数。系统支持人机协同决策模式，既保留管理者的最终决策权，又能从历史决策中学习管理偏好，逐步提升建议的适用性。同时，系统会定期生成调整效果评估报告，帮助管理层持续改进预算管理策略。

3.1.4 关键技术与工具

智能预算管理系统的实现依赖于一系列先进的技术架构和专业工具，这些技术与工具的有机结合为预算管理的智能化转型提供了坚实的技术支撑。本部分将重点介绍系统中采用的机器学习算法、大数据处理平台以及数据可视化工具等核心技术组件。

（一）机器学习技术

在预测模型构建方面，系统主要采用 LSTM（长短期记忆网络）等深度学习算法处理具有时间序列特征的预算数据。LSTM 网络凭借其独特的门控机制，能够有效捕捉预算数据中的长期依赖关系，特别适用于销售预测、现金流预测等场景。对于分类和回归问题，系统选用随机森林算法，该算法通过构建多个决策树并集成其结果，既能处理高维特征数据，又能保持较好的模型解释性。在异常检测方面，系统采用孤立森林算法，该算法通过随机划分特征空间来识别异常点，具有计算效率高、适合大规模数据的特点。

（二）大数据处理平台

为应对企业级预算管理中海量数据的处理需求，系统构建在 Hadoop 分布式架构之上。Hadoop 的 HDFS 文件系统提供了高可靠性的数据存储方案，而其 MapReduce 编程模型则支持大规模数据的并行处理。对于实时性要求更高的计算任务，系统采用 Spark 内存计算框架，其基于 RDD（弹性分布式数据集）的计算模型能够显著提升迭代算法的执行效率。在数据集成环节，系统使用 Kafka 构建实时数据管道，确保各类业务数据能够及时、准确地流入分析系统。这些技术的组合应用，使得系统能够高效处理 TB 级别的预算相关数据。

（三）数据可视化工具

在数据展示层面，系统集成 Tableau 和 PowerBI 等专业可视化工具。Tableau 凭借其强大的交互式分析能力，支持用户通过简单的拖拽操作实现多维度预算数据分析。PowerBI 则提供了丰富的数据连接选项和可视化组件库，能够快速构建专业的预算监控仪表盘。这两种专业可视化工具的优缺点对比如表 3-1 所示。

表 3-1　Tableau vs PowerBI 优缺点对比

对比维度	Tableau	PowerBI
上手难度	较高，适合有一定数据分析经验的用户	较低，界面友好，适合 Excel 用户快速上手
数据连接能力	支持多种数据源（数据库、云服务、Excel 等），但部分高级连接需付费	深度集成 Microsoft 生态（如 Azure、SQL Server），支持广泛数据源
数据处理能力	侧重可视化，数据处理能力较弱（依赖外部 ETL 工具）	内置 Power Query，数据处理能力强，适合复杂数据清洗
可视化效果	图表美观度高，交互性强，支持高度自定义	可视化效果较好，但灵活性略逊于 Tableau

对比维度	Tableau	PowerBI
计算能力	计算功能较基础，复杂计算需依赖数据源	支持 DAX 语言，适合复杂财务建模和高级计算
协作与分享	协作功能较强（Tableau Server/Online），但成本较高	与 Microsoft 365 无缝集成，团队协作成本低
移动端支持	移动端体验优秀，适配性强	移动端功能完善，但部分交互体验稍弱
适用场景	适合需要高级可视化、交互分析的企业（如咨询、市场分析）	适合财务、业务分析，尤其是已使用 Microsoft 生态的企业

这些关键技术与工具的有机整合，构成了智能预算管理系统的技术基石，使系统既具备处理复杂业务场景的技术能力，又能提供友好的用户交互体验。随着技术的持续发展，系统也将不断引入新的技术组件，以保持技术领先性和业务适应性。

3.2　成本优化与浪费识别

3.2.1　异常成本检测

异常成本检测系统通过智能化手段实现对企业成本支出的实时监控与分析，帮助财务管理者及时发现并处理异常成本情况。该系统包含三个核心功能模块：智能监测系统搭建、异常识别算法应用以及预警与处理流程。

（一）智能监测系统搭建

系统通过与企业 ERP、财务系统、采购系统等数据源对接，建立实时数据采集通道，确保各项成本数据能够及时准确地传输至分析平台。在数据处理环节，系统会基于历史数据构建成本波动基准模型，该模型综合考虑业务季节性、市场环境等因素，为各项成本支出设定合理的波动区间。同时，系统支持用户自定义监控规则，如设置特定成本项目的重点关注阈值，或调整不同业务单元的成本监控优先级。

（二）异常识别算法应用

系统采用多种机器学习算法实现异常检测功能。孤立森林算法用于识别突发性异常点，能够有效发现单次异常交易；K-means 聚类算法则用于识别持续性异常模式，可以发现某些成本项目逐渐偏离正常水平的趋势。在分析维度上，系统支持按成本类型、发生部门、供应商等多个视角进行交叉分析，帮助用户全面把握异常情况。算法模型会定期自动更新，确保随着企业经营变化持续保持检测准确性。

（三）预警与处理流程

该系统采用三级预警机制：一般异常通过系统消息提醒，重要异常触发邮件通知，重大异常则直接推送至管理层移动端。具体如图 3-4 所示。

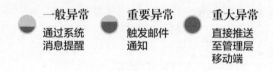

图 3-4　三级预警机制

3.2.2　供应商多维评估（价格／质量／交期）

供应商多维评估系统通过构建智能化的供应商管理体系，帮助企业实现供应商选择的科学化和精细化。该系统基于价格、质量、交期等核心维度，结合 AI 技术实现供应商绩效的全面评估与风险预警。

（一）评估指标体系构建

系统首先建立包含价格竞争力、产品质量合格率、交货准时率、售后服务响应等核心指标的评估体系。评估指标体系明细如表 3-2 所示。

表 3-2　评估指标体系明细

评估维度	核心指标	指标说明	权重分配机制
价格	价格竞争力	评估供应商价格在市场中的竞争力	动态权重分配，可根据企业战略重点自动调整
质量	产品质量合格率	评估供应商提供产品的合格率	动态权重分配，可根据企业战略重点自动调整，质量敏感项目可提升质量权重
交期	交货准时率	评估供应商交货的准时性	动态权重分配，可根据企业战略重点自动调整，生产旺季提高交期权重
售后服务	售后服务响应	评估供应商售后服务的响应速度和效果	动态权重分配（具体权重分配机制文中未明确单独针对此项说明

（二）数据采集与处理

系统通过 API 接口对接 ERP、SRM、质量管理系统等多个数据源，自动采集供应商交易记录、质检报告、物流信息等关键数据。在数据处理环节，系统实施严格的质量管控措施，包括数据完整性检查、异常值修正、时间序列对齐等。为提高数据可信度，系统引入区块链技术记录关键业务数据，确保评估依据的真实性和不可篡改性。同时，系统支持人工补充评价信息，形成多维度的供应商数据画像。

（三）智能评估模型

基于机器学习算法构建的供应商绩效评分系统，能够综合计算各供应商的综合得分，并生成可视化对比分析报告。系统采用随机森林算法处理非线性评估关系，通过 SHAP 值分析解释各指标对评分的影响程度。风险预测模块运用时间序列分析技术，识别供应商绩效的潜在下滑趋势，提前发出风险预警。系统还会自动标记存在重大风险的供应商，提示采购人员采取应对措施。

（四）应用场景

在采购决策支持方面，系统可根据评估结果智能推荐优质供应商，并提供不同采购方案的成本效益分析。系统支持模拟不同供应商组合对企业供应链韧性的影响，辅助制定最优采购策略。在供应商关系管理方面，系统自动生成供应商发展建议，帮助企业开展有针对性的供应商能力提升计划。通过持续跟踪改进效果，系统推动供应商绩效进入良性循环，最终实现供应链整体价值的提升。

3.2.3　能耗与运营成本控制

能耗与运营成本控制系统通过智能化手段实现对企业能源使用和运营效率的精细化管理，为降低企业运营成本提供数据支持和决策依据。该系统包含四个关键功能模块，形成完整的"监测—分析—优化—改进"管理闭环，具体如图 3-5 所示。

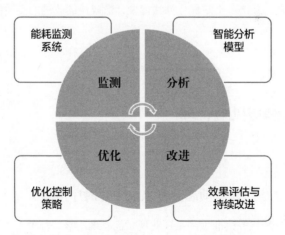

图 3-5　能耗与运营成本控制系统关键功能模块

（一）能耗监测系统

系统通过物联网技术连接各类能耗监测设备，实时采集电力、水、燃气等能源的消耗数据。监测频率可精确至分钟级，确保及时掌握能耗波动情况。在数据采集基础上，系统会结合生产计划、设备台账等信息，为不同车间、产线和设备设定合理的能耗基准线。基准线考虑设备型号、使用年限、生产负荷等因素，并随季节变化动态调整。系统支持多维度能耗看板，可按部门、产线、班次等维度展示实时能耗数据，帮助管理人员快速定位高耗能环节。

（二）智能分析模型

系统采用机器学习算法分析能耗数据，识别不同生产模式下的能耗特征。通过建立能耗与产量、环境温度等变量的关联模型，系统能够区分合理能耗与异常耗能。节能机会发现模块会扫描所有能耗数据，自动识别潜在的节能点，如设备空转、管道泄漏、保温失效等问题。系统还会分析历史节能改造案例，为新项目提供效果预测和投资回报分析。

（三）优化控制策略

基于分析结果，系统会给出具体的优化建议。对于生产设备，系统推荐最佳运行参数组合，如优化空压机压力设定值、调整冷却水温度等。在生产排程方面，系统综合考虑能耗成本、设备效率等因素，智能生成最优生产计划。某企业应用系统建议，将高耗能工序调整至电价低谷时段，年节省电费支出 15%。系统还支持与楼宇自控系统对接，实现照明、空调等设施的智能调节。所有优化策略都经过模拟验证，确保不会影响正常生产秩序。

（四）效果评估与持续改进

系统建立完善的节能效果评估机制。每项节能措施实施后，系统会持续跟踪实际节能效果，并与预期目标进行对比分析。评估报告包含节能量、经济效益、投资回收期等关键指标。基于评估结果，系统会不断优化算法模型，形成持续改进的良性循环。

3.3 现金流预测与风险管理

3.3.1 应收账款／应付账款动态分析（LSTM 时序预测）

应收账款与应付账款的精准预测是企业现金流管理的核心环节。本节介绍的 LSTM 时序预测系统通过深度学习技术，实现了对往来款项的动态分析和智能预测。

（一）数据准备与特征工程

系统首先整合销售系统、财务系统和 CRM 系统中的交易数据，建立完整的客户交易档案。在特征工程阶段，系统会计算每个客户的账龄分布特征，包括平均回款周期、最长逾期天数等指标。同时，系统会识别交易行为的季节性规律，如季度末回款加速等特征。为提升预测准确性，系统还引入了外部经济指标，包括行业 PMI 指数、货币供应量 M2 等宏观经济数据，构建多维度的预测特征集。数据清洗环节采用自动化规则与人工复核相结合的方式，确保输入数据的质量。

（二）LSTM 模型构建与优化

预测模型采用三层 LSTM 神经网络架构，并引入 Attention 机制增强关键特征的权重。模型输入层设计为 60 天的时间窗口，输出层预测未来 30 天的回款情况。在模型训练过程中，采用 Adam 优化器进行参数调优，学习率设置为 0.001，dropout 率控制在 0.2 以防止过拟合。模型验证采用滚动时间窗方法，以过去 12 个月的数据作为测试集，确保模型在真实业务场景中的稳定性。针对极端市场情况，系统还设置了压力测试场景，模拟经济下行时期的回款表现。

（三）动态预测与可视化

系统每日自动生成最新的现金流预测报告，当预测现金缺口超过安全阈值时触发预警。预测结果以概率区间的形式展示，如"下周回款金额预计在 120~150 万元之间（置信度 85%）"。针对重点客户，系统提供专项分析功能，可以查看该客户历史回款表现与预测趋势的对比。可视化界面支持多维度下钻分析，财务人员可以快速定位影响预测结果的关键因素。

（四）应用案例

某上市公司应用本系统后，回款预测准确率从原来的 65% 提升至 89%。具体实施中，财务部门将系统预测结果与资金计划相结合，优化了短期融资安排。例如，系统预测 3 月份将有 800 万元回款缺口，财务部门提前安排了 500 万元的银行承兑汇票和 300 万元的商业保理，既保证了资金链安全，又降低了融资成本。另一个典型案例是，系统识别出某大客户每年 6 月的回款会延迟 15 天，企业据此调整了与该客户的结算账期，年节约财务费用约 25 万元。这些案例证明，AI 预测技术能够为企业现金流管理带来实质性的改善。

3.3.2　客户信用风险评级

客户信用风险评级系统通过构建智能化的评估体系，实现对企业客户信用状况的精准刻画和动态管理。该系统融合多维数据源和机器学习算法，为企业的信用决策提供科学依据。

（一）评级指标体系

客户信用风险评级系统应建立包含财务指标、交易行为特征和外部数据的三维评级体系。客户信用风险评级系统指标体系如表 3-3 所示。

表 3-3　客户信用风险评级系统指标体系

评级维度	模块名称	包含指标	指标说明
财务指标	财务指标模块	资产负债率、流动比率、利润率等	采集客户的关键财务数据，通过行业对标分析评估其财务健康状况
交易行为特征	交易行为特征分析模块	历史订单履约率、付款准时性、订单规模波动性等	反映客户的实际交易信用，包括动态指标
外部数据	外部数据模块	工商注册信息、司法涉诉记录、舆情监测数据等	整合外部数据，识别潜在风险因素

（二）机器学习模型构建

信用评级模型采用 XGBoost 和 LightGBM 集成学习算法，通过 Boosting 方式提升预测准确性。针对样本中优质客户远多于违约客户的数据不平衡问题，系统应用 SMOTE 过采样技术生成合成样本，确保模型对违约信号的识别能力。为提高模型透明度，系统引入 SHAP 值分析技术，清晰展示各评估指标对最终评级的影响程度，满足合规审计要求。模型训练采用五年期的历史交易数据，并定期用最新数据重新训练，保持评级标准的时效性。

（三）动态评级管理

系统建立实时监控机制，当客户经营状况出现重大变化时自动触发评级重估。预警信号包括：工商信息变更、涉诉新增、财务指标恶化等。评级调整采用标准化工作流，需经过数据复核、模型重算、人工确认等环节。系统维护动态的黑白名单机制，对评级持续恶化的客户自动加入观察名单，为信用优良的客户提供快速审批通道。

（四）风险定价应用

基于信用评级结果，系统智能生成差异化的信用政策建议。对优质客户可提供更长的账期或更高的信用额度，对风险客户则建议预付款或担保交易。系统还能根据客户评级分布和历史坏账率，自动测算合理的坏账准备金比例。

3.3.3　外汇与利率风险对冲

外汇与利率风险对冲系统通过智能化的风险识别和对冲策略优化，帮助企业有效管理国际业务中的金融风险。该系统整合市场数据、风险模型和交易执行功能，实现全流程的风险对冲管理。

（一）风险识别与计量

系统首先建立多维度的风险敞口计算模型，自动识别企业各币种的净风险暴露。通过连接 ERP 和财务系统，实时获取外汇应收应付、外币借款等风险头寸数据。在风险计量方面，系统采用 VaR（风险价值）方法，计算在 95% 和 99% 置信度下的潜在损失，并设置多种压力测试场景，如汇率骤跌 5% 或利率上升 200 个基点等极端情况。蒙特卡洛模拟模块可以生成上万种市场情景，评估企业在不同市场环境下的风险状况。某出口企业应用该系统后，成功识别出欧元收入面临的汇率风险，及时采取了对冲措施。

（二）对冲策略优化

基于风险分析结果，系统智能推荐最优对冲工具组合。对于确定性现金流，建议使用远期合约锁定汇率；对于不确定性现金流，则推荐使用期权合约保留上涨空间。系统采用动态规划算法计算最佳对冲比例，在风险控制和成本节约之间取得平衡。套期保值会计处理辅助功能自动生成会计分类建议，确保对冲交易符合会计准则要求。

（三）智能决策支持

系统实时接入 Bloomberg、路透等市场数据源，监控汇率和利率的即时变动。对冲成本效益分析模块会计算不同策略的成本预算和预期效果，辅助管理层决策。当市场出现重大波动时，系统可以自动生成交易指令，经风控审核后直接发送至交易对手方。某集团企业通过系统的自动化交易功能，在市场剧烈波动时快速完成对冲操作，避免了约 300 万元的可能损失。

（四）合规与审计

系统内置合规检查引擎，确保每笔对冲交易都符合企业风险政策和监管要求。对冲效果回溯功能定期评估实际对冲效果与预期的偏差，持续优化对冲策略。监管报告自动生成模块可以一键生成 IFRS 9 等要求的披露报告，大幅提升财务报告效率。某上市公司使用该系统后，对冲审计时间缩短 60%，同时显著提高了信息披露的准确性和及时性。通过系统的全面风险管理，企业能够在复杂的国际金融环境中稳健经营。

3.4　自动化财务报告与合规审计

3.4.1　实时财务报表生成

实时财务报表生成系统通过智能化技术重构传统财务报告流程，实现从数据采集到报表输出的全自动化处理。该系统显著提升了报表编制的效率和准确性，为企业管理决策提供及时可靠的财务信息支持。

（一）多源数据实时整合

系统通过标准化 API 接口与 ERP、CRM、银行系统等业务平台建立实时数据通道，确保财务数据及时同步。针对跨国企业需求，系统内置智能折算引擎，支持 30 余种货币自动折算，并能根据 IFRS、GAAP 等不同准则要求自动调整折算逻辑。数据质量校验模块包含 200 余条校验规则，如"资产负债表必须平衡""现金流量表间接法验证"等，发现异常自动触发预警。某跨国零售集团应用后，月末关账时间从 7 天缩短至 8 小时，数据错误率下降 92%。

（二）智能报表引擎

报表生成引擎基于会计准则条款库，自动生成资产负债表、利润表、现金流量表及报表附注。AI 驱动的附注处理模块能够从合同文本、交易记录中自动提取关键信息，如收入确认政策、金融工具分类依据等。管理层视图功能支持自定义 KPI 看板，可按区域、产品线等维度灵活分析财务数据。某科技公司应用该系统后，季度报告编制时间从 10 天减少至 2 小时，同时附注披露完整性达到 100%。

（三）动态披露管理

重大事项识别模块通过 NLP 技术扫描全量业务数据，自动标记需要特别披露的事项，如资产减值、或有负债等。关联方交易智能匹配功能通过股权关系图谱和交易特征分析，准确识别关联交易并生成标准披露文本。披露完整性检查器会对照准则要求逐项核验，确保不遗漏任何强制披露事项。某上市公司借助该系统，在年报季成功规避了 3 起潜在披露违规风险。

（四）应用场景

某全球制造业集团通过部署本系统，实现了 98 家子公司报表的自动合并。原先需要 20 人团队工作两周的合并报表流程，现在只需 3 天即可完成，且数据准确性显著提升。另一家快速成长的电商企业则利用系统的实时报表功能，将月度经营分析会从"回顾过去"转变为"决策未来"，管理层可以基于截至昨日的完整财务数据做出及时调整。这些实践案例证明，实时报表系统不仅能提升效率，更能改变企业的决策模式。

3.4.2　智能合规审查

智能合规审查系统通过将监管要求数字化、审查流程自动化，大幅提升企业合规管理效率和准确性。该系统已帮助多家企业规避重大合规风险，实现从"人工检查"到"智能防控"的转变。智能合规审查系统的工作流程，具体如图 3-6 所示。

图 3-6　智能合规审查系统的工作流程

（一）规则知识库构建

系统构建了结构化规则的合规知识库，完整覆盖 IFRS、GAAP 等主流会计准则核心条款。针对不同行业特点，系统特别标记了建筑业收入确认、金融业减值计提等特殊合规要求。企业内控政策通过可视化配置工具数字化，如设置"单笔采购超 500 万元需三重审批"等控制规则。某医药集团应用后，成功识别出研发费用资本化政策与行业监管要求的偏差，及时调整避免年报问询。

（二）智能审查引擎

基于 NLP 技术的条款解析模块可自动解读监管文件更新，如实时捕捉收入准则（IFRS 15）的细则变化。机器学习模型通过分析历史审计调整事项，智能识别异常会计处理，如异常的费用资本化行为。关联方交易预警系统通过构建股权关系图谱，自动拦截未恰当披露的关联交易。某上市公司系统上线首月即发现 3 起未披露的关联方资金往来，涉及金额超 2000 万元。

（三）审查工作流

系统自动生成包含风险等级、依据条款的详细问题清单，并通过智能路由分派给相应专家。复核环节采用"机器初筛 + 人工确认"模式，专家反馈自动沉淀为新的训练数据。整改跟踪看板实时监控缺陷整改进度，逾期未处理自动升级提醒。某金融机构使用后，合规问题平均解决周期从 45 天缩短至 12 天。

（四）典型案例

在收入确认场景，系统帮助某软件企业发现 SaaS 业务收入分期确认错误，避免 2000 万元收入提前确认风险。针对金融工具分类，系统通过合约条款分析，自动纠正某企业将"可转债"错误分类为权益工具的问题。这些案例证明智能审查不仅能提升效率，更能发现人工检查难以识别的深层次合规问题。

3.4.3　审计线索自动化追踪

审计线索自动化追踪系统通过三大核心功能提升审计效能。

（1）全流程留痕体系建立业务—财务数据血缘图谱，实现交易全程可追溯。某央企应用后异常凭证拦截率提升，某金融企业通过操作日志分析发现并阻断虚假报销。

（2）智能风险挖掘运用 Benford 定律识别数据异常（如某公司收入"1"首位数占比达 68% vs. 理论 30%），结合多维反舞弊网络，某建筑集团成功追回围标损失 1200 万元。

（3）高效审计工具通过动态抽样和智能证据打包，某物流企业存货监盘工作量减少 60%；底稿自动生成工具帮助跨国集团将固定资产审计时间从 3 天压缩至 2 小时，并自动适配多国准则。系统实现审计效率与风险防控的双重提升。

审计线索自动化追踪的核心功能与应用案例具体如表 3-4 所示。

表 3-4　审计线索自动化追踪的核心功能与应用案例

功能模块	技术实现	应用案例	效果
全流程留痕体系	业务－财务数据血缘关系图谱； 操作日志智能归集（操作人、时间、IP）	某央企财务共享中心：一键穿透查看费用背景； 某金融企业：发现非工作时间批量生成凭证的异常行为	异常凭证拦截率上升；及时阻断虚假报销
风险线索挖掘	Benford 定律分析（数字分布异常）； 反舞弊关联网络（多项指标交叉比对）	某上市公司：识别收入确认异常（"1"占比 68% vs. 理论 30%）； 某建筑集团：揭露围标串标链条	锁定 3 名越权修改信用期的销售主管；追回损失
审计辅助工具	动态风险抽样； 智能证据打包（合同／单据／影像自动关联）； 底稿自动生成	某物流企业：存货监盘； 某跨国集团：固定资产折旧审计	工作量下降 60% 底稿编制时间从 3 天减少至 2 小时，支持多国准则校验

第 4 章
EVA 概念框架

EVA 是企业财务管理中较晚出现的一个概念，它是 Economic Value Added 的缩写，意为经济附加值，又称经济利润、经济增加值。对企业而言，每年创造的经济增加值等于税后净营业利润与全部资本成本之间的差额。其中资本成本既包括债务资本的成本，也包括股权资本的成本。目前，以可口可乐公司为代表的一些著名跨国公司大都使用 EVA 指标评价企业业绩。

从算术角度来说，EVA 等于税后净营业利润减去债务资本成本和股本资本成本，是所有成本被扣除后的剩余收入。EVA 是对真正利润的评价，或者说，是表示将净营业利润与投资者用同样资本投资其他风险相近的有价证券的最低回报相比，前者超出或低于后者的量值。在讨论 EVA 之前，我们首先简要回顾一下企业的经营目标。

4.1 企业目标：股东价值最大化

企业目标就是创造价值，是实现其宗旨所要达到的预期成果。没有目标的企业是没有希望的企业，因此，企业目标就是企业发展的终极方向，是指引企业航向的灯塔，是激励企业员工不断前行的精神动力。

企业目标管理就是指：企业的最高层领导根据企业面临的形势和社会需要，制定出一定时期内企业经营活动所要达到的总目标，然后层层落实，要求下属各部门主管人员甚至每个员工根据上级制定的目标和保证措施，形成一个目标体系，并把目标完成情况作为考核的依据。简而言之，企业目标管理是让企业的主管人员和员工亲自参与目标的制定，在工作中实行自我控制，并努力完成工作目标的一种制度或方法。

4.1.1　委托代理理论

21世纪，信息技术、网络技术的快速发展使管理发生了革命性的变化，这种变化最直接的影响表现在企业内部信息交流上，促使企业内部组织结构简化、管理效率提高。在这种变化下，价值成为了一切管理活动的主体，这标志经济社会进入了价值管理的时代。

委托代理理论认为股东财富最大化是企业的根本目标，如图 4-1 所示。股东财富最大化是企业财务管理的出发点和最终目标。

图 4-1　企业的根本目标

从财务管理的角度来看，股东是企业的实际出资人，因此无论是在形式上还是在法律上，股东都是企业的所有者。股东创办或者投资企业的唯一目的就是获利，得到投入资本的增值，直至投入资本达到价值最大化。

从经济学的角度来看，基于社会中经济人最大化自身利益的假设，股东拥有企业，企业的目标必然是为股东服务的，以股东投入的资本为限，最大限度地为股东创造价值。这一点不论是在个人独资企业、合伙企业、有限公司还是股份公司，都是整个市场经济运行的基础。

4.1.2　利益相关者理论

现代企业理论认为，企业是多边契约关系的总和，股东、债权人、经理层、普通员工等缺一不可。各方都有各自的利益，共同参与，构成企业的利益制衡机制。企业的财务目标应与企业多个利益集团有关，是这些利益集团相互作用、相互妥协的结果。在一定时期内和一定环境下，某一利益集团可能会占主导地位，但从企业长远发展来看，不能只强调某一集团的利益，而置其他集团的利益于不顾。

具体而言，利益相关者理论认为，企业是一系列契约关系的集合体，只有满足各利益相关者的利益要求，企业才能够获得可持续发展。这个理论所论及的利益相关者，不仅包括企业的法律所有者——股东，还包括员工、管理者、客户、消费者、债权人和社会公众等。按照该理论，企业实际上就是股东、债权人、员工和社会公众等利益相关者之间一系列契约关系的集合体。既然企业或多或少存在一定的契约安排，而且各利益相关者已经以各种方式向企业投入了一定的生产要素，企业利益相关者必然有对企业产出利益的索取权。

由此，利益相关者理论提出的企业目标是利益相关者财富最大化或者利益相关者价值最大化。该理论的主要观点如下。

（1）利益相关者理论认为，即使将股东财富最大化作为唯一的目标，也并不能够真正实现为股东创造价值。因为无论是理论还是实践都证明，在所有权与经营权分离的情况下，股东并不能完全控制企业的实际管理者，因此很难有效防止企业的资源被滥用，而且来自市场和绩效考核的压力也可能导致管理者的短期行为。

（2）利益相关者理论强调，企业的目标是为社会创造财富，而不是单纯为股东创造财富。企业在最大化股东价值之外还应该存在部分社会目标，而且应使那些率先思考企业治理问题的人对于企业的目标问题形成一种新的认识：企业的存在是为社会创造财富。

（3）利益相关者理论认为，除股东以外的其他利益相关者，特别是企业的管理者和员工，可能是比股东更高效的公司管理者。一方面，现代企业股东的高度分散会导致"搭便车"行为，从而使大股东失去监管动力；另一方面，很多外部股东并不了解企业内部信息，因此很难做出正确的决策。

4.1.3　利润最大化目标的缺陷

现代企业一般是企业所有权和经营权分离的治理结构，根据"委托—代理"理论，企业由所有者和债权人投资，由职业经理人负责经营管理。职业经理人必须协调所有与企业有利害关系的相关者之间的利益。在这种新的企业环境下，利润最大化目标已经不能同时满足各利益相关者的要求，其主要有以下几方面缺陷。

（1）利润最大化目标没有考虑货币时间价值。投资项目创造当前价值（现值）的大小，不仅取决于项目未来创造价值总额的大小，而且受到时间的制约。我们知道今天的 1元钱和将来的 1 元钱是不等值的，这种一定量货币在不同时点上的价值量的差额，称为货币的时间价值。通常情况下，货币的时间价值相当于没有风险和没有通货膨胀条件下的社会平均资金利润率。而利润最大化目标没有区分不同时期的报酬，即没有考虑货币的时间价值。

（2）利润最大化目标没有考虑企业风险。如果两个企业的预期收益相同，但是，其中一个企业的预期收益的波动较另一个企业的波动大得多，那么，前者的风险将更大。如果企业经营者偏重稳健经营，那么宁愿得到较少但较确定的利润，也不愿得到较多但不确定性也大的利润。这样，利润最大化目标就不能满足企业所有者经济利益最大化的要求。

（3）假如利润最大化指的是税后利润最大化，那么仍不能使企业所有者经济利益实现最大化。因为对企业来说，企业管理者为了控制企业财务风险，完全可以通过追加股本并将所得资金投资于低报酬率（只要大于 0）项目的办法，来增加企业税后利润；但是当低报酬率项目给企业带来的新增收益与新增股本之比，低于企业原先的每股收益水平，则每股收益就会下降，不能使企业所有者经济利益实现最大化。

（4）片面追求利润最大化，可能导致企业短期行为，如忽视产品开发、人才开发、生产安全、技术装备水平、生活福利设施建设、社会责任履行等。

近年来，随着有效市场理论、资产定价理论、资产组合理论、期权定价模型的日臻完善，以及企业管理理论研究和实践中战略理论和财务理论的相互融合，特别是 20 世纪 80 年代以来，企业对货币市场和资本市场依赖程度加深，迫使企业管理发生了一场革命，即紧紧围绕"价值"这个中心，为股东创造更多的财富，从而使企业管理进入以价值为基础、以价值最大化为目标的价值管理阶段。

现代企业以价值最大化作为终极目标，克服了利润最大化目标的缺陷。该目标的优势体现在以下几个方面：① 该目标注重资金的时间价值和投资的风险价值，有利于统筹安排企业长、短期规划，合理制定股利政策，兼顾企业所有者近期利益和远期利益等；② 该目标反映了企业对资产保值增值的要求，企业价值不是账面资产的总价值，而是企业全部资产的市场价值，包括当期营运价值和未来成长价值之和，追求企业价值最大化的结果可以促使企业合理配置资源，保证资产的保值增值；③ 该目标有利于克服管理上的片面性和短期行为。

4.1.4　建立基于 EVA 的财务管理系统

随着经济的不断发展，传统的以利润为导向的财务分析方法难以适应基于价值的管理理念。而基于 EVA 的财务分析体系能够使股东定义利润与财务分析体系的具体指标相一致，正好取代传统的业绩评价指标，成为衡量企业经营业绩的主要标准。

作为企业治理和业绩评估标准，EVA 正在全球范围内被广泛应用，并逐渐成为一种全球通用的衡量标准。EVA 被美国《财富》杂志称为"当今最为炙手可热的财务理念"。但是，EVA 不仅是一种有效的企业业绩衡量指标，还是一个全面财务管理的架构，是经理人和员工薪酬的激励机制，是决策与战略评估、资金运用、兼并和定价出售的基础理念。将 EVA 价值与业绩考核挂钩，就构成了 EVA 管理模式。

从根本上来说，EVA 是一个以薪酬激励计划为核心、为各个方面的决策提供依据的财务管理系统。但是，实施 EVA 财务管理系统有几个前提：一是进行激进的分权，即授予经营单位经理更多的决策权；二是要求有严格的组织结构，将经营单位经理转变为准所有者，这是通过 EVA 激励系统的实施来实现的；三是以 EVA 为业绩作为最终裁决。

这条途径在实践中，无论是对刚起步的企业还是对大型企业都十分有效。当前 EVA 的高低对企业来说并不真正起决定性作用，而重要的是 EVA 的增长，正是 EVA 的连续增长为股东财富带来了连续增长。

4.1.5　建立基于 EVA 的企业财务管理目标

财务管理目标是财务学的核心问题之一。财务管理目标是企业理财活动希望实现的结果，是评价企业理财活动是否合理的基本标准。财务管理目标是企业财务管理活动的导向器，决定着财务管理主体的行为模式。确立合理的财务管理目标，无论是在理论上还是在实践上，都有重要的意义。一般情况下，基于 EVA 的企业财务管理有 3 个具体目标。

（一）销售持续增长目标：市场份额及销售增长率

保持销售收入的不断增长是企业实现价值增值的基础。一般来说，企业的现金流入与销售收入成同方向变化趋势：销售收入增长越快，说明企业的市场竞争力越强；来自销售收入的现金流入越多，企业创造价值的能力越强。因此，企业应提高对企业价值做出较大贡献的主营业务的盈利能力和现金流创造能力，同时实施基于提高核心竞争力的财务运行机制和相应的财务策略，并合理协调经营战略与财务策略的关系。

（二）资产流动效率目标：提高资产质量及运营效率

提高资产的质量和运营效率是企业实现价值增值的关键。企业拥有高运营效率的资产意味着企业利用较少的资金投入即可获得较多的营业收入，进而获得来自营业收入的现金流入。因此，成功经营的企业往往是那些懂得有效配置和运营资产的企业。提高企业价值创造能力的关键是优化资产结构与配置规模，提高资产的运营效率。

（三）财务风险控制目标：优化资本结构及控制财务风险

优化资本结构及控制财务风险是企业实现价值增值的重要环节。在资产报酬率大于负债利息率的前提下，适当提高负债比率，就可以从息税前利润的增加中使权益性资本获得更多的财务杠杆利益。但是过度的负债也会加大破产风险。因此，企业应优化融资结构与规模，降低资金成本，同时平衡近期融资与远期融资需求，维持合理的资信水平，保持财务灵活性和持续融资能力。

总而言之，企业价值最大化的目标仅仅依靠单个目标的实现是无法充分完成的。企业只有力求同时实现销售持续增长目标、资产流动效率目标和财务风险控制目标才会拥有较强的价值创造能力，才会更好地实现企业价值最大化的目标。

4.2　EVA 产生的背景

4.2.1　经济利润、会计利润与 EVA

（一）经济利润与会计利润

经济利润具体表现为收入超过实际成本和隐含成本的剩余部分。隐含成本是指企业所有者自己提供资本、自然资源和劳动的机会成本。经济学家考虑的是资源的有效配置问题，也就是如何把资源用在能使所有者所付代价最小的用途上，而能保证做到这一点的手段是必须考虑每项资源的机会成本。这种利润能够表明企业将资源投入这一方案可获得的净收入比投入其他方案可获得的净收入多少。经济利润是企业投资资本收益超过加权平均资金成本部分的价值。其计算过程如下。

经济利润 ＝（投资资本收益率 − 加权平均资金成本率）× 投资资本总额

传统的会计利润忽略了资本需求和资金成本，而价值管理要求将管理的重心转向经济利润指标。计算经济利润的目的是实现资源的最优配置，从经济上判断方案的优劣。因此，企业管理层应当建立创造经济利润的理念。

会计利润的含义与经济利润的含义不同。会计利润是按照一定的程序和方法计算得出的，是配比结果，是企业在一定时期实现的收入与为实现这些收入所发生的实际耗费相比较而求得的。从会计报表来看，会计利润是企业期末净资产减去期初净资产的差额。

经济利润由于考虑了资源应用的机会成本，能够指引人们把资源用于最有价值的地方，即资本能够实现最大增值获利的地方。正因为如此，经济利润是资本增值经营决策的基础，随着企业资本经营概念的引入和增值经营活动的开展，会计在计划和决策中的作用不断加强，这就要求会计在确认会计利润的同时，还应根据现实需要估测经济利润。

（二）EVA 与经济利润

EVA 所考虑的增值，是基于经济利润的。由于考虑了资本成本（机会成本），EVA 既可以用于对高层经理及企业员工的业绩评估，也可以用于具体的增值经营决策分析。

EVA 是企业管理、财务会计的一个新名词。但 EVA 并不是一个全新概念，EVA 思想源于经济利润基础之上的剩余收益法。在某种程度上，可以说 EVA 是剩余收益的一个新版本。

根据 EVA 的创立者——美国纽约思腾思特咨询公司的解释，EVA 表示的是一个企业扣除资本成本（Cost of Capital，COC）后的资本收益（Return on Capital，ROC）。也就是说，一个企业的经济增加值是该企业的资本收益和资本成本之间的差额。站在股东的角度，一个企业只有在其资本收益超过为获取该收益所投入的全部资本时，企业的股东才有收益。因此，经济增加值越高，说明企业的价值越高，股东的回报也就越高。

根据上述定义，经济增加值的计算公式如下所示。

$$EVA=ROC-COC$$

ROC 通常用税后净营业利润（NOPAT）来衡量，COC 则等于企业的加权平均资本成本率（WACC）与全部投入资本（CE，包括债务资本和权益资本）的乘积。因此，经济增加值的计算公式可以改写为如下公式。

$$EVA=NOPAT-WACC \times CE$$

当然，EVA 并不是所有问题的答案，其本身也存在局限性，特别是学术界对 EVA 的实证研究结果并不像 EVA 倡导者说的那样近乎完美，其对实践的指导也是有限的。

（三）EVA 与会计利润

EVA 就是采用了经济利润取代会计利润的概念，因此具有极大的优势。会计利润和 EVA 之间存在十分明显的区别。例如，运用新技术的优越性之一是减少资金在企业运作过程中的占用。按照原有的会计标准，6 天或 60 天的存货时间对利润的影响是没有差别的。事实上，缩短存货时间，可以提高资本的运营效率，可以降低资金成本。这正是新经济运营模式为企业经营带来的革新之一。再如一些书籍零售公司，能够及时收到顾客付款，但是通常经过一段时间才会向供货商支付货款。像银行一样，公司拥有大量的在途闲置资金，从而形成负的流动资金需求。按照传统的会计准则，负的流动资金需求对会计利润没有贡献，但是从 EVA 的角度来看，它增加了企业的效益，原因是负的流动资金减少了对现有资金的需求，从而降低了资金的使用成本。这一例子表明会计意义上的损失有可能转化成正的经济利润。与会计利润相比，EVA 包含了因节约资本带来的收益，即减少资金的占用就意味着创造了更多的 EVA。

在我国，对会计利润的接受度，远远高于对 EVA 的接受度。也正因为如此，企业往往做出错误决策，银广夏事件正好说明了我国企业盲目追求会计利润的恶果。

除了会计利润，利润率指标也同样失去了其原有的重要性。今天，许多成功企业都是高利润率的企业。一个高的利润率代表着一个良好的客户满意度、一种面向未来的投资，或者代表着加速资金周转、减少资金沉淀的结果。但在许多情况下，高利润率并不意味着很好的经营业绩。这种变化对许多既有的财务管理技能与方法提出了质疑。EVA 在这方面提供了正确答案。例如，某个公司的某产品使用了多个生产商的配件，公司是自身生产配件，还是与其他厂商签订合同？显然，专业的配件供应商在元配件生产方面更具优势，因为他们专注于这些元配件生产，并能够通过合同根据公司的实时要求进行专业化生产。站在会计利润的角度，对外采购在一定程度上影响利润表；站在 EVA 的角度，对外采购虽然降低了会计利润，但同时降低了资产负债表中所需要的资金，增加了经济利润。EVA 方法通盘考虑了损益表中的费用和资产负债表中的资金成本，管理人员在对外采购与自身生产之间可以做出更好的抉择。

4.2.2　EVA、MVA、CVA

（一）EVA 与 MVA

公司实施基于价值的管理，其目标是实现股东财富最大化，但如何衡量呢？斯图尔特引入市场附加值（Market Value Added，MVA）的评估方法。他认为只有将公司总价值与投资者总资本之间的差异实现最大化，才能达到股东财富最大化，这一差异就是 MVA。由于 MVA 可以直接度量企业给股东带来的收益，故已成为国际上衡量公司价值变化的通用指标。MVA 的定义式如下所示。

$$MVA = 总市价 - 总资本$$

其中，总市价是债务和权益的市场价值之和，总资本是对资产负债表中的总资产进行调整后的数值，它根据 EVA 概念进行调整。显然，MVA 是公司管理者在经营过程中为投资者创造的额外价值，也是市场对一个公司盈利能力和未来发展潜力的综合评价。投资收益率只反映公司某一时期的业绩，而 MVA 能够评估公司长期的业绩，在股市上体现为公司过去及未来所有资本项目的净现值。对于关注股东财富的公司来说，MVA 最大化应是首要目标。

MVA 虽可直接衡量公司给股东带来的收益，但它反映的是公司开办以来经营活动总的效果；而 EVA 可集中对公司或某部门某年的经营业绩做出符合实际的评价，用途更广。EVA 是提升 MVA 的驱动力。从 EVA 的定义式可以看出，EVA 考察的是公司一年中的营业利润是否足以抵偿机会成本，即营业利润是否能抵偿该资本投资到风险相同的其他项目中而期望得到的回报。EVA 是一种从基本层面评价公司的指标，可以衡量公司为股东创造财富的状况，全面反映公司当期盈利表现，适用于任何公司。对于上市公司，市场通过股票价格对其进行评价，基于此，思腾思特咨询公司设计了 MVA，用于反映资本市场对公司未来盈利能力的预期。在衡量上市公司的价值时，MVA 是很简单和有用的指标，但对于政府机构和非上市公司而言，它就显得无能为力了，这时就要用到 EVA。

虽然 MVA 的值取决于公司预期的现金流，而 EVA 是一个公司在过去一年资本成本外的额外收益。一个公司如果采用 EVA 来评价经营业绩，管理者必然尽量降低资本成本并努力增加营业利润。这将在很大程度上改善公司未来的现金流，增加公司的价值。一般来说，

EVA 与 MVA 正相关，可用下面的式子来表示 EVA 与 MVA 之间的关系。

$$\text{MVA} = \sum_{i=1}^{n} \frac{\text{EVA}}{(1+\text{WACC})}$$

上式中，n 是未来的年数。

从上式可以看出，MVA 实际上就是未来所有年份的 EVA 按加权平均资本成本折现的价值。如果市场认为某公司 EVA 为 0，利润刚好等于投资者的期望收益，而且永远保持"保本"状态，那么该公司的 MVA 也将为 0。如果 MVA 上升，则意味着市场预期未来的 EVA 也会增加，反之亦然。一个较好的公司会努力实现 EVA 的持续增长，并获得 MVA 持续增长的回报。

EVA 能正确评估公司的市场价值，不仅可用于改善公司的经营状况，还可对兼并收购活动以及股票投资活动给予指导。20 世纪 90 年代，国外有大量文章讨论了 EVA 与 MVA 的关系。乌耶穆拉·坎特和皮提特于 1996 年选择了 100 家美国银行 1986—1995 年的 MVA 和 EVA 以及各种财务指标数据进行研究，研究发现 MVA 与 EVA 的相互关系最强；同时还看到 EVA 与其他传统财务评价指标相比，它对 MVA 的解释度明显较高。这种解释度通常用回归分析中的多重确定系数来表示。该系数表示变量 Y 中可被独立变量 X 解释的变量所占的百分比，它也是回归模型与数据符合好坏的重要量度。现将上述 100 家银行的 EVA 数据以及总资产收益率、净资产收益率、净收入与每股收益率等传统财务指标对 MVA 的解释度列于表 4-1 中。

表 4-1　传统财务指标对 MVA 的解释度

评价指标名称	EVA	总资产收益率	净资产收益率	净收入	每股收益率
解释度	40%	13%	10%	8%	6%

米卢诺维奇和特舒伊于 1996 年在对计算机行业一些公司所做的研究中得到了相似的结果：EVA、净资产收益率与每股收益率的解释度分别为 42%、29%、29%。这些研究表明，在一个以股东权益为目标的公司中，EVA 是比传统会计指标更好的业绩评价指标。

（二）EVA 与 CVA

现金附加值（Cash Value Added，CVA）是一种净现值模型，它将净现值计算周期化，即按年、季、月等时间段计算周期性的净现值，而不仅仅只选取某个完整的期间计算净现值。CVA 概念将投资分为两类：策略投资与非策略投资。策略投资旨在为股东创造新价值，如公司扩张等。因此，公司中能够创造价值的现金支出将被视作策略投资。策略投资可以投资于有形或无形资产，如投资新产品或新市场等。传统观念中关于现金支出是作为投资还是作为费用的争论在此已无关紧要。非策略投资则旨在维持由策略投资所创造的价值。

公司投资会产生相应的费用，CVA 模型中策略投资构成资本，购置新办公桌椅之类的非策略投资将被视作成本。但在会计系统中，资本由购买办公桌椅之类实物的支出构成，却并不包含对于无形资产的策略投资。

根据公司的每一项策略投资可以计算出经营所要求的现金流，而公司每一项策略投资的经营所要求的现金流的总和构成了公司的资本。经营所要求的现金流是以适当的资本成本折现的现金流，它本质上是年金，但在实际中按每年的实际通货膨胀率计算。而经营现金流是在策略投资之前、非策略投资之后的现金流，它必须大于经营所要求的现金流。经营所要求的现金流并不能预测未来的经营现金流是多少，而只是未来现金流的一个不变衡量点。在投资的经济使用年限中，经营所要求的现金流是固定的。

如果一定期间内经营现金流大于经营所要求的现金流，策略投资就创造了价值。计算公式如下所示。

$$CVA = 经营现金流 - 经营所要求的现金流$$

$$= 销售额 - 成本$$

$$= 营业利润 - 营运资本 - 非策略投资$$

CVA 也可以用指数形式表示，公式如下所示。

$$CVA\ 指数 = \frac{经营现金流}{经营所要求的现金流}$$

弗雷里克·威森里德通过实例研究表明

$$EVA\ 的净现值 = CVA\ 的净现值$$

4.3 EVA 价值管理体系：4M

自从 EVA 作为业绩衡量方法引起广泛关注之后，较为全面的价值管理体系也随之逐渐形成。这一体系主要包括 4 个方面：评价指标、管理体系、激励制度和理念体系，如图 4-2 所示。

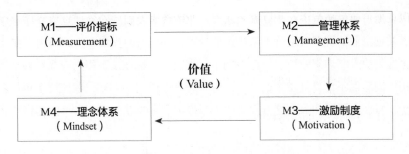

图 4-2　EVA 价值管理体系

　　EVA 价值管理体系从分析公司的 EVA 业绩入手，从评价指标、管理体系、激励制度和理念体系 4 个方面具体提出如何建立使公司内部各级管理层的管理理念、管理方法和管理行为都致力于实现股东价值最大化的管理机制，最终目标是协助提升公司的价值创造能力和核心竞争力。

　　EVA 可以真实地衡量企业的经营业绩，建立与 EVA 考核体系相配套的激励机制，可以鼓励管理层积极进行价值创造。如果要保证价值的长期、持续提升，就必须建立以 EVA 为核心的价值管理体系，让价值管理真正成为企业核心管理制度的重要部分，使价值管理能够指导管理层和企业员工的行为。

4.3.1　M1——评价指标

　　EVA 是衡量业绩比较准确的指标，对无论处于何种时间段的企业业绩，都可以做出准确而恰当的评价。在计算 EVA 的过程中，首先要对传统收入概念进行一系列调整，从而消除会计运作中产生的异常情况，并使其尽量与经济真实状况相吻合。例如，一般公认会计准则要求企业把研发费用计入当年的成本，即使这些研发费用是对未来产品或业务的投资。为了反映研发的长期经济效益，把在利润表上作为当期一次性成本的研发费用从中剔除。在资产负债表上，做出相应的调整——把研发费用资本化，并在适当的时期内分期摊销。

　　在计算 EVA 的过程中，需要对利润表和资产负债表的部分内容进行调整，从而消除会计准则对企业经营运作的扭曲反映。以 EVA 为业绩考核的评价指标，有利于企业在战略目标和工作重点的制定中贯彻以长期价值创造为中心的原则，从而与股东的要求相一致。

（一）以企业的长期价值创造为业绩考核的导向

　　考核的导向作用不仅是对目标考核而言的，而且要与企业的战略规划和业务发展方向紧密结合。在确定了发展战略和业务框架后，企业需要通过实行各种措施和手段，来保证这一目标的顺利实现。业绩考核就是一个非常重要的手段。重点引导什么，就考核什么；想让企业干什么，考核指标就定什么。以 EVA 为业绩考核体系的核心内容，可以较好地满足股东以长期价值创造为中心的要求，实现企业的健康发展。EVA 管理体系中科学的会计调整能够鼓励企业的管理者进行可以给企业带来长远利益的投资决策。例如，在计算 EVA 时，将企业为提升其未来业绩、但在当期不产生收益的对在建工程的资本投入，在当期的资本占用中剔除而不计算其资本成本，这对管理者来说更加客观，考核结果更加公平，使他们敢于在短期内通过加大在这方面的投入来换取企业持续的发展，从而为企业和股东持续创造财富。

（二）考核中要考虑企业的规模、发展阶段、行业特点和行业对标数据

以 EVA 为核心的业绩考核体系，强调要根据各企业的战略定位、行业特点、企业规模、发展阶段以及工作计划的具体情况来设计业绩考核方案，具体可以从以下几个方面入手。

（1）对相同或相近行业的企业，在设计考核方案的时候，考核指标也应是相同或相近的，工作重点为根据企业各自的战略定位、企业规模、发展阶段和工作计划设定不同的考核指标基准值。

（2）对不同行业的企业，在设计考核方案的时候，除 EVA 之外的其他考核指标，还应尽量选取有代表性的行业指标，以充分体现行业特点。

（3）在确定考核指标基准值时，还必须要与行业公司进行对比。对一些可比性较强的比率指标，如 EVA 率（EVA 除以投入资本）、总资产报酬率和净资产收益率等，尽量以公司自身数据和行业公司对标数据的较高者为考核指标的基准值，从而提出更高的要求，促使被考核公司争当行业一流公司，提高核心竞争力。

（三）侧重对经营结果进行考核

战略目标和业务发展的落实集中体现在经营结果上，以 EVA 为核心的业绩考核体系侧重于对经营结果进行考核，可以对企业的经营业绩有正确、客观的判断，发现不足，从而有利于实现对企业发展的正确引导。但是，对于企业的经营管理过程也不能完全忽视，可选用少数传统的财务指标和部分非财务指标（如安全生产等）进行考核，以此作为对考核结果的补充和完善。

4.3.2　M2——管理体系

EVA 是衡量企业所有决策的单一指标。企业可以把 EVA 作为全面财务管理体系的基础，这套体系涵盖了所有指导运营、制定战略的政策、方法以及衡量指标。EVA 体系囊括管理决策的所有方面，包括战略计划、资本分配，并购和撤资的估价，制定年度计划，甚至包括企业每天的运作计划。总之，增加 EVA 是超越其他企业的重要目标。从更重要的意

义角度来说，成为一家 EVA 企业的过程是一个扬弃的过程。在这个过程中，企业将扬弃其他财务衡量指标，否则这些指标会误导管理人员做出错误的决策。例如，如果企业的既定目标是最大程度地提高净资产回报率，那么一些高利润的部门不会太积极地进行投资，即使是对一些有吸引力的项目也不愿意投资，因为他们害怕会损害本部门的回报率。相反，业绩并不突出的部门会十分积极地对几乎任何项目进行投资，即使这些投资得到的回报低于公司的资本成本。这些行为都会损害股东利益。与之大相径庭的是，统一着重改善 EVA 将会确保所有的管理人员为股东的利益做出正确决策。

EVA 公司的管理人员清楚，增加价值只有 3 条基本途径：一是通过更有效地经营现有的业务和资本，提高经营收入；二是投资于回报超出企业资本成本的项目；三是通过出售对他人更有价值的资产或通过提高资本运用效率（如加快流动资金的运转、加速资金回流）达到把资本沉淀，从现存营运中解放出来的目的。

管理层在对企业进行日常管理时，需关心以下几个主要问题。

（1）企业整体的价值创造情况如何，哪些业务板块或下属企业正在创造价值或毁灭价值。

（2）每个业务板块或企业的历史价值创造情况如何。

（3）是否需要制定新的战略来保持价值创造的持续性。

（4）是否需要修订业务或投资组合策略来重新进行资源调配。

（5）实行新的战略或调整业务、投资组合策略后能够在未来为企业增加多少价值。

对以上管理层关心的问题，企业可以从完善战略回顾和完善预算两个方面加以解决。

（一）完善战略回顾

战略回顾的内容包括价值诊断、基于价值的战略规划管理、分析和调整资源配置和业务组合策略、进行投资决策管理以及设计价值提升策略 5 个方面。

1. 价值诊断

企业必须通过 EVA 指标对其整体业绩状况和下属各业务板块企业的价值创造情况进行详细分析，这样才能真正知道其价值创造的实际情况，从而建立有针对性的价值管理体系。

通过对企业的各类业务、各下属企业、不同产品、不同客户、价值链上的不同环节、各部门等进行的价值衡量，明确企业内部价值创造的真实情况。同时，除了了解企业内部价值创造情况，也需要知道企业在整个行业中的价值创造情况，并进行行业分析，旨在通过与国内、外同行业进行的对比和基准分析，了解企业价值创造的优势和劣势，为制定正确的价值战略提供信息。

2. 基于价值的战略规划管理

企业的战略规划往往与业务计划脱节，经营计划又往往与企业的预算脱节。但实施价值管理的企业的战略规划、业务计划和经营计划、预算是密不可分的整体，需要通过平衡计分卡形成战略与实施相匹配的管理机制。

为了实现股东价值最大化，战略规划过程必须以价值为导向。战略规划的目标是设计、选择和实施价值最大化战略。企业可从以下几个方面入手。

（1）以实现长期价值创造作为战略规划的设计、选择和实施的基础。

（2）对拟定的各种战略规划方案，按照价值最大化原则进行分析和相应改进。

（3）对改进的战略规划方案，以企业内部管理层预期目标和股东及市场期望目标为标准进行衡量和评估。

（4）在企业内部各主要部门和管理层讨论和评估的基础上，选择最终能反映价值最大化原则的战略规划加以实施。

（5）按照最终战略规划将战略目标合理分解为年度目标，并在企业内部制定资源调配计划和详细的业务计划预算。

3. 分析和调整资源配置和业务组合策略

基于年度战略规划目标和业务计划，以价值为基础进行资源配置。通过不同的业务组合决策分析，制定合理的资源分配计划，将资源集中配置在能创造更多价值的业务单元。

4. 进行投资决策管理

在投资、并购、扩张决策上，价值管理机制成为遵守资本纪律、避免盲目扩张的行为规范。价值管理以是否创造价值作为决策的标准，投资和并购行为同样如此。以价值为基础的投资管理可以帮助企业提高投资决策的质量，使投资成为价值增长的重要驱动力。科学、严谨的价值评估和风险分析可帮助企业发掘价值增值的机会并提供投资并购的决策基础。完善的投资管理流程能够确保投资并购过程的有效性。科学的投资行为决策机制和以 EVA 为基础的业绩衡量体系可以保证投资并购行为真正实现价值增值。企业应明确长期的投资方向，并在企业的投资、并购、扩张决策上，充分运用价值管理机制，从而使企业制定并遵守严格的资本纪律，避免盲目扩张。

我国众多的企业在投资决策分析中普遍重视对投资项目的可行性评估，但是存在的主要问题是投资评估普遍采用的是静态的定点现金流贴现分析，缺乏对项目风险的量化分析，同时缺少对项目投资后的评估及项目运行绩效的跟踪及配套的机制。

5. 设计价值提升策略

企业需要对其现有资产和未来投资设计不同的 EVA 提升策略。

（1）提升现有资产使用效率，改善业绩。

EVA 具有"记忆"的功能，它能不断提醒企业管理层对企业现有资产进行管理，提高现有业务的利润率或资本的使用效率，从而改善业绩。企业可以通过采取减少存货、减少应收账款周转天数、提高产品质量、丰富产品种类、增加高盈利产品的产量、寻找价格更合理的原材料供应商或改变销售策略等手段来提升现有资产的使用效率，进一步提升现有资产的收益率，使之高于资本成本率。

（2）处置不良资产，减少不良资产对资本的占用。

对不符合企业战略规划及从长远来看回报率低于资本成本率的业务，企业应采取缩减生产线、业务外包或行业退出的手段，来减少不良资产对资本的占用。

（3）投资回报率高于资本成本率的项目，提高总体资产的价值创造能力。

对现有的创造价值的业务，企业可以继续加大投资以扩大业务规模；此外，企业也应对外寻找回报率高于资本成本率的新项目，从而提高总体资产的价值创造能力。

（4）优化财务结构和资本结构，降低资本成本率。

通过对财务杠杆的有效使用，增加融资的途径，从而降低付息负债的利息率，并最终实现资本成本率的降低，提高 EVA 的回报率。

（二）完善预算

1. 完善预算编制流程

我国企业编制的业务和财务预算通常与其基于价值的战略规划和年度化的战略目标脱节，并且业务和财务预算目标没有与价值衡量紧密联系，导致一方面在提高收入、利润等指标，另一方面却在损毁企业的价值。此外，有的企业虽然对其战略规划也实行战略回顾程序，但其内容仍然较空泛，尚未能做到将战略规划合理分解为年度战略目标并在此基础上制定详细的年度经营计划，从而使业务和财务预算缺乏对价值创造目标的支持。

2. 完善预算分析和经营监控体系

为了实现管理层对预算的执行和经营的实时监控，企业还应从财务、运营、行业与竞争 3 个方面着手，完善其预算分析和经营监控体系。

（1）财务方面。

需要对企业的财务状况用 EVA 模型进行分析，看其直接影响 EVA 的几个方面，如资本回报率、税后净营业利润和资本周转率等的表现如何，找出企业需要加强的薄弱环节。

（2）运营方面。

需要从企业运营的角度对价值驱动要素进行分解、分析，如将税后净营业利润分解为投资收益、其他业务收入、销售毛利率、经营费用率和管理费用率等指标，将资本周转率分解为净营运资产周转率和固定资产周转率等指标。对各指标进行分析，掌握影响企业价值变动的主要原因。

（3）行业与竞争方面。

需要对企业所处行业的国际、国内竞争对手的相应指标进行对比分析，找到企业业绩变动的原因，分析产品、渠道和客户价值贡献等情况，从而综合分析和预测企业未来的价值变动情况。分析企业的竞争能力，需要结合企业的战略规划和预算，并对企业过去 3~5 年的 EVA 历史结果、当年的 EVA 结果和未来 3~5 年的 EVA 预测结果进行趋势分析，从而确定企业的竞争能力。

3. 发现最敏感的关键价值驱动要素

企业的关键价值驱动要素在企业不同的下属企业中不是完全一样的，企业需要根据不同下属企业所处的行业及其业务和资本规模等，找到与之相应的最敏感的关键价值驱动要素，从而提升 EVA，始终做到有效地提升企业价值，实现企业价值的长期健康增长，最终达到企业战略规划的要求。

4.3.3　M3——激励制度

将 EVA 与管理层的薪酬挂钩，即把 EVA 的一部分回报给管理层，从而创造出使管理层更接近于股东的环境，使管理层甚至企业的普通员工开始像企业的股东一样思考。按照 EVA 的一个固定比例来计算管理层的奖金是以 EVA 为核心的薪酬管理体系的思路，这样可以避免传统激励制度下出现的只关注短期目标的行为，消除在业绩好时奖励有限、业绩差时惩罚不足的弊端。以长期价值创造为核心的激励制度，既体现了管理者价值，又保障了股东利益，是一种股东、管理者双赢的激励机制。

一个有效的激励机制能支持企业战略的实施，实现企业的发展目标，创造有特色的企业文化，正确引导企业管理层和员工的行为，并能合理地协调管理层和股东之间的利益，平衡成本的付出和减少人才流失的风险。

（一）EVA 激励制度概述

EVA 薪酬方案由 4 个部分组成：基本工资、年度奖金、中长期奖金和股票期权，其比例以及与 EVA 的关系如图 4-3 所示。

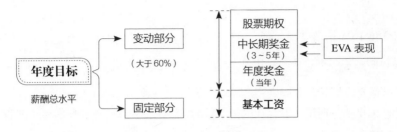

图 4-3　EVA 薪酬方案示意

固定部分的基本工资反映了人才市场的竞争性薪酬水平，应与在该员工所适用的劳动力市场上具有类似教育背景、技能、经验、从事类似职业的人群的平均薪资水平相当；年度奖金和中长期奖金共同组成 EVA 资金激励体系的变动部分，这两部分薪酬直接与 EVA 的表现相关。

股票期权是上市公司给予高级管理人员和技术骨干在一定期限内以一种事先约定的价格购买公司普通股的权利。不同于职工股的崭新激励机制，股票期权能有效地把公司高级人才与其自身利益很好地结合起来，由持有者向公司购买未发行在外的流通股。股票期权的行使会增加公司的所有者权益。

（二）EVA 激励制度的特点

（1）建立股东控制管理层的运营机制。导入 EVA 激励制度，建立一种股东控制管理层行为的机制，确保管理层在追求自身利益的同时实现股东财富最大化。这样的运营机制使管理层、股东保持同一立场，增强了委托者和代理者的信任，真正协调管理层与股东的关系。通过 EVA 制度建立管理层和股东的利益纽带，使管理层和股东的关系进一步协调和融洽，促使管理层与股东在心态上一样想着努力去经营管理企业。

（2）将股票期权奖励与 EVA 奖金相结合。杠杆股票期权方案与企业的 EVA 奖金计划密切相关，奖金数量确定后，除了现金奖励外，管理层还将获得大量的企业股票期权。将股票期权奖励与 EVA 奖金结合起来，使股票期权本身成为一种可变的报酬，这样整个激励制度的杠杆化程度就提高了。这样管理层工作方向便从降低股东的期望目标转向了努力提高业绩，这样管理层和股东就有了一个共同的利益纽带；同时，也达到了积极的策略驱动积极的预算，而不是温和的预算驱动温和的策略的效果。

4.3.4　M4——理念体系

采用 EVA 业绩评价体系，使企业所有营运部门都能从同一点出发，大家会有一个共同的目标——为提升公司的 EVA 而努力。决策部门和营运部门会积极建立联系，部门之间不信任和不配合的现象会减少，企业经营层和普通员工都会从股东的利益出发制定和执行经营决策。

通过实施 EVA 价值管理体制，以价值创造为使命，把 EVA 作为业绩考核指标，实施 EVA 激励机制，在股东、管理层和员工之间形成有效价值创造的机制，这正是企业治理机制的核心。

企业治理指的是明确企业存在的根本目的，设定企业管理者和所有者（即股东）之间的关系，规范董事会的构成、功能、职责和工作程序，并加强股东及董事会对管理层的监督、考核和奖励机制。从本质上讲，企业治理之所以重要是因为它直接影响到投资者（包括组织和个人）是否愿意把自己的钱交给管理者，它是企业筹集资金过程中一个至关重要的因素。建立良好的企业治理结构包括以下 3 个方面。

（一）建立多元化、独立、有实权的董事会

建立多元化、独立、有实权的董事会包括：明确董事会在企业的职责和责任，建立健全董事会的相关规章制度和日常工作流程，如董事会成员的组成、主要的董事会成员资格、董事会会议召开的频率、董事会会议召开议程和相关流程等。强有力的董事会扮演 4 种重要角色：监督企业的业务和控制机制，监管企业的风险状况，确保管理团队专业化，最大程度地保证股东利益。每种不同的角色下，董事会都承担着不同的职责，包括评估企业的战略和业绩，处理现存的和潜在的利益冲突，选拔管理层，监控、评估管理层的换届继任，保证企业会计报表的可靠性，监管财务状况的披露和企业与投资者的沟通情况等。强有力的董事会是良好的企业治理的基础，建立健全董事会的相关规章制度和日常工作流程，有利于董事会充分发挥以上作用，真正起到保护股东权益的作用。

（二）组织成立管理能力强、工作积极性高的企业管理层

组织成立管理能力强、工作积极性高的企业管理层包括明确管理层的任务和职责，建立以 EVA 为核心的管理层业绩衡量标准和考核目标，以及建立 EVA 业绩考核体系和激励方案体系。

以 EVA 为核心的管理层业绩考核体系及激励制度，能够有效地激励管理者的行为，使其专注于企业价值的创造。将管理层的任务和职责明确，并将其与企业的考核和激励制度相结合，能够最大程度地发挥管理层的积极性。EVA 应成为联系、沟通管理各方面要素的纽带，它是企业各经营活动（包括内部管理报告、决策规划、与投资者和董事沟通等）的核心。只有这样，管理者才有可能通过应用 EVA 获得回报，激励计划才能以简单有效的方式改变员工行为。

（三）建立投资者关系管理机制

无论是对于上市企业还是非上市企业，维护与加强投资者对企业的信心以及股权的增

值都非常重要。在投资者关系管理上,企业管理层与投资者的期望往往存在一定的差距,这主要是由于企业信息披露的不充分、企业与投资者沟通的不充分造成的。这种信息的不对称性,对达成投资者对企业管理层业绩的认同、稳定投资者信心及上市企业的股票价格均有不利影响。

投资者关系管理从详细分析投资者心理和需求的角度出发,理解投资者的各种类别、战略要求以及他们对企业优、劣势的认识,从而探求他们对企业未来发展的信息需求。通过建立投资者与企业之间高效的沟通渠道,针对不同类别的投资者提供不同的企业信息,包括重设长期预期值和改变竞争者的预期业绩的战略变化等,保证信息的充分与透明。企业应注重向投资者传递或者解释企业的短期业绩,并对不良经营信息的透明度进行有效管理。

4.4　EVA 核心理念及其计算原理

4.4.1　EVA 的核心理念

EVA 的核心理念是资本成本。从投资者角度看,资本成本就是机会成本;从企业角度看,资本成本就是使用资金的机会成本,是投资项目要求的最低收益。如果企业资本收益率低于投资者要求的收益率,那么企业则难以在资本市场上获得投资者的青睐。

理解资本成本需要明确以下两点。

(1)资本成本取决于投资项目的预期收益风险,由使用成本决定。同一企业、不同投资机会和不同企业的资本成本不同。

(2)资本成本不是企业自己设定的,而是由资本市场评价的,企业必须到资本市场上去发现。

EVA 的核心理念反映了股东价值最大化的企业经营哲学和财务目标。任何性质的长期资金都有它的使用成本即资本成本,因此,在计算某个投资项目时,必须将资本成本考虑在内。资本成本隐含的价值理念体现在企业投资、融资、经营等活动的评价标准中,作为企业取舍投资机会的财务基准或贴现率。只有当投资项目的预期收益率超过资本成本时,企业才应进行该项投资。资本成本用于评估企业内部正在经营的业务单元的资本经营绩效,为业务、资产重组或追加资金提供决策依据。只有投资收益高于资本成本时,业务单元继续经营才有经济价值。资本成本是企业根据预期收益风险变化动态调整资本结构的依据。预期收益率稳定的企业可以通过增加低成本的长期债务或减少高成本的股权投资来降低加权平均资本成本。

所以，EVA 的核心理念是其可以作为资本市场评价企业是否为股东创造价值、资本是否保值增值的指标。在 EVA 理论下，投资收益率并非企业经营状况和价值创造能力的评估标准，而关键在于投资收益是否超过资本成本。

4.4.2　EVA 的计算方法

格兰特认为，有两种流行的、具有操作性的方式来定义 EVA，其中一种是会计的观点，在该观点下 EVA 被定义为公司的税后净营业利润与该公司加权平均资本成本间的差额，用公式表示如下。

$$EVA = 税后净营业利润 - 加权平均资本成本$$

$$= 税后净营业利润 - 资本占用 \times 加权平均资本成本率$$

由以上公式可知，EVA 的计算结果取决于 3 个基本变量：税后净营业利润、资本占用和加权平均资本成本率。税后净营业利润衡量的是公司的盈利情况；资本占用是一个公司持续投入的各种资本，如债务、股权等；加权平均资本成本率反映的是公司各种资本的平均成本。其中，税后净营业利润和资本占用的数据来源于企业的会计报表。

（1）税后净营业利润是根据资产负债表进行调整得到的，其中包括利息和其他与资金有关的偿付，而利息支付转化为收益后，也是要扣税的。这与会计报表中的净利润是不同的。

（2）资本投入额为企业所有筹集资金的总额，但不包括短期免息负债（如应付账款、应付工资、应付税款等），即资本投入额等于股东投入的股本总额、所有的计息负债（包括长期负债和短期负债）以及其他长期负债的总和。

（3）资本成本等于公司资本结构中资本各个组成部分以市场价值为权重的加权平均成本。资本成本通常包括短期负债、长期负债以及股东权益等。

EVA 的定义表明，只有当公司利润高于其加权平均资本成本时，公司价值才大于投资成本。站在股东的角度，一家公司只有在其资本收益超过为获取该收益所投入的全部成本时才能为股东带来价值，这就是 EVA 体系的核心思想。图 4-4 是 EVA 构成示意。

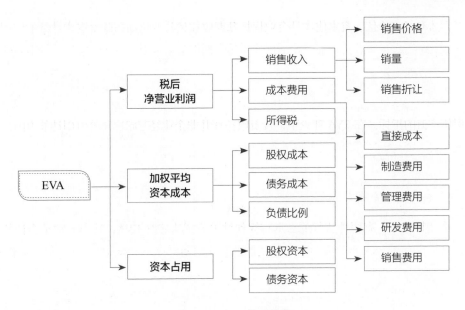

图 4-4　EVA 构成示意

从上述 EVA 的计算公式中不难发现，提高 EVA 的途径至少有以下几点。

（1）在现行投资成本的水平上增加回报。

（2）通过提高资金使用效率，加快资金周转速度，把沉淀的资金从经营活动中解放出来。

（3）增加利润。只要一项投资的预期收益率大于资本成本率，价值就会增加。

（4）从那些毁坏价值的项目中撤出资金以减少投资成本，当减少的投资成本大于减少的回报时，EVA 就会增加。

（5）投资那些从长期来看能够使净资产收益率高于资本成本率的项目。

（6）增加杠杆功能，重视内部融资的资本成本。

（一）税后净营业利润

税后净营业利润等于企业的销售收入减去除利息支出以外的全部经营成本和费用（包括所得税）后的净值。因此，税后净营业利润实际上是在不涉及资本结构的情况下企业经营所获得的税后利润，即全部资本的税后投资收益，反映了企业资产的盈利能力。除此之外，企业还需要对部分会计报表科目的处理方法进行调整，以确认企业的真实经营业绩。税后净营业利润与会计利润表的对应关系如图 4-5 所示。

会计利润表		税后净营业利润
营业收入		营业收入
− 营业成本		− 营业成本
− 税金及附加		− 税金及附加
+ 公允价值变动损益		+ 公允价值变动损益
+ 投资收益		+ 投资收益
− 资产减值损失		
− 销售费用	会计调整	− 销售费用
− 管理费用		− 管理费用
− 财务费用		
+ 营业外收入		
− 营业外支出		
− 所得税费用		−EVA 所得税费用
− 会计净利润		= 税后净营业利润

图 4-5　税后净营业利润与会计利润表的对应关系

（二）资本占用

资本占用是指所有投资者投入公司经营的全部资金的账面价值，包括债务资本和股权资本。其中债务资本是指债权人提供的短期贷款和长期贷款，不包括应付账款、应付票据、其他应付款等不产生利息的商业信用负债（即无息流动负债）。股权资本不仅包括普通股，还包括少数股东权益所占用的资本。因此，资本占用可以理解为公司的全部资产减去商业信用负债后的净值。同样，计算资本占用时也需要对部分会计报表科目进行调整，以消除公司真实投入资本的偏差。在实际中既可以采用年末的资本占用，也可以采用年初资本占用与年末资本占用的平均值。

从资产到资本占用的调整，主要包括以下几个项目。

1. 无息流动负债——不占用资本，予以扣除

资产来源于负债和所有者权益，在短期负债中除了短期借款和一年内到期的长期负债以外，其余负债都是无息债务，如应付账款、应付职工薪酬等。由于这部分无息债务不占用资本，所以在计算资本占用时应将此部分扣除。

2. 在建工程——收益在未完工前得不到反映，不作为当期资本占用

在建工程是企业对未来持续经营和发展的投入，在建设当期并不能为企业带来经济利益。如果将在建工程也计入资本占用，由于在建工程涉及的金额较大，会导致资本成本有较大的提高，相应对 EVA 的结果影响也较大、对管理者业绩考核不利，这样会使管理者对关系企业未来发展能力的此类投资产生顾虑。因此，将在建工程排除在资本占用外，待形成固定资产后再计入资本占用中。

3. 减值准备——非企业真实损失，不予扣除

坏账准备、存货跌价准备、长期股权投资减值准备和固定资产减值准备等都不是企业实际发生的损失，因此也应该计入资本占用，调整时应该把计提的各项准备加上。

4. 非经常性收支——属于对股东资本的占用

营业外收支净额和政府补助等也属于对资本的占用，如营业外支出侵占了某笔资金用于投资别的项目的机会；同样，企业投资所用的资金也可能来源于政府补助，因此，计算资本占用时要将非经常性净支出的税后数值加入资本占用（如果是净收入则应该从资本占用中扣除）。

4.4.3　资本成本

资本成本是指企业取得和使用资本时所付出的代价。

资本成本在 EVA 体系中具有举足轻重的地位，资本成本是 EVA 绩效指标优于传统会计绩效指标的法宝之一。按照财务学对资本成本的定义，它表示投资者所要求的收益率。管理会计和财务学基本上都认为计算 EVA 所使用的资本成本就是计算公司的加权平均资本成本。

杜亚特和里瑟里斯腾证明了为使剩余收益型的业绩评价指标体系满足目标一致性，除了采用相对收益的折旧程序外，资本成本必须综合考虑委托人的资本成本和代理问题，如果将委托人的最低收益率定义为公司项目的内部收益率，这个内部收益率是将项目的现金流量减去代理人的期望信息租金后计算得到的。为保证目标一致性，计算剩余收益型的业绩评价指标时，资本成本必须等于最低收益率。他们证明了如果项目还有额外的风险，为了达到目标一致性，资本成本必须低于委托人的最低收益率。

与此同时，在 EVA 的模式中，资本成本具有决定性的作用。思腾思特咨询公司用资本资产定价模型（Capital Asset Pricing Model，CAPM）计算资本成本。CAPM 是一个单因素的线性模型，仅仅考虑了风险的因素。同时，它假设市场是完全竞争无摩擦的，投资者对资产收益的联合分布有相同的预期。CAPM 的假设比较抽象，模型也相对简单，与资本市场的实际情况相距甚远。现成的还有两个模型——套利定价模型（Arbitrage Pricing

Theory，APT）和期权定价模型（Option Pricing Model，OPM）。APT 可以说是一个多因素的 CAPM 模型，但 APT 是后验的，总是能够将模型建立起来，同时也总能找到一些影响因素，而这些因素的确定具有很大的随意性，需要进一步验证；OPM 是一个非线性模型，可能比前两个模型更贴近实际，但是，情况是否真的如此，仍需要检验。

（一）企业加权平均资本成本

资本成本是以经济学中"机会成本"的概念为基础的，简而言之就是使用资本所要付出的代价。资本成本一般用一个百分数来表示，即企业的占用资本所花费代价的程度，是指企业为生产经营需要而筹集使用资金所付出的代价，是企业投资者对投入资本所要求的收益率，也是投资企业的机会成本。例如，投资甲公司的资本成本就是因投资甲公司而不能进行其他风险投资所放弃的利益。资金是企业的一种经济资源，使用这种资源就必须做出一定补偿，同时也就失去了其他投资的机会。除非企业给投资者的回报能够弥补投资者因放弃类似最佳投资机会造成的损失，否则企业就不可能吸引资本投入。由此，投资者要求的回报和机会成本之间的等价关系就建立起来了。企业的投入资本是企业所有筹集资金的总额，主要包括股东权益和计息负债。股东投资与债权人借资面临的风险并不一样，因此他们预期的回报也不同。所以企业作为一个整体所承担的资本成本就是一个股权与债务组合的成本。

计算加权平均资本成本（WACC）的一般公式如下。

$$\text{WACC}=\frac{L}{L+E}\times K_L\times（1-T）+\frac{E}{L+E}\times K_E$$

上式中：

L——企业负债的市场价值；

E——企业权益的市场价值；

K_L——企业负债的税前成本；

K_E——企业权益资本成本；

T——企业所得税率。

一般来说，债务和股权的权重是基于市场价值而不是基于账面价值的。对于没有上市的公司或者估计市场价值较为困难的公司，可以使用账面价值进行计算，也可以使用目标价值确定资本权重。偏离目标结构的资本，因其风险因素发生变化，资本成本也随之变化，但对加权平均资本成本影响却不大。

（二）债务与股权的权重比例

不管是借款还是发行股票，企业都是以市场价值为基础进行筹资的，所以债务与股权权重的计算是基于市场价值的，而不是基于企业财务报表中的账面价值。

股票的市场价值一般是根据企业发行在外的股票数乘以当前的股票价格来确定的。非上市企业则采取股权估价的方式进行股票价格确定。

关于债务的市场价值的计算，就比较困难了，因为很多企业是通过银行借款来筹资的，并不都是以发行市场可流通债券形式筹资的，因此缺乏将债务市场化的依据。戴蒙达兰提出一种方法，将企业全部负债当作一种附息债券，再将全部利息费用作为这种附息债券的票面利率，其到期日则采取企业全部负债以价值为权重的加权平均到期日，由此就可以把负债当作在市场流通的债券进行贴现，从而计算出其市场价值。

不过，在应用 EVA 的实践中，也可以使用目标资本结构来取代债务及股权的市场价值计算工作。

（三）债务成本率

债务成本率就是公司实际支付给债权人的税前利率。一般公司都有不止一个的债务融资来源，各个债务都有不同的债务利率。这种情况需要全面考虑，分别计算它们的市场价值，然后根据其价值权重在计算 WACC 时进行加权平均。

债务成本率反映的是公司在资本市场中债务融资的边际成本。从银行角度来看，它是信贷风险的体现，实际上反映的是公司的信用度。通常情况下，可以从以下几个方面来获得债务成本的信息。

（1）评级公司的整体信用评级（针对上市公司）。

（2）评级公司对公司所发行的债务进行的评级（针对非上市公司）。

（3）公司近期所发行的中、长期债务成本（针对上市、非上市公司）。

（4）公司在银行中、长期贷款的平均债务成本（针对非上市公司）。

（5）行业类似公司的整体信用评级、债务成本（针对非上市公司）。

如果公司有多种债务融资来源，且每种债务利率不同，那么，WACC 公式中的债务成本率应该使用加权平均值。另外，公司的所得税税率对于 WACC 的计算非常重要，因为支付的利息是可以免税的。在实际应用中，公司通常用一个比较稳定的目标税率，来反映公司长期稳定运行的税率，从而避免大的计算结果波动。

在实际操作过程中，可以以公司的举债利息率与扣除公司所得税影响后的乘积作为债务成本。例如，某个公司举债利息为 7%，其所得税税率为 25%，则其实际债务成本为：税后债务成本 = 7% ×（1-25%）= 5.25%。

（四）股权资本成本率

相对而言，股权资本成本率的确定就比较困难了。债权人提供债务可以向公司明确要求回报的比率，并可以通过协议的形式明示；股东向公司投资并没有在法律上明示对于回报的要求，所以很难直接获知股东投入资金的资本成本率。

根据风险与收益理论可知，股东承担一定的风险自然会要求相应的回报。那么，理论上根据对风险与收益的分析与测量，就可以得到相应的股权资本成本率。在实际操作中，可以通过风险与收益模型，如 CAPM、APT 等，来确定向公司投资的股权资本成本率。下面介绍思腾思特咨询公司所推崇的，普及程度相对较高的资本资产定价模型。资本资产定价模型是由斯坦福大学的威廉·夏普和哈佛大学的约翰·林特纳等人创立的，其计算公式如下。

$$K=R_f+\beta\times\left(R_m-R_f\right)$$

上式中：

K——股票的预期收益率；

R_f——无风险收益率；

β——股票的风险系数；

R_m——市场组合的平均收益率。

4.4.4 股权资本成本的计算

股权资本是投资者对股票投资的预期回报。股票投资是一种风险投资，所要求的回报应高于债务投资的回报，需要在债务资本的基础上另加风险溢价。股权资本成本无法像债务资本成本那样依照合约上规定的利率来计算，而只能依靠建立风险资产模型，通过对资本市场行为的观测来推断股票投资的预期回报。常用的模型有资本资产定价模型和套利定价模型。

（一）资本资产定价模型

1. 资本资产定价模型概述

资本资产定价模型是金融资产定价模型之一。这一模型是 20 世纪 50 年代至 60 年代一些证券分析师和研究人员提出来的。

资本资产定价模型建立在一系列假设之上，其主要的假设有：①投资者是风险规避的；②资本市场信息公开化，每个投资者面临相同的选择机会；③投资者的选择多样化，在风险相同的情况下，投资者选择预期投资收益率最高的投资组合，在预期收益率相同的情况下，投资者选择风险最小的投资组合；④股票市场非常完善，赋税成本和交易成本为 0；⑤所有资产无限可分，并可以在市场上自由出售；⑥投资者可以进行无风险贷出或无风险借入，买卖资产不影响借贷利率；⑦投资者是股票市场价格的被动接受者，其交易行为难以对股票市场价格产生影响。

在这种理想的资本市场环境下，企业可以建立起证券风险与预期收益的数量关系，公式如下。

$$K=R_f+\beta\times\left(R_m-R_f\right)$$

上式中：

K ——风险资产的预期收益；

R_f ——无风险资产的预期收益；

R_m ——股票市场平均收益；

β ——所考察资产的风险相对于股票市场的风险程度。

资本资产定价模型的基本思想是：风险资产的预期回报应等于无风险资产的预期回报加上由于调节产生的市场风险酬金。可以用图 4-6 来表示资本资产定价模型。

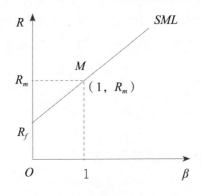

图 4-6　资本资产定价模型

2. 市场风险报酬率

通过资本资产定价模型可以看出，估计股权资本成本要用到两个关键数值：市场风险报酬率和 β 值。事实上，许多投资者出于理性会选择较短期的投资，当投资期缩短时，股票投资的风险随之增大，市场风险报酬率也就不可能为 0，取 5% 左右的市场风险报酬率是一个合理的选择。

美国股市的市场风险报酬率为 4.5%~5%，计算方法是将 60 年左右的标准普尔指数的年均收益率与长期国债的年均收益率相减。由于我国证券市场只有 30 年左右的历史，股票市场和债券市场收益数据的质量和数量都不适合于进行长期估算。所以，建议市场风险报酬率取 4.8%，与股票市场日益全球化的观点保持一致。

3. β 值的估计

对 β 值的估计主要有两种方法：一是定性分析法，依靠专家判断、头脑风暴或者德尔菲法来估计；二是用统计方法计算，常用的有平均法、最小平方法、回归分析法等。回归分析法又可分成时间序列法和横截面法。这里主要介绍基于时间序列的回归分析法。以 S&P500 为例，选取 S&P500 和目标公司 60 个月的 60 对收益值，以 S&P500 的平均回报为 X 轴，以目标公司的回报为 Y 轴，确定趋势线 $y=a+bx$，b 就是目标公司的 β 估计值。$\beta=1$ 表明目标公司的股票波动与股市波动相同；$\beta>1$ 表明目标公司股票波动比股市整体波动高；$\beta<1$ 表明目标公司股票的涨跌幅度小于股市整体涨跌幅度。

在回报期的选择上，标准普尔指数以月为单位，也有以周或者日为单位的。布卢姆伯格和瓦鲁里纳以周为单位。选取不同的样本空间计算出来的 β 值是不一样的，在计算前要根据目标公司的行业特征、风险程度等选择合适的参照样本。在我国，由于股市发展较晚，在计算时可以以周为单位，利用股票的周收益率和相应的股票指数的周收益率进行线性回归分析。

当 EVA 用于部门管理，需要分析该部门的股权资本时，为了确定 β 值，可以选同行业上市公司的值进行算术平均的计算。由于资本结构对 β 值的影响较大（财务杠杆比率越高，β 值越大），可以用目标公司的资本结构对 β 值进行调整，公式如下。

$$\beta = \frac{1+（1-T）（D \div E）}{1+（1-T）\overline{（D \div E）}} \ \overline{\beta}$$

上式中：

D÷E——样本公司债务与股权资本的平均比例；

T——企业所得税税率。

（二）套利定价模型

套利定价模型是另一种资产定价模型，由斯蒂芬·罗斯于 1976 年建立。套利是指利用同一种金融资产在不同市场上价格的差异，低价买进或高价卖出的获利行为。套利是无风险的，随着套利活动的发生，不同市场的金融资产供求关系会发生变化，最终导致差价消失。套利定价模型也假定投资者是风险规避的，并且具有相同的预期，据此来确定受客观因素影响的金融资产的均衡报酬。

套利定价模型认为，任何风险资产的回报都可以分成两个部分，一部分是可预期的回报，另一部分是不可预期的回报。不可预期的回报是两类因素作用的结果：一是宏观经济因素（普遍性因素），包括 GDP、通货膨胀、利率等非预期变动；二是与特定资产相关的风险因素（特殊性因素），即风险分为系统风险和非系统风险，非系统风险可以通过多元投资化解，不应得到风险补偿。包括收益和风险的关系如下。

$$R=\alpha+\sum b_i F_i+\varepsilon$$

上式中：

α——预期收益；

F_i——第 i 种因素，同时表示市场对投资者承担第 i 种因素的非预期变化带来的风险而支付的价格；

ε——公司特有的非系统风险收益。

套利定价模型的计算比资本资产定价模型的计算要复杂得多，实用性并不强。利用套利定价模型计算首先要通过时间序列分析获得多个公司的值，然后再用从时间序列分析中获得的数值作为截面数据对某一特定时段的回报进行回归，得到 F_i 值，最后对多个时段的 F_i 值取平均值，获得各种宏观因素的价格。

据格雷厄姆和哈维对 392 个财务总监的调查，有 73% 的公司使用资本资产定价模型计算股权资本成本，其他使用最多的方法不超过 40%（一个公司可能使用两种或两种以上的方法）。

4.4.5　资本结构

从加权平均资本成本的计算公式可以看出，资本结构（债务和股权的比例）对资本成本的影响也很大。因为市场风险报酬率的存在，股权资本成本要高于债务资本成本，公司融资战略要寻求最佳的资本结构，实现资本成本最小化，企业价值和 EVA 最大化。MM 定理说明，在没有"公司利润的课税制度和破产惩罚的存在"的理想假设下，任何公司的市场价值与其资本结构无关，而是取决于将其预期收益水平按照与其风险程度相适应的折现率进行资本化的结果，公式如下。

$$V_L=V_U$$

上式中：

V_L——杠杆企业的价值；

V_U——无杠杆（完全权益）企业的价值。

通俗地讲，在没有税收和破产成本的前提下，融资方式无关紧要。但在现实世界中，不仅有税收，还有财务危机和破产成本。债务融资可以带来税收免除，但随着财务杠杆的提高，公司财务危机和破产威胁随之增大，公司面临高层离职、客户流失、供应链中断、股东和债权人矛盾冲突等潜在危险，公司价值也因此会减小。图 4-7 是资本结构与公司价值示意。

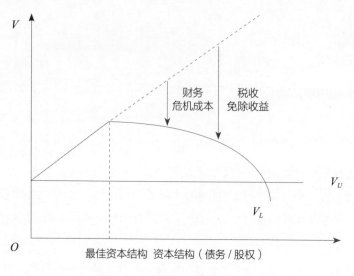

图 4-7　资本结构与公司价值示意

因此，最优的资本结构在于平衡债务与非债务的税收收益和破产成本。大多数金融学家认为，理论上最佳资本结构是存在的，但具体到某一个公司，最佳的资本结构无法通过模型计算出来，而只能依靠公司财务总监对市场环境、经营风险、利润水平、杠杆目标的主观判断。获得理想的资本结构是一个动态的、持续调整的、不断逼近的过程。艾斯沃斯·达摩达兰给出了资本结构调整二叉树，如图 4-8 所示。

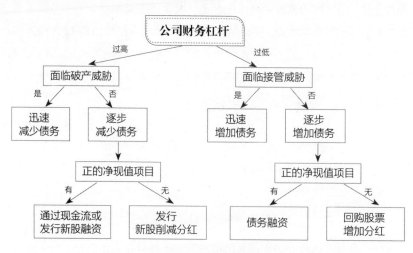

图 4-8　资本结构调整二叉树

应当看到，公司的 EVA 取决于内部现金流和真正的价值创造活动，而不是融资方式。决定价值创造的不是资本的来源，而是财务总监通过经营管理使资本回报超过资本成本的能力，体现在财务总监识别竞争优势的战略眼光、创造竞争优势的战略决策和维持竞争优势的战略举措。

4.5　AI 驱动的 EVA 计算与优化

4.5.1　自动化 EVA 数据采集与清洗

（一）多源异构数据整合框架

EVA 计算需要从不同系统中收集数据。例如，企业的财务系统（如 ERP）可以自动汇总销售、成本和投资等信息，形成一个集中存储的"数据湖"。对于非数字化的资料，比如年报中的文字描述或纸质发票，通过自然语言处理（NLP）自动提取合同中的关键条款，或利用图像识别技术（OCR）将扫描的票据转化为可分析的电子数据。同时，智能算法能自动识别异常数据，例如发现某笔资本支出金额过高并预警，避免人工检查的疏漏。

（二）动态数据清洗流水线

数据收集后需要清洗和标准化。首先，系统会按照预设的规则自动处理，例如将不同部门使用的会计科目名称统一为标准化术语。对于缺失的数据（如某月库存周转率未记录），AI 会参考历史规律自动推算填补。此外，区块链技术被用于关键数据的验证，例如一笔大额交易的记录会被加密存储并让多方确认，确保数据真实可信，防止人为篡改。自动化 EVA 数据采集与清洗如图 4-9 所示。

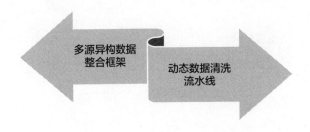

图 4-9　自动化 EVA 数据采集与清洗

长城汽车曾面临数据整理效率低的问题。过去，每月计算 EVA 前需要人工从 30 多个系统中导出数据，耗时 72 小时。引入自动化工具后，系统直接对接 ERP、供应链和经销商平台自动抓取 ERP（用友）、供应链（Oracle）、经销商数据（钉钉），15 分钟生成清洁后的数据看板，省下的 200 小时 / 月 = 多出 5 个财务人员处理其他工作，仅这一环节的优化，就让企业每月节省了 200 多小时的人力成本。

4.5.2 智能资本成本测算（WACC 优化）

（一）动态资本结构分析

资本成本测算的核心是动态调整债务与股权的比例。通过实时计算股权 β 系数（反映股票相对于市场的波动风险），AI 能根据市场波动自动更新参数。当股市剧烈震荡时，系统会调高风险系数，避免高估企业价值。对于债务成本，AI 可预测未来利率变化趋势，比如通过分析历史利率数据，提前预判贷款利息上升或下降的可能性，帮助企业选择最佳融资时机。

（二）智能参数估计

无风险利率是资本成本计算的基础。传统方法通常直接采用国债利率，但 AI 更进一步：通过分析各国央行的政策文件、会议纪要等文本，自动识别政策倾向（如"加息"或"降息"），从而动态调整无风险利率的取值。对于市场风险溢价，AI 会模拟成千上万种经济场景（如经济繁荣、衰退、通胀等），综合评估不同场景下的风险水平，替代过去依赖单一历史数据的做法。

（三）多目标优化模型

资本结构优化需要平衡多个目标，比如降低融资成本、控制财务风险、利用税收优惠等。AI 通过算法自动生成数百种债务与股权组合方案，并筛选出最优解。系统可能建议企业将债务比例从 40% 提高到 45%，同时利用某地区的新税收政策减少税负，使综合资本成本下降 1.5%。此外，AI 还会从税务案例库中挖掘类似企业的节税策略，自动生成可落地的优化建议。智能资本成本测算机制如图 4-10 所示。

图 4-10　智能资本成本测算机制

4.5.3　动态 NOPAT 预测

（一）时间序列增强预测

动态 NOPAT 预测需要结合历史数据的规律和未来趋势。AI 通过混合使用两种预测工具——Prophet 和 ARIMA 模型，可以更好地处理季节性波动。例如，Prophet 模型擅长捕捉节假日、促销活动等周期性影响，而 ARIMA 模型能自动调整参数以适应数据变化趋势，两者的结合使预测既稳定又灵活。此外，AI 还能通过"注意力机制"分析非财务指标的影响，比如企业 ESG 评分（环境、社会和治理表现）。这种技术类似于人眼聚焦关键信息，自动识别 ESG 评分中的关键变化（如环保政策调整），并将其对利润的潜在影响量化到预测中。

（二）业务动因穿透分析

预测 NOPAT 时，AI 会深入分析业务细节。例如，通过销售漏斗预测，系统将客户管理系统（CRM）中的商机数据（如潜在订单金额、签约进度）与会计准则中的收入确认规则匹配，自动判断未来收入实现的时点和金额。同时，AI 利用"成本动因树"挖掘成本变化的核心原因：通过分析历史数据，随机森林算法能自动筛选出影响成本的 TOP5 因素（如原材料价格波动、生产效率变化），并生成可视化决策树，帮助管理者快速定位成本优化方向。

（三）不确定性量化

传统预测通常只给出单一数值，而 AI 通过贝叶斯神经网络输出概率分布预测。例如，系统会展示"明年 NOPAT 有 70% 概率在 10~12 亿之间，20% 概率低于 10 亿，10% 概率高于 12 亿"，让决策者更清晰理解风险范围。此外，AI 还设计极端场景压力测试框架，模拟"黑天鹅"事件的影响。例如，假设原材料价格暴涨 30%、汇率波动超历史极值，系统会自动推演这些场景下的利润变化，并生成应对预案（如提前锁定采购价格、调整外汇对冲策略）。

4.5.4　AI 辅助 EVA 敏感性分析

（一）智能参数空间探索

AI 通过两种方式帮助探索影响 EVA 的关键因素。首先，使用 Sobol 序列采样法，这种方法能像"均匀撒网"一样测试成百上千种参数组合（如产品价格、利率、成本等），避免传统随机测试的重复或遗漏，Sobol 序列采样法如表 4-2 所示。例如，系统会同时调整土地溢价率和融资成本，观察不同组合对 EVA 的影响。

表 4-2　Sobol 序列采样法

方法	技术实现	数据输出形式	决策建议触发逻
多维参数组合测试	基于低差异序列的高维空间均匀采样； 生成 1000+ 参数组合； 参数关联矩阵可视化	1. 参数散点密度图； 2. 帕累托前沿分布报告	当最优参数组合集中度>70% 时，触发"参数优化空间耗尽"警报
异常模式检测	蒙特卡洛模拟验证数据合理性； 突变参数组合自动标注	1. 动态参数波动曲线； 2. 关联事件时间轴	参数组合超出历史极值时触发"黑天鹅事件推演"流程

其次，通过 SHAP 值分析，AI 可以给每个参数"贡献度打分"。比如在房地产项目中，系统可能发现土地溢价率每上涨 1%，EVA 会提升 0.8%，而贷款利率每上升 0.5%，EVA 会下降 1.2%，从而精准锁定关键变量。

（二）动态可视化推演

当参数变化时，AI 会实时生成 3D 曲面图，直观展示不同变量组合下的 EVA 波动。例如，横轴显示土地溢价率，纵轴显示销售周期，曲面高度代表 EVA 数值，管理者拖动滑块即可看到不同场景下的利润变化。同时，AI 自动生成"敏感性排序报告"，用通俗语言解释结论："土地溢价率是影响 EVA 的首要因素，其次是融资成本和去化周期"。这种报告还会给出行动建议，比如"优先谈判降低土地成本，其次优化贷款结构"。

（三）实践应用

某房企在开发项目中运用该技术，发现土地溢价率对 EVA 存在杠杆效应。当溢价率从 15% 上升到 20% 时，由于土地成本占比过高，EVA 反而下降 5%。AI 进一步分析显示，这是因为溢价率提高导致项目现金流紧张，融资利息支出增加。基于此，企业调整策略：在溢价率超 18% 的区域减少拿地，转而通过合作开发分摊风险。这一优化使项目平均 EVA 提升 12%，资金周转效率提高 30%。

4.5.5　实时 EVA 仪表盘与可视化

（一）多维数据驾驶舱设计

实时 EVA 仪表盘像"指挥中心"一样分层展示关键信息，多维数据驾驶舱设计层次如图 4-11 所示。

（1）战略层：通过"EVA 分解树"可视化核心指标（如 ROIC 与 WACC 的差距），帮助高管快速定位价值缺口。例如，若某业务单元 ROIC 为 10%，而 WACC 为 8%，系统会自动标记该单元为"健康区"。

（2）业务层：用"热力图"展示不同产品线的 EVA 贡献，颜色越深表示贡献越大。例如，某家电企业发现空调产品线贡献了 60% 的 EVA，而小家电仅占 5%，从而调整资源分配。

（3）预警层：基于 Z-score 模型实时监控风险，当企业财务健康评分低于 1.8 时触发红色警报，提醒管理层及时干预。

图 4-11　多维数据驾驶舱设计层次

（二）增强分析功能

仪表盘不仅能看数据，还能像"智能顾问"一样互动。

（1）语音交互：管理者可语音指令查询"华东区 Q3 EVA 下滑原因"，系统自动调取销售数据、成本波动、市场竞品分析等关联信息，生成图文报告。

（2）根因分析：当发现异常交易时，系统自动绘制"关联交易路径图"。例如，某笔资金通过 3 层子公司流转最终流向关联方，图谱会高亮显示可疑路径，并提示合规风险。

（三）移动端创新

为适应移动办公场景，技术实现两大突破。

（1）微信小程序预警：当 EVA 关键指标（如资本成本率）突破预设阈值时，自动推送提醒至管理者微信。例如，某房企高管收到"土地溢价率超 18%"预警后，立即暂停拿地决策。

（2）AR 眼镜 3D 分析：通过 AR 眼镜查看全息投影的 EVA 数据场景。例如，生产总监佩戴眼镜后，可看到工厂 3D 模型中各产线的 EVA 贡献值悬浮显示，并用手势拖拽对比不同季度的变化趋势。

第5章
EVA 与企业预算管理

5.1 全面预算管理理论

5.1.1 全面预算管理理论在我国的发展

企业预算管理理论的形成始于1922年，麦金西出版的《预算控制》一书从控制的角度对预算管理的理论和方法进行了详细的阐述。20世纪30年代至70年代，会计理论及管理思想蓬勃发展，这在很大程度上影响了企业预算管理理论。在市场经济背景下，为了在激烈的竞争中脱颖而出，我国企业需要进一步加强预算管理工作以提高自身的经济效益，因此引入了在西方企业中成功应用的全面预算管理理论与方法，同时我国部分企业开始寻找更符合我国国情的全面预算管理模式。

5.1.2 全面预算管理的概念与特征

全面预算管理是以企业战略为导向，利用预算对企业内部各部门的各种财务及非财务资源进行分配、考核、控制，以便有效地组织和协调企业的生产经营活动，完成既定的经营目标，是企业全过程、全方位及全员参与的管理方法。全面预算管理，使得企业的经营目标转化为各部门、各岗位以及个人的具体行为目标，作为各责任单位的约束条件，能够从根本上保证企业经营目标的实现。全面预算一般分经营预算、财务预算和专门决策预算3个部分。经营预算是指与企业日常业务直接相关、具有实质性的基本活动的预算。财务预算是指与企业现金收支、经营成果和财务状况有关的各项预算。专门决策预算主要涉及长期投资，故又称资本支出预算，是指企业不经常发生的、一次性业务的预算。

基于以上概念，可以从中探讨关于全面预算管理的 6 层含义。

（1）全面预算管理的导向是企业战略。企业战略决定了全面预算管理的中心内容与形式。编制与实施全面预算的目的是执行并保证企业战略的贯彻落实，它对企业战略起着全方位的支持作用，是与企业发展战略相配合的战略保障体系。

（2）全面预算管理贯穿企业业务活动的全部过程。它需要企业所有员工的共同参与，只有通过全体员工的参与才能实现其指导企业经营活动的意义。

（3）全面预算管理的基本前提是分析和预测。市场风险无处不在，处于市场经济中的企业所处的环境是不确定的。对未来不可知因素、变量和结果的不确定性进行分析和预测并实施相应对策以应对市场风险的过程就是全面预算管理的过程。

（4）全面预算管理的主要功能是规划。通过预算，企业对内部资源进行整合利用，并与外部资源进行协调对接，通过这一系列的具体安排，企业实际上就对管理活动进行了一定的规划。

（5）全面预算管理的核心是协调和控制，涉及各项经济资源如何分配以及产生冲突时如何解决。

（6）全面预算管理应重视考核。企业通过全面预算管理规划各责任主体对企业具体的资金和实物的投入、产生效果及利益的安排，并通过对预算过程的监控，对比分析各个利益主体的实际投入及其对企业的影响，然后根据结果，为最终的奖惩提供依据。

根据以上有关全面预算管理的含义，可以归纳出全面预算管理具有以下 5 个特征。

（1）管理全方位。全面预算管理涉及企业的经营预算、财务预算、筹资预算和资本预算等，包括对预算的编制、控制、执行、考评、奖惩等。这些过程贯穿企业运营的每个部门、每个环节以及每个员工。

（2）战略指示性。现代企业的全面预算管理必须以企业的战略发展目标为导向，这样才能对企业的现有资源做出科学合理的配置，提高其使用效率，为企业战略目标的实现提供有效保障。

（3）追求利益性。全面预算管理的最终目的还是帮助企业实现价值最大化目标，通过对企业的资金投入进行精确的管理和缩减，使企业获得更多的利益，尽快实现其发展目标。

（4）监督控制性。全面预算管理不仅是下达预算目标、编制和汇总预算额度，而且还是在预算执行过程中对企业预算行为进行控制，对预算结果进行考评。

（5）程序机制性。预算本身是一个机制化的过程，具有鲜明的程序性，需要立项、编制、审批、执行、监督、考评等程序，从预算本身的管理角度来看，它是自我约束、自我管理的一种机制。

5.1.3 预算模式与方法

（一）预算管理模式

企业所采取的预算管理模式由其市场外部环境和其所处的生命周期决定。处于不同的外部环境和发展周期，企业采取的预算管理模式也不同。依据产品生命周期理论，可以将企业采取的预算管理模式分为以下 4 类。

（1）处于初创期的企业采用以资本预算为起点的预算管理模式。由于初创期的企业进行新品开发，需要大量的现金支出，使得企业的净现金流量经常为绝对负数，所以企业需要对拟投资项目进行预算和规划，以保证项目的资本支出需要。

（2）处于增长期的企业采用以销售为起点的预算管理模式。在增长期，虽然产品生产技术已经较为成熟，但是否能被市场和消费者完全接受以及什么价格才能被接受仍是未知数，企业仍然面临经营风险和财务风险。因此在这一阶段的企业编制预算时应把重点放在市场营销上。

（3）处于成熟期的企业采用以成本控制为起点的预算管理模式。处于成熟期的企业的生产环境和应变能力都有了不同程度的改善，产品质量和现金流量都较为稳定，此时控制成本、提高收益就成了企业管理的核心。因此处于此阶段的企业需要建立以成本控制为起点的预算管理模式。

（4）处于衰退期的企业采用以现金流量为起点的预算管理模式。处于衰退期的企业在经营上拥有稳定的市场份额，但拥有的市场总量在下降，销售开始呈现负增长，同时存在大量应收账款而潜在投资项目不确定，自由现金大量闲置，此时有效收回监控现金并保证被有效利用就成了企业管理的核心。因此处于此阶段的企业应采取以现金流量为起点的预算管理模式。

（二）预算编制模式

全面预算的编制有自上而下、自下而上以及上下结合 3 种模式，它们适用的企业环境和管理风格不尽相同，各具优缺点。下面是对 3 种模式的具体介绍。

（1）自上而下模式。其原理是由中、上层管理人员根据自己的经验和判断对项目的总体费用以及构成项目的子项目费用进行估计，将估计结果传达给下一级管理人员，下一级管理人员再在此基础上对项目和子项目的费用进行估计，然后再传递给下一级人员，直到最底层人员。这种编制模式的优点是总体预算往往比较准确，且避免了在不同任务上预算分配不均或不合理的情况；缺点是权力高度集中在上层管理人员，不能发挥下级各部门人员自身管理的主动性和创造性，不利于人本管理，可能会给项目实施带来一定的负面影响，甚至导致项目失败。

（2）自下而上模式。顾名思义，它和自上而下模式恰恰相反，其原理是运用工作分解结构对项目的所有工作进行分解，由基层管理人员对各工作任务完成所需的时间和经费进行仔细考察并形成初步估计，然后由项目经理在此基础上加上适当的间接费用（管理费用、不可预见费用等），最终形成项目的总预算。这种编制模式的优点是基层管理人员更清楚具体活动所需的资源量，可以避免引起争执和不满，提高基层管理人员的主动性；缺点是基层管理人员可能会从自己的利益出发，宽打窄用，多报预算，导致资源浪费，不能最大程度地发挥各部门的职能。

（3）上下结合模式。这种编制模式将自上而下和自下而上两种模式相结合，其原理是高层管理人员将预算目标自上而下下达，由各预算责任主体进行具体的预算编制，然后由高层管理人员对各级责任部门编制的预算进行审核，确定总预算后再分解给各责任主体执行。这种编制模式的优点是体现了公平公正的原则，既提高了基层管理人员的主动性，也避免了预算过程中出现的宽打窄用的行为，提高了预算编制的效率和准确性，从而有效保证了项目的完成，兼顾了全局利益；缺点是这种编制模式较前两者而言相对烦琐，在编制过程中需要在自上而下和自下而上两者间不断循环。

（三）预算管理方法

预算管理方法主要包括静态预算、弹性预算、零基预算和滚动预算这 4 种。

静态预算也叫固定预算，它是以预算期内正常的、可能实现的某一业务量（如生产量、销售量）水平为固定基础，不考虑可能发生的变动因素而编制预算的方法。静态预算的优点是简便易行，缺点主要有以下两点：① 过于机械、呆板，因为编制预算的业务量基础是事先假定的某一个业务量，不论预算期内业务量水平可能发生哪些变动，都只按事先确定的某一个业务量水平作为编制预算的基础；② 可比性差，当实际的业务量与编制预算所依据的预计业务量发生较大差异时，有关预算指标的实际数与预算数就会因业务量基础不同而失去可比性。因此，按照静态预算方法编制的预算不利于正确控制、考核和评价企业预算的执行情况。

弹性预算又称变动预算、滑动预算，是在变动成本法的基础上，以未来不同业务水平为基础，分别确定与之相应的费用数额以便反映在不同业务量的情况下应该开支的费用水平的编制预算的方法。弹性预算的优点是：① 能够适应不同经营活动情况的变化，扩大了预算的范围，更好地发挥预算的控制作用，避免了在实际情况发生变化时，对预算进行频繁修改；②能够使预算对实际执行情况的评价与考核建立在更加客观可比的基础上。弹性预算的缺点是在评价和考核实际成本时，往往需要使用插补法来计算企业实际业务量的预算成本，较为烦琐。

零基预算是指在编制成本费用预算时，不考虑以往会计期间所发生的费用项目或费用数额，而是以所有的预算支出为零作为出发点，一切从实际需要出发，逐项审议预算期内各项费用的内容及其开支标准是否合理，在综合平衡的基础上编制预算的一种方法。零基预算的优点是：①有利于提高员工的"投入—产出"意识；②有利于合理分配资金，经过"成本—效益"分析，对每个业务项目存入和支出金额精打细算，使有限的资金流向富有成效的项目；③有利于发挥基层管理人员参与预算编制的主动性、积极性和创造性；④极大地增加了预算的透明度，使预算更加切合实际，预算的编制和执行也能逐步规范，从而提高预算管理水平。零基预算的缺点是：①由于一切工作从"零"做起，采用零基预算法的工作量大、费用相对较高；②分层、排序和资金分配时，可能因为主观因素影响，容易引起部门之间的矛盾；③任何企业工作项目的轻重缓急都是相对的，过分强调项目，可能会导致相关人员只注重短期利益，忽视本企业作为一个整体的长远利益。

滚动预算又称连续预算或永续预算，是指在编制预算时，将预算期与会计年度脱离开，随着预算的执行不断延伸补充预算，逐期向后滚动，使预算期始终保持为一个固定期间的编制预算的方法。滚动预算的优点是：①保持预算的完整性、持续性，从动态预算中把握企业的未来；②使各级管理人员始终对未来一定时期的生产经营活动进行周详考虑和全盘规划，保证企业的各项工作有条不紊地进行；③由于预算能随时间的推进不断加以调整和修订，所以预算与实际情况更加适应，有利于充分发挥预算的指导和控制作用；④有利于管理人员对预算资料做经常性的分析研究，并根据当前的执行情况及时加以修订，保证企业的经营管理工作稳定而有序地进行。滚动预算的缺点是预算编制工作比较繁重。

5.1.4　全面预算管理的作用

全面预算管理的作用主要表现在以下 4 个方面。

（一）全面预算管理可以帮助企业实现战略目标

俗话说"三分战略、七分执行"，为了将企业的战略目标有效落实到具体实践活动中，按照目标一致性的原则将经营总目标细分到各部门必不可少。在衡量各部门具体目标的完成情况时，预算是量化目标的一种极为有效的手段。它不仅明确了企业一定时期的经营总目标，而且也明确了各部门的具体工作目标和努力方向，为企业提供了经营目标的一个全面框架。对战略目标进行分解、逐一落实到各部门，可以使企业的发展战略规划和具体行动方案紧密结合，从而确保企业战略目标的最终实现。

（二）全面预算管理可以促进企业内部沟通协调，提高运作效率

实施全面预算管理，可以协调企业资源，使资源达到最优配置，并通过预算的执行、控制、分析、调整，确保各部门依照预算标准分工明确，各司其职。企业内部各级、各部门员工依照预算规范自己的行为，不断向企业的终极目标靠拢，财务部和其他成本中心也不会再讨价还价，有效避免了企业内部各级、各部门之间的隔阂和摩擦，大量减少了内耗并节省了时间，从而提高了企业整体的运作效率。

（三）全面预算管理可以起到内部控制、防范风险的作用

全面预算管理的本质是企业内部管理控制的一项工具，它是为实现企业目标所采用的一种管理与控制手段，将成本的事后控制变为事前控制可以有效防范企业风险。企业制定和实施全面预算的过程，就是使自身所处的经营环境与拥有的资源和企业的发展目标保持动态平衡的过程，也是企业在此过程中所面临的各种风险的识别、预测、评估与控制的过程。因此，全面预算管理可以帮助企业实行内部控制，起到防范风险的作用。

（四）全面预算管理可以帮助考核部门业绩，起到激励作用

全面预算管理为企业对各部门的考核提供了标准和依据。企业通过考察各部门预算完成情况，分析预算的偏离程度和造成偏离的原因，可以较大可能地将责任追溯到具体行为实施人，从而对员工行为起到相应的约束作用，促使员工尽职尽责；然后根据具体情况进行总结，并考虑是否需要全面修改预算和追究责任，以此改进自身的工作。全面预算管理有助于企业实现奖惩分明，从根本上调动员工的积极性，促使各部门为完成预算目标更加积极努力地工作。

5.1.5　全面预算管理的调控分析体系

（一）全面预算管理的控制体系

全面预算管理控制是指在全面预算管理执行过程中对全面预算管理执行情况进行的日常监督和控制。在执行全面预算管理的过程中，常常因为一些内部人为因素或外界客观环境的变化导致实际执行情况与预算目标产生偏差。如何纠正偏差，使企业按照既定目标继续平稳地运行就成了管理人员的当务之急。为了保证实际预算实施情况与预算目标不脱轨，就需要对企业的全面预算管理执行过程进行监督和控制。从具体的实施过程来看，全面预算管理控制首先要求管理者找到预算管理各环节的关键控制点，这些控制点往往有自己的一套评价指标，通过对各环节控制点评价指标的逐层细分可以将企业的总目标具体落实到每个部门的每个员工身上。其次通过动态监控这些具体目标的完成情况了解企业预算的实现情况，并找出造成预算重大偏差的原因，最终帮助管理者寻求相应的解决办法。

（二）全面预算管理的差异分析

全面预算管理差异分析就是通过比较实际执行结果与预算目标，确定其差异额及差异原因。如实际结果与预算目标的差异较大，企业管理者应审慎调查，并判定其产生原因，以便采取适当的矫正措施。全面预算管理差异分析有利于企业及时发现预算管理中存在的问题，是控制和评价职能赖以发挥作用的最重要的基本手段。

全面预算管理差异分析的方法有以下两种。

（1）预算差异数量分析方法。数量分析应根据不同情况分别采用比例分析法、比较分析法、因素分析法、盈亏平衡分析法等方法，定量、充分地反映预算执行单位的现状、发展趋势及存在的问题和潜力，从品种结构、价格、变动成本、边际收益、费用等诸多因素进行分析。从盈亏的形成过程来看，差异的形成可以归为两大方面原因：销售收入差异和成本差异。根据销售收入和成本的构成，销售收入差异和成本差异又包括价格差异和数量差异两大类。所谓价格差异，是指由于价格因素变动而导致的差异；所谓数量差异，是指由于数量变动而导致的差异。差异分析应该是一个循序渐进的过程，即从综合性的财务指标入手，逐步分解，最后落实到具体的生产技术指标上。

（2）预算差异原因分析方法。利用预算差异原因分析方法的主要目的是找到差异的原因。预算差异原因分析方法主要有：所涉及特定主管、领班及其他人员开会磋商；分析工作情况，包括工作流程、业务协调、监督效果、其他存在的环境因素；直接观察，由直接员工进行实地调查，由辅助者（明确指定其责任）进行调查；由内部稽核人员开展稽核工作；进行特殊研究等。

在评估与调查差异发生的基本原因时，企业应当考虑以下因素：① 差异可能是微不足道的。② 差异可能是由报告上的错误所致——会计部门所提供的预算目标及实际资料，应该检查书写有无错误。例如，因一笔会计分录误记到某部门，便可能使该部门发生不利差异，而造成另一部门的有利差异。③ 差异可能是由特定的经营决策所致——为了改善效率，或为了应付某些紧急事故，管理者下达决策而导致了差异的发生。例如，管理层可能决定加薪来对付另一公司"挖墙脚"的挑战，或者进行以往没有规划的特殊广告项目等。对这类差异企业须认真辨认，因为一旦认清，便没有进一步调查的必要，当该项决策做成时，就已认定差异必须发生。许多差异可能是由不可控因素造成的，而这些因素又可加以辨认，如洪涝损失等。对于不知道真正原因的差异，企业应予以格外关心和认真调查，这些差异一般均须采取矫正行动。

全面预算管理差异分析的程序如下。

（1）确定分析对象及分解标准。在编制年度预算的同时，由预算管理委员会确定预算差异分析的对象与差异分解标准。首先确定差异分析的对象，适合进行差异分析的预算项目具有如下特点：对预算目标的实现有较重要的影响、成本动因数据可以准确获得、该费用与其动因之间有较为确定的对应关系（如线性关系）等。其次确定差异分解标准，预算管理委员会结合公司实际，根据差异分解原则，制定主要成本、费用项目的差异分解标准，包括差异分解的程度、各项目差异分解所参照的数据来源及收集方式、差异的各细分部分对应的责任方等。

（2）收集信息。在预算的执行过程中，由预算执行与控制部门根据差异分解标准的要求，进行信息收集工作，相关信息包括预算执行过程中的财务信息、重要的外部市场信息、公司内部的非财务信息等。

（3）差异计算与分解。月度预算执行结束后，由预算执行与控制部门根据收集的信息计算出各项目的预算差异，并依据差异分解标准对差异进行分解，确定差异的责任部门。

（4）判断差异的重要程度。预算管理委员会根据实际经验，制定差异重要性标准，由预算执行与控制部门按此标准衡量实际发生的预算差异，确定其中重要的、需由相关责任部门做出解释的差异。差异的重要程度根据项目的不同性质可采取以下方式确定：设定差异率，即超过某一特定百分比的差异即为重要差异；设定差异金额，即超过某一特定金额的差异即为重要差异；观察差异变动趋势，即连续若干月持续增长的差异即为重要差异。

（5）对重要差异进行解释。确定重要差异后，由预算管理委员会要求各责任单位对差异产生的原因进行解释。预算差异产生的原因很多，通过差异分解只揭示并排除了其中一部分原因，要对预算差异做出全面解释，需要各责任部门在差异分解的基础上，对其经营活动进行深入的、定量的分析，并对其可控性及在后续月度可能产生的影响做出判断。

（6）差异原因报告、审核与确认。各责任部门的分析结果汇总到预算管理委员会，并上报到公司执行层。公司执行层对差异原因分析进行审核，并予以确认。

5.1.6　全面预算管理的考评体系

全面预算管理是一个闭环的管理流程，包括预算编制、预算执行、预算调整、预算分析以及预算考评。虽然全面预算管理作为现代企业不可或缺的重要管理模式已被越来越多的企业认可并实施，但在全面预算管理的各个环节中，预算考评作为最后一个环节往往被人们忽视，从而影响全面预算管理的整体实施效果。因此对企业来说，建立全面预算管理的考评体系刻不容缓。从定义上来讲，全面预算管理考评是指基于预算内容，对照一定的标准，对预算执行的单位和责任人的预算完成情况进行检查、分析和评估，并制定相应的激励、约束措施，是衡量全面预算管理实施成果的有效手段。从作用上来讲，全面预算管理考评能帮助公司将预算管理与公司战略进行更好的结合，从而提升管理效益；对整个周期预算管理工作进行总结、检查与评估，也是激励、奖惩的依据；通过对上一期预算执行情况的分析，及时纠正预算管理过程中出现的偏离企业预算目标的行为，为下次预算编制提供丰富的资料和经验。

5.2 EVA 预算管理模式

5.2.1 传统预算管理模式的分析与评价

（一）以销售为核心的预算管理模式

以销售为核心的预算管理模式是以销售预测为基础，以销售收入为考核的主要指标，以销定产编制销售预算；根据销售预算考虑期初、期末存货的变动情况来安排生产，以保证生产顺利进行和各项资源的供应和配置。这种模式主要适用于以快速成长为目标的企业或处于市场增长期的企业，这种企业追求的不是短期利润的提高，而是市场占有率的提高；还适用于季节性经营企业，这种企业所面临的市场不确定性较大，其生产经营活动必须根据市场变化灵活调整。

这种模式的优点主要有：实行以销定产，符合市场发展的需求；能够减少资金沉积，提高资金使用效率；不断提高市场占有率，使企业快速成长。这种模式的缺点主要有：可能会造成产品过度开发，出现过度赊销的情况；可能增加企业坏账损失，造成利润虚增，不利于企业长远发展。

这种模式下具体预算编制过程如下。

（1）企业根据市场长期销售预测，以市场销售预测为依托，参考企业预算年度的目标利润，合理确定本年度的销售预算和资本支出预算。

（2）各部门在销售预算的基础上，以"以销定产"为原则，编制生产预算、销售费用预算和管理费用预算。

（3）根据生产预算确定直接材料预算、直接人工预算和制造费用预算。产品成本预算和现金预算是相关预算的汇总。

（4）财务部门以各职能预算为基础，结合所掌握的信息，编制财务预算、管理税控开票系统。利润表预算和资产负债表预算是全面预算的汇总。

（二）以利润为核心的预算管理模式

以利润为核心的预算管理模式是以企业利润最大化作为预算编制的核心。这种模式下，预算编制的起点和考核指标都是利润。这就使得利润不仅是预算的结果，还是预算的前提，促使企业千方百计增加收入、降低成本，以保证目标利润能顺利实现。该模式主要适用于以利润最大化为目标的企业或大型企业集团的利润中心。

这种模式的优点主要有：有助于企业管理方式从直接管理转向间接管理，通过以利润为核心的预算系统对各职能部门的执行情况进行监测，帮助企业高层管理者和所有者快速把握企业的运转情况，实现对企业的全面管理；通过将预算利润层层分解落实到各二级单位、车间、班组甚至个人，帮助员工明确自己的工作目标，同时配合薪酬激励方案激发员工的工作积极性；促使企业主动追求利润目标，着力扩大销售和内部挖掘，从而维持企业的竞争能力，增强企业集团的综合盈利能力。这种模式的缺点主要是可能导致管理者的短期行为。例如，只顾预算年度利润，而忽略企业的长远发展；只顾追求高额利润，不顾企业财务风险和经营风险的增加；采取一系列手段虚降成本，使利润虚增；追求自己不熟悉的利润增长点，偏离企业的主营业务。

这种模式下具体预算编制过程如下。

（1）母公司确定各子公司的利润预算数并下达给子公司。

（2）子公司与母公司就母公司初拟的利润目标进行协商。

（3）子公司根据母公司正式下达的年度利润指标编制预算。

（4）母公司汇总各子公司的预算，编制全公司利润预算。

（三）以成本为核心的预算管理模式

以成本为核心的预算管理模式是企业为适应低成本竞争采用的一种预算管理模式。此种模式下，预算编制以成本预算为起点，预算控制以成本为主轴，预算考评以成本为主要指标。这种预算管理模式主要适用于处于市场成熟期的企业或大型企业集团的成本中心。

这种模式的优点主要有：促使企业采取各种方式降低成本，增加利润，提高盈利能力；有利于企业采取低成本扩张战略，扩大市场占有率，进而提高企业的竞争能力。这种模式的缺点主要有：可能会使企业只顾降低成本，而忽略新产品的开发以及产品质量，导致顾客忠诚度降低；该种预算管理模式与收入脱节，忽略了成本高同时收入也高的优质项目，对企业的长期发展不利。

这种模式下具体预算的编制过程如下。

（1）以市场竞争为原则确定目标成本，即以企业期望收益为依据、以市场价格为已知变量来规划企业总预算成本，以预算总成本为基础。

（2）将目标成本按项目和责任中心进行分解，分解到涉及成本发生的所有管理部门或单位，平衡后形成约束各预算单位管理行为的分预算成本，如直接材料成本、直接人工成本、制造费用等。不论是总预算成本还是分预算成本，都不同于传统意义上的标准成本。标准成本往往与标准产量相联系，而预算成本是与市场可接受的需求量相联系的，确定预算成本的目的是实现企业的目标利润。

（3）以市场需求为起点编制收入预算。

（4）根据收入预算和成本预算等编制利润预算等一系列财务预算。

（四）以现金流量为核心的预算管理模式

以现金流量为核心的预算管理模式是主要依据企业现金流量进行预算管理的一种模式。现金流量是预算管理工作的起点和主要考核指标。以现金流量为核心的预算管理模式主要适用于处于市场衰退期的企业、出现财务困难的企业或重视现金回收的企业。

该种模式的优点主要有：有利于增加现金流入；控制现金流出；有利于实现资金收支平衡，帮助企业快速摆脱财务危机。这种模式的缺点主要有：预算资金投入较少，不利于企业高速发展；预算政策比较保守，可能会使企业错过发展的良机。

这种模式下具体的预算的编制过程如下。

（1）资金管理部门根据各组织单位的责任范围，下达现金预算应包括的内容和格式。

（2）各组织单位根据资金管理部门的要求和自身的实际情况编制相应的现金流量预算并向上报出，逐级汇总。

（3）资金管理部门将各组织单位编制的现金流量预算进行汇总，按照"量入为出"的原则统筹安排，在此基础上通知各下级单位预算的调整数并与之进行协商，最后设定现金流量预算数。

5.2.2 EVA 预算管理模式

（一）EVA 的经济内涵

EVA 为经济增加值，是指企业税后营业净利润在减去债务和股权要求的经济回报以后的所得。与传统利润指标相比，EVA 提高了企业所有者的投入回报要求，重视所有者投入的股权资本，注重真实的经济利润。企业将这种理念作为构筑全新的财务管理、财务决策、薪酬激励等各项制度的基础，可以用它来评价企业创造价值的实际能力。

（二）在预算管理中引入 EVA 的必要性

一方面，过去传统的预算管理方法存在很多弊端，已经无法满足现代企业的管理需求，因此，在预算管理中引入 EVA 显得尤为必要。传统预算管理方法具体的弊端主要体现在以下几个方面。

一是传统预算管理方法表现出的传统刚性化控制要求与组织柔性化趋势之间存在矛盾。近年来，企业组织中无论是内部边界还是外部边界都变得模糊而多变，现代企业为了在不断变化的环境中有效地发挥作用，需要建立更加灵活而有柔性的组织结构，以期在发生意外变化时能够迅速做出反应并及时进行调整。为了减少企业决策和行动之间的时间间隔，加快组织对市场和竞争动态变化的反应速度，使组织能力柔性化，许多企业都在进行着广泛的组织形式创新，主要表现为减少层级，建立多功能、多单元小组等。然而这些创新型的组织形式却与预算控制相矛盾。传统的管理控制理论将企业的控制分为 3 个层次，即战略计划控制、管理控制和经营（或作业）控制，并认为它们分属于企业的高级管理层、中级管理层和作业层。其中，中级管理层的主要控制手段就是传统的预算控制，随着企业扁平化趋势的推进，预算控制的重要性也大不如前。正是由于传统预算控制是一种刚性化控制，它以鲜明的层级、固定的内外部组织边界、相对稳定的责任单位的任务与责任为基础，即与层级结构之间有着不可分割的关系，才显得传统预算控制与组织的柔性化趋势之间的矛盾不可调和。

二是传统的预算管理方法会给企业带来两方面的矛盾与失调。第一，预算系统内的目标失调。由于企业所有者和管理者审视企业的角度不同、获取利益的方式不同，决定了两者之间必然会由于利益的分歧，出现预算计划业绩与执行业绩之间的矛盾，从而导致战略目标和预算目标间的差异。一般而言，业绩考核只专注于预算目标的完成，为了避免资源配置的失误和资源浪费，预算目标通常非常明确且现实。管理人员因为害怕出现过大的预算差异可能只满足于完成预算目标，放弃进一步的努力。而对于那些努力超越客观约束的管理人员，传统预算管理方法也无法给予其应有的奖励，然而战略目标的实现恰恰需要超越客观约束，因此，预算编制和战略目标之间的矛盾便不可避免地产生了。第二，预算责任单位及个人的职能失调。具体表现有 3 种：产生预算宽余、操纵预算执行结果、阻碍绩效的持续改进。传统的预算管理方法讲究将预算作为经营业绩的评价标准来激励员工，员工为了使经营业绩看起来更佳，会倾向于报告保守性的预算数据，也就是预算宽余，从而忽略了对未来事件进行客观公正的预测和披露。同时，传统预算管理方法习惯以预算评价作为奖惩的依据，这引发了另一个重要问题——管理人员为了获得奖励不惜冒风险做假账，操纵预算执行结果，从而进行盈余操纵。从上可见，传统预算管理方法常使员工将注意力仅仅放在完成预算目标上，而不是放在挖掘更大的潜力为企业创造更多利润或探索如何更快、更好地适应外界环境的变化上，这在很大程度上限制了业绩的持续改进，约束了企业对环境的灵活应变能力。

三是传统预算管理方法重视财务指标的特点与企业主要竞争要素转变之间的矛盾。近年来，企业的主要竞争要素逐渐从财务资本转变为知识资本和人力资本（包括出色的管理者、知识工作者、有效的管理系统、忠实的顾客和品牌等）。许多知名大企业的市场价值中都只有很少一部分是通过财务资本创造的，大部分还是由知识资本创造的。许多企业已经认识到未来现金流量越来越多地来自对知识资本的有效管理和控制，最大化知识资本价值比最大化财务资本价值可以为股东带来更多的价值增值。这种关键因素的转变要求企业改变传统的业绩管理方法和以财务资本为主的预算控制模式。

另一方面，和传统预算管理方法相比，在预算管理中引入 EVA 能克服传统预算管理方法的许多弊端，具体优势表现为以下 6 个方面。

（1）基于 EVA 的全面预算管理是以企业战略目标为指导的。

没有战略意识的预算就不能增强企业的竞争优势、促进企业的价值发展。基于 EVA 的全面预算管理把企业战略分解为关键性成功要素、关键绩效指标以及各种行动方案，并以此为依据制定企业的预算，确保预算目标和企业的战略目标相一致。和传统预算管理方法相比，它更关注企业如何创造性地完成战略目标、如何激励员工的创造性以及价值创造。以企业的战略思想作为预算的基调，有利于更好地实现企业整体的财务管理目标。

（2）以 EVA 为全面预算管理编制的起点。

EVA 衡量的是企业所有成本均被扣除后所得的剩余收入，尤其是股东投入的资本成本。经济学家们认为只有在资本成本被扣除的情况下财富才会产生，而 EVA 的这一特征符合经济收益的实质内涵。可以说，企业价值最大化的终极目标就表现为 EVA 的最大化，因此，根据企业价值最大化的理财目标要求，全面预算管理的编制应以 EVA 为起点。可以通过对企业历史资料及企业特点的分析后，采用企业历年的平均 EVA 加上一个预期改善值得出目标 EVA，或者采用企业近几年 EVA 的平均值，或者采用行业对标值结合企业实际作为 EVA 的预算起点。

（3）基于 EVA 的全面预算管理，有助于企业重组业务部门，搭建增值平台。

在这种预算管理模式下，企业的组织结构不再像传统的组织结构那样以业务类型设置职能部门，而是立足于业务协作、资源整合，为全面预算管理体系的建立打下坚实的基础。

（4）科学的预算管理体系有利于将员工的发展目标与企业的战略目标相结合。

预算的考评，就是要把预算执行情况和各责任人挂钩，激励员工与企业形成责、权、利相统一的责任共同体。企业明确目标 EVA 后，按照责任中心，将 EVA 目标分解为各个责任中心的责任目标，包括利润中心的责任利润和成本中心的责任成本，各责任中心再进一步将目标分解落实到班组和个人，最大限度地调动每个员工的积极性和创造性。同时，基于 EVA 的业绩考核体系将企业的未来发展战略和全面预算、业绩考核紧密联系，形成一个有机的整体。将 EVA 与薪酬挂钩，赋予管理层与股东一样关心企业成败的心态，实现了股东、管理层和员工三者目标与利益的有效对接，使广大员工能够分享自身创造的财富，增强了各立体的团队精神和主人翁意识。

（5）在预算分析中 EVA 起很重要的作用。

EVA 是税后营业净利润与资本成本之差，不仅考虑了企业营业利润，还考虑了资本成本的支出，能更真实地体现企业的价值。当企业的实际 EVA 水平低于企业的目标 EVA 时，企业不但要考虑收入和成本对 EVA 的影响，还要考虑资本成本的支出对企业的影响。同时，利用敏感分析方法能找出影响 EVA 的主要因素，提高预算的准确性、加强主要影响因素对实现企业目标 EVA 的影响。如果实际 EVA 低于企业的目标值，企业通过具体的分析，就可以得出收入对 EVA 影响多少、各项费用对 EVA 影响多少，并将各部门对 EVA 的影响明确到具体的责任中心。

（6）EVA 在预算的考核与激励中起重大作用。

从"委托—代理"理论角度来看，建立以 EVA 为核心的预算管理模式也是十分必要的。代理矛盾之所以会产生，主要是源自经营权和所有权的分离。传统的考核与激励模式最明显的缺陷就是不能把管理者和股东的权益结合起来，使其一致。传统考核模式下，在企业业绩较低的时候，管理层往往没有奖金，业绩水平一旦达到了一定程度，管理层开始获得奖金，随着业绩增加奖金也不断增加；但是在超过某一点后，管理层将不能再获得额外的奖金，因此该模式便不再具有持续激发管理层努力工作的能力。一旦奖金封顶，管理层就会去做侵蚀股东财富的行为，如在年末通过经销商压货或将一部分销售额转到下一年度的做法谋求个人利益的最大化。而将 EVA 注入全面预算管理，则能有效避免这一行为的发生。EVA 是在会计数据的基础上通过对传统会计利润的调整得到的，能真实测量企业经营业绩，为正确评价企业管理者提供较为全面、合理的数据，同时促进企业建立合理的激励机制，最大程度地调动管理者积极性。和传统考核模式不同，EVA 考核模式采用的是一种"下不保底，上不封顶"的机制，即只有在管理者获得了正的 EVA 时才能获得相应的奖金，EVA 的逐渐上升，代表经营创造的价值越多，那么管理者获得的奖金也越多。相反，虽然企业有账面利润，但是 EVA 却是负数，那么就意味着经济活动在侵害股东利益，管理者就不会获得奖励。这种考核模式平衡了股东和管理者的利益分歧，对预算执行中管理业绩的考评更为公正，同时也调动了管理持续改进业绩的积极性。由此，EVA 概念使得对企业优劣的判断标准发生了变化。管理者知道他们增进自己利益的唯一方式就是为股东创造更多的财富，所以他们将分享自己创造的财富。因此，管理者会改变自身的经营目标，将目标从利润最大化、效益最大化转变为 EVA 最大化，最终使企业的管理者与股东的价值取向趋于一致。所以，将 EVA 指标引入全面预算管理体系，有助于将 EVA 的观念传达给股东和管理者，使资本意识包括在预算编制当中，从而影响到业绩评价，使 EVA 观念成为一座事关各方利益的"桥梁"。EVA 预算管理模式规避了预算目标和战略目标之间的偏离风险，提高了预算指标制定的合理性，为战略目标的实现打下了坚实基础。同时，当企业开始意识到资本成本的重要性时，"免费午餐"就不复存在，"内部人控制"等不良现象也将烟消云散，新的理念和新的预算编制模式将有利于经营管理模式改革，使企业创造价值的能力进一步得到提高。

（三）EVA 预算管理模式的地位分析

EVA 预算管理模式是企业进行战略分析、战略制定和战略实施的一项重要工具，但这并不意味着基于 EVA 的全面预算管理能代替企业战略。预算目标不等同于企业战略，它只是企业战略的具体化，是服务于企业战略的，并且预算管理需要以企业战略为导向。

基于 EVA 制定企业战略的主要步骤如下。

（1）以"为股东创造价值"为核心价值观，明确把 EVA 作为企业经营活动的评判工具。

（2）使用 EVA 对企业战略进行评估，确定企业总体战略和各单元战略。包括：重新确定企业的核心业务、在确定的核心业务基础上对企业资源进行整合（退出、并购、内部资源纵向整合和横向整合）。

（3）对战略目标进行分解，具体分成战略层面、管理层面和作业层面，不同层面预算管理过程的侧重点也不同。战略层面实施战略预算管理，将预算和平衡计分卡相结合，进行横向价值链分析；管理层面实施 EVA 预算管理，将预算和 EVA 相结合进行纵向价值链分析；作业层面实施作业预算管理，将预算与作业相结合，进行内部价值链分析。确定了不同层面的关键价值驱动因素后，针对这些因素设定相应的 EVA 目标，并落实责任者。

（四）EVA 预算管理组织体系

全面预算管理的实施需要一个良好的平台作为支撑，对一个预算组织即企业组织而言，企业自身的组织结构就是进行全面预算管理的基础环境。一般来说，将 EVA 预算管理组织体系分成两个层次：EVA 预算管理组织和 EVA 预算执行组织。

EVA 预算管理组织是企业基于 EVA 实施全面预算管理的主体，是负责整个企业预算编制、审定、监督、协调、控制与信息反馈、业绩考核的组织机构。其目的是通过加强预算管理和战略规划之间的联系提高预算编制和预算控制的效率和效果。具体来看，预算管理组织又由预算管理委员会和预算编制单位组成。预算管理委员会是实施全面预算管理的最高决策和管理机构，以预算会议的形式审议出资者各所属单位的预算草案，该委员会是董事会的一个专门委员会，主任由董事长兼任，委员由董事会其他成员兼任，董事长助理兼任执行委员。预算管理委员会下设办公室，负责日常预算事务的处理，由集团财务总监兼任办公室主任，成员由财务各经理和人事、行政等部门负责人兼任，预算的日常管理工作由办公室成员单位具体负责执行。各实体单位设预算工作小组，组长由各实体单位财务负责人兼任，成员由各实体单位部门负责人兼任。各实体单位要设置专门的预算管理员。

总的来说，预算管理委员会的主要职责有以下 9 条。

（1）审议有关预算管理的制度、规定和政策。

（2）根据董事会下达的经营战略和规划，预测、制定并审议通过集团及其所属机构的预算控制总体目标。

（3）审议通过预算编制的方针、程序、方法。

（4）审查集团的整体预算方案、审查所属各单位的预算草案，并就必要的修正提出意见与建议。

（5）在预算编制和执行过程中，对各单位发生的分歧、矛盾或问题进行协调、调解和仲裁。

（6）审查预算考核方案。

（7）经审议通过的预算呈董事长审批，董事长审批后下达执行。

（8）接受预算追加方案的审查和审批。

（9）接收预算分析报告，并提出预算工作改进的意见与建议。

预算编制单位，顾名思义，就是负责制定筹集和分配预算资金年度计划的企业内部机构，一般包括公司所有单元。预算委员会必须明确财务部门在预算管理中的特殊地位，即财务部门是负责预算编制、分析和实施控制的主管部门，是预算委员会的执行机构。但需要指出的是，财务部门在预算编制、分析和控制过程中除了应用财务信息外，更应该关注那些影响企业长期经营业绩和战略目标实现的非财务信息。

EVA 预算执行组织主要是指各基层责任中心，包括成本中心。投资中心以及（模拟）EVA 中心。各执行层根据上、下层沟通达成的预算目标将预算计划落实到具体行动中，并定期上报预算执行情况，接受预算管理组织的考核和监督。当然，除了建立和完善必要的一级预算以外，对于一些重要的部门预算和项目预算还应该进行进一步的细分，并将细分后的二级预算划归至对应的预算管理部门。为此，企业需要对内部的增值作业及其涉及的部门、组织、资源按成本效益原则进行必要安排，以优化资源配置；同时对内部的非增值作业及其涉及部门、组织、资源进行适当调整，以减少不必要的资源浪费。前者属于企业的流程再造，后者属于企业的组织再造。

（五）EVA 全面预算管理编制与考评体系

以 EVA 为核心的全面预算管理模式下，EVA 是预算编制的起点和考核的指标。企业可以采用上年 EVA 实际数乘以 EVA 调整系数的方式来确定当年的 EVA 预算额。据此为出发点，企业管理层就可以合理地编制出各种预算并通过预算执行、控制、监督、分析和考评的程序来保证 EVA 预算目标的实现。EVA 全面预算管理编制与考评体系一般分为业务预算、资本预算和财务预算这 3 个部分，但不仅仅局限于这 3 个部分。

在业务预算方面，企业主要围绕销售、生产和经营活动中的价值驱动因素编制预算，在编制预算时还要考虑市场的变化和竞争对手状况，综合分析和预测企业未来的价值变动情况，然后将 EVA 分解为企业总的收入和成本，并根据各部门的权重确定各部门的 EVA。由于预算编制与考评结合，所有资金的占用都不是免费的，所以业务预算就能挤出很多"水分"，从以前的"讨价还价"模式走向"理性预测"模式。

在资本预算方面，企业需要具体考虑是投资预算还是筹资预算。若是投资预算，那么企业在进行投资决策时需要基于 EVA 判断该投资是否创造价值，避免企业盲目扩张；若是筹资预算，企业应基于 EVA 的考虑尽可能地进行多渠道融资，以优化财务结构和资本结构，降低资本成本。可见 EVA 资本预算也要考虑如何把资金投放到有助于增加股东价值的项目中去以及如何以最低成本进行融资。

在财务预算方面，企业应运用 EVA 对企业的预计会计报表和企业实际的财务状况进行分析，观察影响 EVA 的税后净营业利润、资本回报率、资本周转率等指标，找出亟待加强的薄弱环节。值得注意的是，在业务预算与资本预算之间还存在预算协调的问题。如果企业一味地追求资本扩张，那么尽管每个项目的预期 EVA 值均大于 0，但如果业务预算的 EVA 值为负，企业的整体价值也可能遭到不良影响。相反，如果企业满足现有项目的业务运行，而不去考虑通过新的项目实现可持续发展，那么企业就很有可能不断退化，最终被市场淘汰。由此可见，EVA 全面预算管理是股东价值落实的过程，而不是简单的金额分配。

5.2.3　EVA 预算管理体系的实施

（一）EVA 预算的编制

1. EVA 预测

在预测企业的 EVA 目标值之前，要先确定基于 EVA 的企业战略目标是什么。本书前面也有讲到，EVA 作为考核企业经营业绩和价值创造能力的指标，是战略的具体化，并不能直接代替企业的发展战略。所以企业在预测 EVA 目标值之前要做的就是在企业内部营造出 EVA 管理的氛围，让企业的所有员工包括管理层了解 EVA 的思想和理念，并建立一套标准的企业 EVA 文化体制，贯彻 EVA 的管理思想。之后再根据具体情况制定 EVA 战略，并对该战略进行层层分解，利用关键驱动因素分析法将企业的经营计划转变为全面预算指标体系，落实到各个责任中心和执行部门。

然后才是预测 EVA 的目标值。预测企业的 EVA 目标值需要考虑多方面的因素。从企业外部因素来看，需要考虑的因素有国家的宏观经济政策、行业现状与前景、企业所占市场份额以及竞争状况等；从企业内部因素来看，需要考虑的因素则是企业发展战略、企业的资金状况、产能利用情况、企业下一期将发生的业务、成本费用等。在具体实务操作中，企业可以采用算术平均法和系数法来对下一期的 EVA 目标值进行预测。

关于使用算数平均法计算 EVA 预测值，有以下 3 种观点：第 1 种是直接以企业最近几个预算期的 EVA 实际值的算术平均值为基准，预测下一预算期的 EVA 值；第 2 种是以企业上一年度 EVA 实际值作为基准值，预测 EVA 目标值，公式为 EVA 目标值 = 上期实际 EVA 值 +EVA 期望改善值；第 3 种是以上一年度的实际值和目标值的算数平均值作为基准值，预测 EVA 目标值，公式为 EVA 目标值 =（上期实际 EVA 值 +EVA 目标值）÷2+EVA 期望改善值。

系数法则是以上一预算期的实际值为基础，利用一个适当的系数对其进行调整从而得出下一期 EVA 目标值的方法，其公式为 EVA 目标值 =$a+b×$ 上期实际 EVA 值。其中，a，b 是两个固定的系数。

2. 以 EVA 为导向的业务预算的编制

业务预算是指与企业日常经营活动直接相关的经营业务的各种预算，是全面预算的基础，其主要内容就是成本费用的预算，一般包括销售预算、材料采购预算、人事费用预算等。

（1）销售预算。

销售预算是指为销售活动编制的预算，是业务预算编制的起点，是企业与市场联系最直接的部分。销售预算同其他各项预算在不同程度上有着直接或间接的关系。销售预算一经确定，就成为生产预算以及各项生产成本预算的编制依据。销售预算是一个财务计划，它包括完成财务计划的每一个目标所需要的费用，以保证公司销售利润的实现。销售预算以销售预测为基础，销售预测的主要依据是各种产品历史销售量的分析。编制销售预算应结合市场预测中各种产品发展前景等资料，先按产品、地区、顾客和其他项目分别编制，然后加以汇总；根据销售预测确定未来期间预计的销售量和销售单价后，求出预计收入。

在此基础上，销售部门主管按公司战略目标，分析可利用的费用，根据目标和活动，选择一种或多种决定预算水平的方法进行预测，并将预测的销售配额分配给各部门；或销售人员根据上年度预算，结合上一年度的销售配额，用习惯的方法计算出本年度预算额，提交给销售经理。

（2）材料采购预算。

各部门在确定了各自的 EVA 权重后，提出材料采购计划，编制材料采购预算。具体编制方法是：将本期应购数量乘以材料的购入单价或者按照材料需求计划将应购数量乘以标准成本。为使预算对实际资金调度具有意义，材料采购预算应以实际付款的金额来编制，而不是以采购金额来编制的。材料采购预算涉及的基础资料多、范围广，核定有一定难度，属于预算编制的重点。

（3）人事费用预算。

人事费用是企业的经常性支出，包括付给员工的工资、奖金、津贴、福利费、退休金、保险费等。这些项目支出往往与多个部门有关，涉及管理费用、销售费用、制造费用、生产成本。一般思路是公司确定年度用人方针，各部门提出人力需求计划，利用 EVA 薪酬模型，进行人事费用预算的编制。

在得出人事费用总预算数后，再根据各部门权重进行分配。具体编制时主要包括以下3 种预算：第一，年度工资预算，包括办公室人员工资（按月度工资 ×12）和车间一线人员工资（按年产量 × 工资单价）；第二，招聘与人事管理费用，包括人才网络年度费用、人才市场预计招聘费用、社保费用、招聘的其他费用（体检、办理员工证、合同签订审核）、出差招聘的费用；第三，员工培训费用（年度培训预算），包括外请老师的讲课费用、内部老师的讲课补贴费用。

总体来说，基于 EVA 的业务预算，重点关注的就是业务发展方向的优化调整，将 EVA 分解为企业的总收入和总成本，并根据部门预算对企业的日常生产经营工作进行安排，提出预算期间的资源需求，确定各责任部门的 EVA，提高资本的使用效率；通过业务部门之间的协调，关注业务优化调整，达到资源优化配置的目的。

在 EVA 业务预算的编制过程中，需要注意价值驱动因素的分解，区分价值增值业务和非增值业务，尤其是在企业每年所面临的内外部环境都有变化、每年需要做的业务也有所区别的情况下。这时如果还是按照上一年的情况来编制预算，就有可能发生以下情况：没有考虑有助于增值的业务，非增值业务却由于没有得到控制而照常发生。对于不能提升价值的业务企业要坚决摒弃，要做到有的放矢，而不是盲目投入，这样才能保证不对企业的价值造成损害。编制全面预算时，企业要改变过去预算编制时简单的增量或减量的编制方法，尽可能地完善预算编制方法，灵活运用滚动预算、弹性预算和零基预算来编制目标

EVA。滚动预算的编制方法是企业比较好的选择，因为滚动预算可以从动态预算中把握企业的未来价值，保持了预算的完整性、持续性。

3. 以 EVA 为导向的资本预算的编制

资本预算是企业在预算期内进行投资活动和筹资活动的预算。

以 EVA 为导向的投资预算需计算出投资项目的时间、规模和收益，并进行分析和筛选，以是否给企业带来价值增值作为决策标准。从经济活动的角度来看，投资预算的编制主要包括对内投资的预算编制和对外投资的预算编制。对内投资也叫资本性支出，主要是针对企业的经营生产活动展开的，是企业为购置、扩建、改造、更新固定资产和用于无形资产投入及购建其他长期资产而发生的支出，对内投资一般对企业有一年以上持续影响。对外投资，主要是指将企业的资金或是资产投资于外部项目的投资。企业在对内或对外投资进行资本预算，确定是否对某个项目进行投资时，需要运用 EVA 实施可行性分析，即对某个项目的未来 EVA 进行预测和计算，再根据预测的结果进行判断。

（1）如果 EVA>0，则说明该项目是能够创造价值的，且 EVA 越大，创造的价值越多，那么企业能够对该项目进行投资。

（2）如果 EVA=0，则说明该项目所创造的利润仅仅等于在该项目投入资本的机会成本，那么企业是否应该投资还需管理层进行进一步的判断。如果可以通过改变投资方案或经营方案的方法来提高资源的使用效率，那么该项目尚有投资的潜力；相反，如果不能通过改变投资方案或经营方案的方法来提高资源的使用效率，那么企业就不应该对该项目进行投资。

（3）如果 EVA<0，则说明该项目不仅不能为企业创造价值还会损害企业价值，那么企业就应该果断摒弃该项目，不应该进行投资。

在编制对内投资预算时，企业应重点编制研发费用预算和工程预算。虽然研发费用在当年的投入对当年的 EVA 是没有影响的，但在以后期间需要进行摊销并计入 EVA。因此企业在编制 EVA 预算时需要在满足企业战略发展需要的前提下安排好研发投入时间以及金额。工程预算主要涉及在下一个年度有多少需要转资，虽然在建工程不作为资本占用进行考核，但是一旦某期转资过多，将对 EVA 产生很大的影响，所以企业应当在满足企业正常经营需要的基础上对工程进度有个统筹的安排。一般企业在编制资本预算前会由生产技术部门对年度支出计划进行统一规划安排，一方面需要结合 EVA 进行可行性分析，另一方面还要考虑资金的来源情况，在此基础上结合企业现有现金净流量情况，充分考虑资金成本，决定资金的筹措方式。在编制对外投资预算时，则主要依据企业的战略发展目标来安排投资的金额、时间、地点和对象等因素。

以 EVA 为导向的筹资预算则主要考虑资本占用成本。资本占用成本主要是支付给股东的投资股利、支付给银行的贷款利息、支付给债券持有人的债息等。资本占用成本具有经常性、定期性支付的特征，它与筹资金额大小、所筹资本使用期限长短成同向变动关系，可视为一项变动成本。资本占用成本是资本成本的主要构成内容，也是降低资本成本的主要努力方向。企业应当着重关注成本相对较高的权益性资本成本对 EVA 的影响，努力促使企业进行多渠道融资，优化财务结构和资本结构。

4. 以 EVA 为导向的财务预算的编制

由于财务预算综合反映各项业务对企业现金流量和经营成果的影响，所以财务预算实际上是业务预算和资本预算的综合体现。为了使各项经济内容的预算更加形象具体且有可比性，企业可以在业务预算和资本预算编制的过程中结合自身的实际情况引入 EVA 预算表。

5. EVA 预算表的编制

EVA 代表了企业本期所创造的净收益在弥补了所有的成本费用后的剩余，代表了企业主体在运用现有的人力、物力和财力的基础上所创造和增加的企业价值。EVA 预算表列示了如何将企业的会计账面利润经过一系列的调整转化为经济账面利润的过程，是经济意义上的企业利润表。EVA 预算表如表 5-1 所示。

表 5-1　EVA 预算表

项目	金额
营业利润 　加：财务费用 　当年计提的坏账准备 　当年计提的存货跌价准备 　当年计提的长短期投资、委托贷款减值准备 　投资收益 　期货损益 　减：EVA 税收调整 　税后净营业利润（NOPAT）债务资本	
加：股权资本	
债务资本 约当股权资本 减：现金和银行存款 在建工程（净值）运用资本 乘：加权平均资本成本率 资本使用成本	
经济增加值（EVA）	

相关说明如下。

① 营业利润取自利润表上的数额。

②EVA 税收调整 = 利润表上的所得税 + 税率 ×（财务费用 + 营业外支出 - 固定资产、无形资产、在建工程减值准备 - 营业外收入 - 补贴收入）。

③运用资本 = 债务资本 + 股权资本 + 约当股权资本。

其中：债务资本 = 短期借款 + 一年内到期长期借款 + 长期借款 + 应付债券；股权资本 = 股东权益合计 + 少数股东权益；约当股权资本 = 存货跌价准备 + 长短期投资、委托贷款减值准备 + 固定资产、无形资产减值准备 + 累计税后营业外支出 - 累计税后营业外收入 - 累计税后补贴收入 - 累计税后固定资产、无形资产、在建工程减值准备。

④现金和银行存款属于消极投资，在建工程净值上占用的资本不代表能用来产生经营利润的资本，故应从运用资本中减除。

对于集团企业，因考虑到集团内部各成员企业间业务的差异（分属不同的细分行业），EVA 测算也应在会计调整与资本成本测算方面体现出差异。为此，针对不同业务板块的成员企业，应设计不同的 EVA 测算与考核方案。这就给 EVA 测算模型与系统（软件）的设计提出了较高的要求，即模型与系统应提供不同方案设计、模拟试算、方案执行、多期关联运算等方面的功能。

6. EVA 预算的分解

当企业的 EVA 预算目标确定后，一般需要将该预算目标分解，预算目标的分解过程也是 EVA 预算编制过程的一部分。预算编制与企业目标管理的目标分解、责任分解不可分割，确定了目标执行或责任承担的部门，也就确定了预算编制的责任部门。预算约束条件分解为部门业务行为的约束条件，并与其产出的子目标或任务目标对应结合。为了更好地落实预算目标，需要全面认识企业内、外部各种要素对企业价值创造的影响，即需要全面了解企业价值的驱动要素。以下将从财务性价值驱动因素和非财务性价值驱动因素两个方面来进行分析。

首先，对影响企业 EVA 的财务因素进行分析。采用杜邦分析法，利用各主要财务指标间的内在联系，层层分解出企业最基本的生产要素，从而直观地反映和评价企业财务状况和经营成果的总体面貌。

$$税后净营业利润 = 税后经营净利率 × 销售收入$$

$$= （税后经营净利润 ÷ 净营运资产）×（净营运资产 ÷ 销售收入）× 销售收入$$

$$= 净资产净利率 × 净资产周转次数 × 销售收入$$

通过上述分解，将税后净经营利润最终分解成净资产净利率、净资产周转次数和销售收入。再对税后经营净利率进一步分解为收入和成本，成本可细化为销售费用、管理费用、人工费用等。也可以对净资产周转率进行分解，分解应收账款周转率、存货周转率、固定资产周转率、现金周转率等指标，这些指标就是财务性驱动因素。EVA 分解过程如图 5-1 所示。

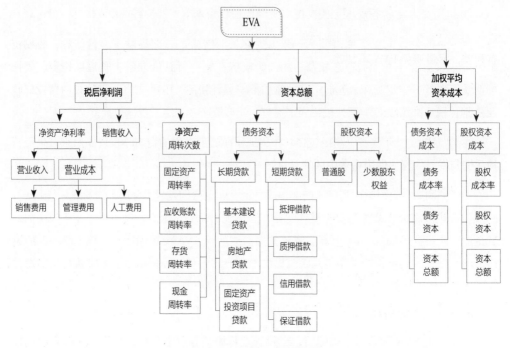

图 5-1　EVA 分解过程

从图 5-1 可见，财务指标反映的是价值创造的结果，是滞后性的指标，往往难以代表真正创造财富的核心能力和管理层绩效，因此企业更需要注重非财务性指标的价值驱动作用。尽管非财务性指标能提供创造未来价值的动因，但指标的计量及独立第三方审计通常较困难，好在瑞简（M.R.Rajah）、拉克尔（D.F.Larcker）和因特尔（C.D.Inter）3 位教授的研究为 EVA 的非财务性价值驱动因素提供了可量化的 4 个衡量标准：雇员和销售额的比率、研发费用和销售额的比率、新产品的引进、市场价值和账面价值的比率。在设计企业非财务性业绩衡量标准的模型时，实施平衡业绩衡量系统中，企业应根据自身经营战略、行业特性以及联系财务绩效与股东价值来选择最适合的非财务性指标。高层管理者需详细描绘公司的战略地图，识别出能考核经营业绩、衡量战略目标实现程度的关键性指标。

（二）EVA 预算的执行

预算执行是全面预算管理的关键，预算能否有效执行决定了预算目标能否达成。如果预算执行不力，即使预算编得再好，整个管理系统也是无效的。

1. 预算执行的内容

预算执行的主要内容包括以下 4 个方面。

（1）对于涉及资金支付的预算内事项、超预算事项和预算外事项，企业应当建立规范的授权批准制度和程序，避免出现越权审批、违规审批、重复审批等现象。

（2）建立预算执行实时监控制度，密切跟踪、检查重大的关键性预算指标，分析预算执行的差异，根据可控性原则动态调整行动方案、纠正预算执行中的偏差，极力引导 EVA 有利差，尽量避免 EVA 不利差。

（3）借助现代电子信息技术手段监控预算执行。结合 ERP 系统建立预算执行情况预警机制，积极推进预算管理信息化。

（4）建立健全预算执行情况内部反馈机制和报告制度，发挥 EVA 预算差异分析报告的反馈与指导作用，促进企业全面预算目标的实现。

2. 预算执行的作用

预算执行最重要的两个作用就是对预算进行综合控制和调整。

（1）预算控制。

基于 EVA 的预算控制主要围绕 EVA 这个核心指标进行，要想达到或超过这个指标就需要增加收益或减少成本，具体体现为以下 3 点。

① 成本费用的控制。成本费用包括生产成本和费用。生产成本包括直接材料、直接人工和制造费用。对直接材料的控制可以对照企业实际产量对原材料的需求，严格规范材料的采购制度和领用制度，以减少浪费。同时建立健全库存管理系统，制定适合企业的库存管理模型，在不影响企业正常生产经营的前提下减少库存成本。对直接人工的控制体现在对单位产品人工工时的控制，即提高车间工作人员的工作效率，减少单位产品耗费工时。对制造费用的控制主要针对的是其中变动的部分，企业要提高生产率、减少浪费。费用是指期间费用，主要包括管理费用和销售费用（财务费用作为资本成本的组成部分不在此核算）。对费用的控制同样是针对其中变动的部分，提高管理人员和销售人员的工作效率，增加单位时间内的价值创造量。

② 风险的控制。风险的控制主要分为企业内部的风险控制和对外投资的风险控制。企业的内部风险主要是指存货的减值风险以及应收账款的坏账风险等。针对存货的减值风险，可以通过利用 ERP 系统进行供应链管理的方式来化解，即根据外部环境的变化及时做好市场的销售预测，减少库存成本，降低库存风险；针对应收账款的坏账风险，可以通过完善客户信用档案和坏账准备计提方案的方式来化解。对外投资的风险控制主要体现在投资前进行 EVA 可行性分析，慎重投资，同时在投资过程中还要持续、密切关注投资环境的变化，将投资风险控制在最低。

③ 资金的控制。资金的控制主要是指对现金流的控制，包括现金流的平衡、协调和可

持续。关注对资金的控制是由 EVA 预算的特性决定的。EVA 预算区别于传统预算最根本的特征就是考虑了资本成本，因此企业要根据自身情况确定一个最佳现金持有量，平衡各部门之间的现金分配，减少资金占用导致的浪费，提高资金的使用效率。

（2）预算调整。

预算执行具有刚性特征，刚性约束是保障预算管理达到预期效果的必要条件。然而，瞬息万变的企业外部环境以及内部环境，如宏观经济政策的变化、市场的波动、企业内部组织战略的调整等，又会导致在预算执行过程中出现一些无法预测的问题和情况，这就要求企业预算保持一定的弹性。尤其是对于那些没有预算或超出预算但又必须发生的经济业务，企业应当在坚持预算刚性管理的基础上及时进行预算调整，以保证正常的生产经营和 EVA 预算目标的实现。当然，预算调整绝不是盲目、随意的调整，而应当有章可循，应根据企业自身发展的不同阶段来实施。

预算调整应当遵循以下原则。

① 不能偏离企业发展战略和年度预算目标。

② 调整方案应当能够在经济上实现最优化。

③ 调整重点应当放在预算执行中出现的重要的、非正常的、不符合常规的关键性差异方面。

针对预算内的调整，企业可以按照内部授权批准制度，在不影响预算目标的前提下，采取及时、有效的经营管理对策，对业务预算和资本预算进行调整，保证预算目标的实现。针对预算外的调整，由预算执行单位逐级向企业预算委员会提出书面报告，阐述预算执行的具体情况、客观因素变化情况及其对预算执行造成的影响程度，提出预算的调整幅度。财务管理部门对预算执行单位的预算调整报告进行审核分析，集中编制企业年度预算调整方案，提交预算委员会、企业董事会或经理办公室审议批准，然后由预算管理委员会等下达预算调整方案并由预算执行单位执行。预算调整流程如图 5-2 所示。

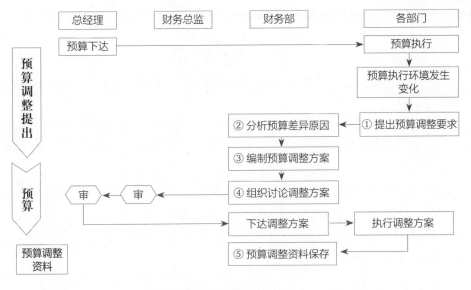

图 5-2 预算调整流程

关键步骤说明如下。

① 各部门根据变化的预算执行环境的要求，提出预算调整要求。

② 财务部根据相关部门提出的预算调整要求，结合企业年度经营目标的要求，分析导致预算出现异常的原因。

③ 财务部根据年度预算执行情况和企业发展要求，在分析部门预算调整意见的基础上编制预算调整方案。

④ 财务部召开由相关部门参加的预算调整会议，组织讨论调整方案。

⑤ 财务部根据企业财务文件管理办法，对在财务预算调整过程中形成的文件进行整理、分类保存，以备参考。

（三）预算差异分析

预算差异分析是指将预算执行结果即实际业绩和预算目标进行比较，分析差异产生的原因并据此采取纠正措施的过程。预算差异分析是一种对历史资料的事后分析，是对年度全面预算管理结果的总结和反馈，对于编制和执行下一年度预算具有十分重要的指导意义，只有及时且经常性地进行预算差异分析才能发挥其对生产经营业务的指导作用。

在进行预算差异分析时，引入 EVA 预算差异分析表可以使分析结果更加直观、形象。EVA 预算差异分析表可以参照 EVA 预算表的模板进行设计，不同的是 EVA 预算差异分析表在表格中加上了预算执行的具体情况。预算差异分析表的具体格式和内容如表 5-2

所示。

表 5-2　预算差异分析表

指标名称	计量单位	预算	实际	差异	原因分析
一、税后净营业利润	万元				
其中：净利润	万元				
利息支出	万元				
研究开发费用调整项	万元				
其中：研究与开发费用	万元				
当期确认为无形资产的研究开发支出	万元				
勘探费用	万元				
非经常性收益调整项	万元				
所得税税率	%				
二、资本成本	万元				
其中：调整后资本	万元				
平均所有者权益	万元				
平均负债	万元				
平均无息流动负债	万元				
平均在建工程	万元				
平均资本成本率（5.5%、4.1% 或上浮 0.5 个百分点）	%				
三、经济增加值	万元				
四、经济增加值的变动值	万元				

以预算差异表为切入点进行预算差异分析，可以非常直观地看出每个项目的预算执行情况，同时还可以直观地找出完成度较低的项目，以帮助企业进行进一步的深入分析。

通常将预算差异产生的原因大致分为外部因素和内部员工工作效率两大类。

（1）外部因素导致的预算差异。如果外部因素的变动呈长期趋势，通常会影响企业的经营战略，因此企业应当将该因素纳入下一期预算编制时考虑的因素，适当调整下期的预算目标；反之，则不应影响下一期预算目标的确定。

（2）内部员工工作效率导致的预算差异。员工的工作效率是可以通过人为控制进行调节的。针对内部员工自身工作效率达不到企业预期而造成的预算差异，企业应当分清楚责任归属，客观评价员工的工作业绩，建立完善、健全的奖惩激励制度，将各预算执行主体的实际业绩与其切身利益相结合，并根据差异产生的原因确定下期预算改进的措施，寻求新的增长点。

具体的做法是：将 EVA 指标融入预算差异分析，从运营的角度将价值驱动因素进行分解、分析。例如，将税后净营业利润分解为销售毛利率、其他业务收入、投资收益等指标；将资本周转率分解为固定资产周转率、净营业资产周转率等指标，找出影响企业价值变动、脱离预算目标的主要原因。在此基础上，企业对分析得出的关键价值驱动因素进行控制，设计价值提升策略。例如，企业可通过减少库存、降低应收账款周转天数、扩大高盈利产品的生产规模、改变销售策略等手段以提高资产收益率；通过处置不良资产、业务外包、缩减生产线等手段以减少资本占用，降低资本成本；通过投资回报率高于资本成本率的项目来提高企业资产的价值创造能力等，从而实现企业价值的长期健康增长，从而达到预算目标及战略规划的要求。在预算执行过程中产生了问题需要追究相关责任单位的，需要找出问题产生的根本原因，避免在以后年度预算执行中再次出现相同的问题。预算目标不符合实际情况而导致预算执行偏离实际的，根据实际情况调整下一年度的预算，并且吸取教训，为下一年度编制合理、有效的预算提供借鉴。

（四）预算考核体系

建立健全员工业绩考核体系是完善企业经营业绩考核制度的重要举措。俗话说："考核与奖惩是预算管理的生命线。"只有通过科学合理的考核以及赏罚分明的奖惩才能保障预算管理落到实处，提高企业生产效率，因此企业必须抓紧构建和完善员工业绩考核体系。以 EVA 为核心的预算考核体系是以价值创造为考核标准的，具体的考核流程分为以下几个步骤。

首先，确定预算考核主体。预算考核主体一般分为企业内部各级预算责任中心和相关个人。对各级预算责任中心的考核可分为直接奖惩和按比例奖惩两种方式。直接奖惩是明确一个奖金总额，责任中心完成就奖励，完不成就扣罚相应数额的一种方式。按比例奖惩是根据责任中心预算目标的分值和相应权重，确定一个比例，对完成或超额完成预算的奖励一定比例，对完不成预算的处罚相应比例的一种方式。对相关个人的考核可分为客观考核方法和主观考核方法两类。客观考核方法是对可以直接量化的指标体系进行的考核，如对生产指标和个人工作指标进行的考核等。主观考核方法是考核者根据一定的标准设计的考核指标体系对被考核者进行的主观评价，如进行工作行为和工作结果的评价等。

其次，根据预算指标的分解情况，确定评价主体所对应的预算指标项目。值得注意的是，在这一过程中，需要遵循定量与定性相结合、可控性、可行性和明晰性的原则。就拿定量与定性相结合这一原则来说，对预算的考评可以有物质上的奖励，也可以有精神上的奖励。物质奖励如工资、奖金等，精神奖励如评优、表彰、职务、职称等，此外，企业还可以适当提供福利奖励如旅游、休假等。

最后，将预算目标和实际执行结果进行比较，找出评价主体的 EVA 业绩和预算目标之间的差异，将考核结果与各执行单位和员工的薪酬、岗位等挂钩，按照规定客观、公正地实施预算奖惩，确保奖惩措施公平合理并得以及时落实。当实现的 EVA 业绩正好达到预算目标时，企业应当按事先规定好的奖金数额对评价主体进行奖励。若实现的 EVA 业绩超过预算目标或没有达到预算目标时，企业应当按照一定的比例对评价主体的奖金进行相应的增加或实施一定的惩罚。为了企业的长期可持续发展，同时也为了降低人才流失速度，企业可以采用延期支付奖金的方式，为员工设置"奖金账户"，将每年应获得或应扣减的奖金存入该奖金账户，在每年的年末根据该账户余额支付员工奖金。这么做不仅可以避免管理者的短期投机行为，而且可以通过增加跳槽成本来避免人才的流失，同时也不会导致因为某年的经营失误而使奖金骤减的情况出现，这有利于激发员工的工作热情，提高企业的生产经营效率。

由于预算的最初编制和最终考核使用的是同一指标，所以以 EVA 为核心的考核体系能使预算的过程管理和结果管理有机结合，实现预算管理和业绩评价的融合，加强和完善企业的内部控制。并且这种基于 EVA 的预算考核体系还统一了企业所有者和企业管理者之间的利益，避免了上、下级之间的诸多博弈，同时也避免了横向部门之间为争夺资源而进行的博弈，降低了博弈成本，对于企业提高管理效率和生产效率都起到了非常重要的作用。

5.3　EVA 预算管理模式的特殊问题

5.3.1　EVA 预算管理模式的缺陷

尽管 EVA 预算管理模式有很多优点，但在我国的应用中仍存在着一定的局限性，主要表现在以下几个方面。

（一）EVA 核算准则不统一，缺乏一致的管理解决方案

对于 EVA 的具体计算，一般需要参考发达国家的算法，但是不同企业有不同的核算模式和衡量标准，企业需要根据自身的战略目标结合实际经营状况加以调整，往往需要在

管理运用中引入投入产出比加以分析。虽然 EVA 本身就是以资产负债表和利润表为计算基础，经过调整后得出的会计调整值，但是调整的结果也不一定能达到精确的状态，其直接导致的问题就是不同行业以及不同规模的部门和企业之间缺少统一的衡量标准，企业之间无法进行相互博弈，这进一步导致了 EVA 的效用受到限制。

（二）EVA 思想容易受到一些企业的排斥

对于以 EVA 为考核标准的企业来说，只有 EVA 为正企业才能实现价值增值。然而就我国企业目前的运用状况来看，大多数企业核算后的 EVA 往往是负的，这对投资者来说是一个很不利的信号，他们大多会选择限制投资的方式来保护自己的利益不受侵害，这样一来，企业在进行业绩核算时更不会采取不利于企业未来发展的行为，这就是 EVA 管理模式未能在我国企业得到普遍运用的重要原因之一。

（三）将 EVA 作为单一指标与预算管理相结合本身就存在缺陷

基于 EVA 的全面预算管理体现的是 EVA 这一指标对全面预算管理的改进作用，如整合企业资源、改善"委托—代理"关系等着眼于企业未来发展的战略。将 EVA 作为全面预算管理的最终目标，是为了更好地体现企业的价值增值。但是，EVA 只是预算考核指标中的其中一项指标，除此之外还有销售利润率、市盈率等多种财务指标以及其他一些非财务指标。企业在实际操作时，必然要将 EVA 与其他相关指标相结合再进行财务管理的决策。而本书将 EVA 这一单一指标作为全面预算管理的核算标准及目标值，是为了更好地阐述 EVA 对全面预算管理的改进机理，以便清晰明确地展示 EVA 的价值增值作用。在以后的研究中，笔者会考虑将 EVA 与其他指标相结合进行更深层次的研究，以应用于企业的战略管理实践中。

5.3.2　基于 EVA 预算管理模式需要注意的问题

（一）注意业务预算和资本预算的协同

传统的预算管理模式下业务预算和资本预算往往相互分离，主要发挥的是费用控制功能，预算在调整组织结构、优化业务流程、促进价值增加等方面的功能还未得到彰显。生产经营和资本经营相分离导致企业在管理过程中无法做到价值协同。例如，企业的采购预算如果采用赊购方式，那么形成的应付账款属于无息流动负债，不影响资本成本，但如果采用现金购买方式，则会占用企业的资本，增加资本成本；销售预算亦然，如果企业采用赊销方式，也会导致资本占用增加从而增加资本成本；研发预算是受鼓励的，它的费用支出可以等同于利润创造；工程预算则取决于项目是否竣工转资，如果不转资，则可以暂时不计算资本成本。对于这些对 EVA 的驱动因素，企业在进行业务预算和资本预算时就应该予以充分考虑。

因此在利用 EVA 预算管理模式时应当充分发挥业务预算和资本预算的协同效应，充分重视预算的增值性，在业务预算中不以压缩日常维护性支出为手段来实现成本控制，在资本预算中不仅要考察是否完成项目建设工程、资金是否挪用，还要对投资回报进行持续跟踪和考察、激励。企业高级管理人员应该清楚认识到：今天的投资就是明天的成本，明天的成本控制不力，同样影响后天的投资，无论是投资还是经营，都应该以 EVA 为导向，不但要注重当期的 EVA，而且要考虑如何使整个寿命期内的整体 EVA 达到最大。只有充分发挥业务预算和资本预算的协同效应，企业才能避免诸多短期行为，实现企业价值最大化。

（二）加强预算分析的合理性和科学性

采取基于 EVA 的预算管理模式进行预算分析时都有固定的模板，一般重点分析执行结果与预算目标之间的差异，很少对预算本身的合理性及科学性进行分析，缺少进一步的优化预算。这种预算分析不到位，易导致预算调整准确性不高或调整过于随意等问题出现，使预算的严肃性和科学性受到破坏，价值潜力难以挖掘；或者过于强调预算的刚性，严禁出现"突破预算"的现象，这降低了企业对环境变化的应变速度，易导致企业丧失一些潜在机会。因此对企业而言，首先应对自身的未来产业布局和核心竞争能力进行战略分析，在此基础上确定 EVA 会计调整的方案，并以此作为考核依据。若企业在决定预算方案之前能多考虑预算的可行性和相程度，做到预算分析的合理性和科学性，就能有效地降低成本，提高预算调整的准确性。由于预算分解已经按照价值驱动因素完成，在执行过程中就应该抓住影响价值创造的主要差异，对预算项目的敏感性有十足的把握。只有充分分析原因，提出改进方案，才能做到持续地创造价值，从而不会偏离企业的战略目标。

（三）避免预算编制过程中的诸多博弈

由于信息的不对称，预算在编制和执行中往往存在多种博弈现象，如部门博弈、上下博弈等。预算博弈存在的一个重要原因，是仅将预算管理作为成本控制的技术手段，而将企业战略、组织结构、职能划分等多方面的因素视为既定的外生变量。这一点和前文提到的企业需发挥业务预算和资本预算的协同效应有异曲同工之妙。要避免预算编制过程中的诸多博弈，最根本且亟待改革的一点就是改变企业对 EVA 的固有思想。把 EVA 仅仅理解为一个财务指标是错误的，也是极其危险的。通过 EVA 预算的编制和执行，发现问题，不断优化成本、收入、组织结构、管理体制、流程乃至企业战略，才是价值管理的核心内容。企业具体应该对 EVA 的几个主要调整项目，如财务费用、研发支出预算、在建工程控制、各种资产减值准备控制、广告费用等项目进行管理，资源类企业还重点涉及勘探费用、弃置费用、战略性投资、产量指标的权衡等项目。

（四）注重考核的全面性和激励

传统的预算考核体系科学性和系统性不强，具体表现为：重视财务指标的考核，忽略非财务指标的考核；重视对预算执行状况的追踪和考核，忽略对预算编制的科学性和相适性的考核；考核流于形式，奖惩制度不完善，无法有效调动员工的主观能动性。这些弊端导致预算考核无法起到应有的作用，对企业实现预算目标的帮助也大打折扣。

为了避免出现以上问题影响企业预算目标的实现，企业在实施以 EVA 为基础的预算管理模式时，要把握好 EVA 预算中的关键环节，即 EVA 激励机制。"有考核无激励"的预算考核体系没有任何意义。只有通过激励机制对预算考核对象按预算执行结果进行一定的奖惩才能调动员工的工作积极性和创造性，促使他们为企业创造更多价值。可供考虑的做法是：实行弹性预算，构建生产经营指标和财务绩效指标的考核体系，在月度预算执行的基础上按一定权重对相关责任部门进行考核，促使他们注重各项指标之间的平衡，树立为 EVA 努力的意识。不能忽略的还有一点，就是企业应当注重物质奖励和精神奖励并行，给予员工应有的尊重，提升他们的自我认可度和内心对企业的归属感，只有员工的自我价值得以实现，他们才能真正做到与企业的利益共存亡。

（五）加强对预算的监控

传统预算监控侧重预算差异分析和追踪。本书认为在以 EVA 为核心的预算管理模式下，监控的重点应在不利差异的预警分析上，企业应当设立警戒线，若预算执行严重超出警戒线即发出警告，并对超出严重者采取有关应急措施。为加强预算的执行力，必须对下达的各项成本费用事项进行严格的控制、检查，确保预算事项得到有效执行。一切调整事项，必须经预算管理最高权力机构批准，并有相应的资金来源支持，否则不予执行和考核认可。在以 EVA 为核心的预算管理体制运行之初，加强预算控制的力度，适当提高预算分析的频率，可以改善预算管理变革的效果。

在我国，EVA 预算管理模式想要得以盛行还面临着诸多障碍：我国市场还不成熟，法律法规不健全，制约着 EVA 预算考评体系的发挥；传统的会计利润指标具有很高的信息价值，EVA 指标不能完全取代会计利润指标等。但这并不影响 EVA 预算管理模式在我国的应用与推广。随着经济的发展，经过理论探讨和实践摸索，EVA 预算管理模式将会不断地走向完善和成熟。

5.4　AI 赋能预算管理

5.4.1　AI 技术在预算管理中的应用背景

（一）传统预算管理的痛点

传统预算管理常面临三个主要问题。

（1）数据孤岛与低效整合：不同部门（如财务部门、供应链部门、销售部门）的数据分散在各系统中，人工收集需要跨部门反复沟通，耗时且易出错。例如，财务部门需要等待供应链提供库存数据，若数据格式不统一，还需手动整理，导致效率低下。

（2）预测偏差：传统方法依赖历史数据制定静态预算，难以应对突发变化。例如，当原材料价格突然上涨或政府出台新环保政策时，原有预算可能严重偏离实际需求。

（3）响应滞后：预算执行监控依赖月度或季度报告，发现问题时往往已造成损失。比如某月营销费用超支 30%，但直到月末结算才被发现，错失及时调整机会。

（二）AI 技术驱动的变革契机

AI 技术的进步为企业预算管理带来新可能，AI 技术赋能企业预算管理如图 5-3 所示。

图 5-3　AI 技术赋能企业预算管理

（1）技术成熟度提升：机器学习技术（如 LSTM、Prophet 模型）能自动分析数据规律，预测未来趋势；自然语言处理（NLP）可自动解读合同文本，区块链技术能确保数据真实可信。例如，AI 自动抓取供应商合同中的价格条款，实时更新采购预算。

（2）企业需求升级：企业不再满足于单纯控制成本，而是希望通过预算推动战略落地。例如，某零售企业将"门店扩张"战略转化为预算目标，AI 自动测算新店投资回报率，动态调整开店节奏。

（3）数据基础完善：ERP、CRM 等系统积累了大量数据（如订单记录、客户反馈），这些数据成为 AI 训练的"燃料"。例如，利用过去 5 年的销售数据训练模型，AI 能更精准预测未来销量，支撑预算编制。

5.4.2 AI 赋能预算管理的核心场景

（一）智能预算编制

AI 通过三步实现预算编制的智能化升级。

（1）数据整合：将分散在财务、供应链、市场等部门的数据统一存储到"数据湖"中（类似集中管理的仓库），自动清洗错误或重复数据，形成动态参数矩阵。例如，某家电企业整合过去 5 年销售数据与市场报告，自动生成原材料采购预算。

（2）预测建模：用混合模型处理季节性波动。例如，零售企业用 Prophet 模型预测节假日销量高峰，再用 ARIMA 模型修正突发变化（如疫情封控）。蒙特卡洛模拟则像"抛硬币实验"，模拟原材料涨价、汇率波动等 1000 种可能性，生成风险区间预测。

（3）自动化生成：AI 根据历史规则生成多版本预算草案。例如，某制造企业 AI 系统提供"保守""激进""平衡"三套方案，财务人员只需微调即可完成编制，效率提升 60%。

（二）动态预算执行与监控

预算执行不再是"事后补救"而是实时干预，动态预算执行与监控如图 5-4 所示。

图 5-4　动态预算执行与监控

（1）实时预警：系统自动监控关键指标。例如，当某部门差旅费超支 15% 或库存积压超 30 天时，Z-score 模型触发预警，直接推送提醒至负责人手机。

（2）根因分析：通过关联交易图谱追溯问题源头。例如，某次采购成本突增 20%，AI 发现是某供应商通过 3 级子公司抬高报价，并标注高风险路径。

（3）弹性调整：贝叶斯网络动态修正预算参数。如汇率突然波动，系统自动测算影响范围，推荐"缩减海外广告投入 5%+ 提前锁定外汇"的组合方案。

（三）预算绩效评估与优化

AI 让绩效评估从"打分表"升级为"改进指南"。

（1）多维评价：综合财务指标（如投资回报率）与非财务指标（如客户满意度）。例如，某医院 AI 系统将患者满意度与设备采购预算挂钩，淘汰使用率低于 50% 的医疗设备。

（2）智能反馈：SHAP 值量化每个因素对结果的影响。例如，某房企发现土地溢价率每上升 1%，EVA 下降 0.5%，但容积率提升 1% 可抵消影响，据此调整拿地策略。

（3）持续学习：基于执行结果优化模型。例如，某电商平台每月将预算偏差数据反馈给 AI，模型预测准确率从 70% 逐步提升至 90%，形成"计划—执行—改进"闭环。

5.4.3　AI 与 EVA 预算的协同模式

（一）EVA 驱动的预算框架重构

AI 通过两个核心步骤重构预算体系。

（1）目标对齐：将 EVA 拆解为 ROIC（投资回报率）与 WACC（资本成本）的优化路径。例如，AI 用 LSTM 模型分析利率期限结构，动态测算不同融资渠道的资本成本，帮助企业选择最优债务组合。同时，系统自动将 EVA 目标分解到各业务单元，如要求某生产线 ROIC 必须高于 10%，否则触发预算调整。

（2）业务穿透：通过销售漏斗预测和库存周转率推算，提升 NOPAT（税后净营业利润）预测精度。例如，某家电企业 AI 系统结合历史销售数据和市场趋势，预测未来 3 个月销量误差率从 15% 降至 5%，并自动调整生产预算避免库存积压。

（二）AI 增强 EVA 敏感性分析

AI 技术让 EVA 分析从静态报告升级为动态推演，AI 增强 EVA 敏感性分析如图 5-5 所示。

（1）参数空间探索：用 Sobol 序列采样法模拟售价、成本、利率等变量组合对 EVA 的影响。例如，某汽车企业测试 2000 种价格—成本组合，发现当原材料涨价 10% 时，若同步提高高端车型售价 3%，EVA 可保持正增长。

（2）决策推演：通过 3D 曲面图实时展示变量联动效应。例如，某能源企业用 AI 模拟发现：将债务占比从 60% 降至 50%，同时延长贷款期限至 8 年，可使 WACC 降低 1.5%，释放 EVA 空间约 20 亿元。系统还会生成优化建议，如"优先置换利率超 5% 的短期贷款"。

参数空间探索

用 Sobol 序列采样法模拟售价、成本、利率等变量组合对 EVA 的影响。

决策推演

通过 3D 曲面图实时展示变量联动效应。

图 5-5　AI 增强 EVA 敏感性分析

5.4.4　实施 AI 预算管理的关键要素

（一）技术架构

成功应用 AI 预算管理需要搭建三大技术支柱。

（1）数据底座：建立企业级"数据湖"，就像统一收纳各种文件的仓库，把财务单据、销售记录、合同文本等不同格式的数据集中存储。例如，通过 OCR 技术自动识别发票信息，用 NLP 技术解析合同条款，将纸质文档转化为可用数据。

（2）算法选型：根据不同场景选择合适工具。例如，用 LSTM 模型预测季节性销量（如空调在夏季的销量），用孤立森林算法检测异常开支（如某笔采购价格突然上涨 50%）。

（3）工具链：采用低代码平台和 AutoML 工具，让财务人员也能参与建模。比如某企业让预算专员通过拖拽操作，生成"营销费用预测模型"，无需专业程序员介入。

（二）组织变革

AI 预算管理不仅是技术升级，更需要组织配套调整。

（1）能力升级：培养既懂财务又懂数据的复合人才。例如，某集团成立"AI 预算卓越中心"，财务人员学习 Python 基础课程，数据科学家学习 EVA 核算规则，形成协作团队。

（2）流程再造：从固定年度预算转向灵活调整。例如，某快消品牌在疫情突发时，通过 AI 系统实时分析各渠道销售数据，3 天内完成营销预算从线下向直播电商的转移。

（三）风险管控

平衡效率与安全是 AI 落地的关键，实施 AI 预算管理的关键要素如表 5-3 所示。

（1）数据安全：用区块链技术存证关键数据，确保不可篡改。例如，某医药企业将采购合同数据上链存储，审计时可快速追溯每笔交易的原始记录。

（2）伦理合规：防止算法产生歧视性决策。例如，某房企 AI 预算系统增设"区域公平性校验"，确保三四线城市项目与新一线城市按相同标准分配研发经费，避免资源过度集中。

表 5-3　实施 AI 预算管理的关键要素

核心维度	实施要点	技术实现
数据底座	企业级数据湖构建	·多源异构数据集成 ·OCR 票据识别（准确率 >98%） ·NLP 合同条款解析（支持 15 种语言）
算法选型	场景化模型匹配	·LSTM 时序预测（空调销量预测 MAE<5%） ·孤立森林异常检测（F1-score 0.92）
工具链	低代码开发平台	·拖拽式建模界面 ·AutoML 自动调参（节省 70% 人力）

5.4.5　挑战与未来发展方向

（一）当前挑战

尽管 AI 为预算管理带来革新，但实际落地仍面临三大难题。

（1）数据质量：企业大量合同文本、发票扫描件等非结构化数据难以标准化清洗。例如，某制造企业每月需处理上万份供应商合同，人工核对关键条款（如付款周期、价格浮动规则）耗时长达 2 周，而 AI 因格式混乱漏检率达 15%。

（2）技术黑箱：复杂算法决策过程不透明，影响管理层信任。某银行曾因 AI 突然削减某部门预算 30% 却无法说明原因，导致战略会议陷入僵局，最终暂缓执行 AI 方案。

（3）变革阻力：传统"经验主义"预算文化与数据决策冲突。某零售企业推行 AI 预算时，财务总监直言："我们做了 20 年手工预算，凭什么相信机器？"

（二）未来趋势

随着技术突破与应用深化，AI 预算管理将呈现三大方向，如图 5-6 所示。

（1）深度应用：大模型让预算管理更"会说话"。例如，某集团财务人员通过语音提问"下季度华北区营销预算怎么定？"GPT-4 自动生成含市场竞品分析、历史投入回报率对比的 3 套方案，响应时间从 3 天缩至 10 分钟。

（2）生态协同：预算系统连接上下游创造新价值。某新能源企业将预算平台与碳核算系统打通，AI 实时计算每笔采购的碳排放成本，动态调整供应商选择策略，年减排目标超额完成 12%。

（3）人机共生：AR 技术让预算数据"看得见摸得着"。某建筑公司使用 AR 眼镜查看 3D 全息预算模型，手指滑动即可分解工程各环节成本占比，项目超支风险识别效率提升 40%。

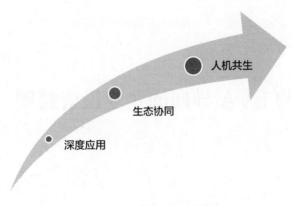

图 5-6　AI 预算管理三大方向

第 6 章

AI 支持下的 EVA 导向的企业投资管理

6.1　AI 驱动的 EVA 计算与优化

6.1.1　自动化 EVA 数据采集与清洗

（一）构建企业数据湖架构

要让计算机自动计算 EVA，首先需要建立统一的数据存储平台。就像超市用不同货架分类商品，企业需要将 ERP 系统（管理生产订单）、CRM 系统（记录客户信息）和 SCM 系统（跟踪库存）的数据，通过标准化接口连接到"数据湖"。技术人员会配置自动化传输通道，确保财务部门能实时获取最新数据，无需手动从各个系统导出表格。

（二）定义核心数据指标

我们重点筛选 28 个关键经营指标，包括营业利润（企业实际赚取的利润）、资本支出（购买设备 / 厂房的花费）、营运资本（日常经营需要的流动资金）等。这些指标如同体检报告中的关键健康指标，能准确反映企业创造价值的能力。技术人员会为每个指标设计标准化采集模板，确保不同部门报送的数据格式一致。

（三）实施智能数据质检

数据清洗过程采用"随机森林"算法（一种智能质检工具）。例如，当系统发现某分厂的设备采购金额突然比历史平均水平高出 10 倍，会自动标记为异常数据。这种算法能像经验丰富的审计师一样，通过分析过去五年的数据规律，识别出需要人工复核的异常值，并生成红色预警提示。

（四）案例验证：制造业数据清洗成效

某汽车零部件集团的应用案例显示，实施前财务团队每月需要 5 人花费 3 天核对数据，错误率约 2%。使用自动化系统后，数据准备时间缩短至 2 小时，错误率降至 0.3%。系统曾发现某生产线误将 300 万元研发费用计入生产成本，及时修正后使 EVA 计算结果更真实可信。

（五）三步落地实施指南

第一步：绘制数据地图，明确每个指标的来源系统（如应收账款来自 ERP 的 F-02 模块）；第二步：设置自动化采集程序，每天定时抓取数据（类似设置手机闹钟提醒）；第三步：用历史数据训练清洗模型，设置数据合理性规则（如资本支出不得超过营业收入的 20%），如图 6-1 所示。企业可使用 Tableau 等工具监控数据质量，通过颜色标记（红 / 黄 / 绿）快速定位问题。

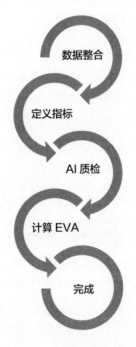

图 6-1　三步落地实施指南

6.1.2　智能资本成本测算（WACC 优化）

（一）动态参数建模

传统资本成本计算依赖静态数据，而动态参数建模能实时更新关键变量。例如债务成本，系统可通过连接央行利率数据库或信用评级机构的 API 接口，自动获取最新基准利率和公司信用评级变动。这种实时数据流能让企业及时调整融资策略——当央行加息时，系统会立即提示债务成本上升，帮助财务团队重新测算最优贷款方案。

（二）权益成本预测

股东要求的回报率是 WACC 的核心参数。传统方法依赖历史数据，而 LSTM 神经网络能通过分析十年期国债收益率、行业风险指数等上千个变量，预测未来十年的市场风险溢价。例如训练模型识别"经济衰退期企业违约率上升"与"股市波动率变化"的关联性，最终输出动态调整的权益成本预测值。这种预测就像给企业装上"市场天气预报"，提前预判股东要求的回报变化。

（三）优化算法

蒙特卡洛模拟通过生成上万种市场情景组合，测试不同资本结构的抗风险能力。比如模拟利率上升 3%、股市下跌 15% 等极端情况，计算每种情景下的加权平均资本成本，最终找到成本最低、稳定性最强的债务与股权配比方案。这种方法如同用计算机模拟企业融资的"压力测试"，避免人为经验判断的局限性。

（四）工具推荐

专业机构通常采用 Bloomberg 终端获取实时金融数据，配合 Python 的 Pandas 库进行数据清洗，用 TensorFlow 搭建 LSTM 模型。例如财务人员可在 Bloomberg 中提取某公司的信用利差数据，通过 Python 脚本自动输入神经网络模型，最后用模拟结果生成可视化的资本结构优化建议书。这种组合既能保证数据权威性，又具备灵活的计算能力，智能资本成本测算如表 6-1 所示。

表 6-1　智能资本成本测算

模块	传统方法局限性	智能方法创新	核心工具 / 技术	典型应用场景
动态参数建模	依赖静态历史数据，滞后性高	实时 API 接口连接央行利率库 / 信用评级机构	Python 数据爬虫 +SQL 数据库	央行政策变动时即时更新债务成本测算
权益成本预测	仅参考历史 β 系数，忽略市场联动性	LSTM 神经网络分析宏观变量（国债收益率、行业风险指数等）	TensorFlow 框架 +10 年期经济指标数据库	预测经济衰退期股东回报率变化
优化算法	人工试算资本配比，效率低	蒙特卡洛模拟生成 10,000 余种情景组合	@risk 插件 / 自定义 Python 算法	压力测试极端市场情景（如股灾 + 利率倒挂）
工具链整合	数据孤岛，流程割裂	Bloomberg 终端 +Pandas 清洗 + 神经网络建模	Bloomberg API+Jupyter Notebook 集成	生成可视化资本结构优化建议书

6.1.3　动态 NOPAT（税后净营业利润）预测

（一）多维度预测框架

传统 NOPAT 预测通常基于公司整体数据，而动态预测需要拆解到业务单元、产品线和区域三个层级。例如一家跨国制造企业，可分别预测中国工厂的生产利润、智能手机业务线的市场收益，以及欧洲市场的汇率波动影响。这种分层预测就像给企业做"全身 CT 扫描"，既能发现某个产品线利润下滑的隐患，也能定位到具体区域的税收优惠政策变化，为战略调整提供精准依据。

（二）模型选择

Prophet 时间序列模型擅长捕捉利润数据的周期性规律，比如识别"双十一促销季带来的销售额跃升"或"春节假期导致产能下降"的季节性特征。XGBoost 模型则像一位精通多国语言的分析师，能同时处理 GDP 增速、原材料价格波动等数十种外部变量。两者结合时，Prophet 负责绘制利润变化的"基准线"，XGBoost 在此基础上叠加宏观经济的影响，就像用温度计测量基础体温后，再用综合指标判断健康状况。

（三）外部变量集成

当预测某家电企业的 NOPAT 时，模型会自动加入行业 PPI 指数（反映原材料成本变化）和城镇居民可支配收入增长率（影响消费能力）。例如 2023 年铜价上涨 15%，模型会通过历史数据学习"铜价每涨 10% 导致生产成本上升 3%"的关联规律，并据此调整利润预测。这些外部因子的权重并非固定，系统会根据经济周期动态调整——经济扩张期更关注消费者信心指数，衰退期则加重行业库存周期的权重。

（四）验证方法

滚动时间窗口验证就像用"时间胶囊"测试模型可靠性：将 2019—2022 年数据分为四个年度片段，先用 2019 年数据训练模型，预测 2020 年实际利润，再用 2019—2020 年数据训练，预测 2021 年结果，依此类推。某快消企业在测试中发现，模型对疫情突发年份的预测误差较大，据此增加了"突发公共卫生事件"的情景模拟模块。这种验证方法既能检验模型在极端情况下的表现，又能避免使用未来数据造成的"作弊"偏差。

6.1.4　AI 辅助 EVA 敏感性分析

（一）场景库构建

企业需要为 EVA（经济增加值）分析预设多种可能的风险情景。例如将地缘政治风险拆解为"关税上调 10%""原油禁运"等具体参数，原材料波动则细化到"铜价季度涨幅超过 20%"等量化指标。系统会建立包含 12 类风险的数据库，就像准备应对不同天气的应急预案——当俄乌冲突导致能源价格波动时，可直接调用"能源供应中断"场景参数，快速测算对企业 EVA 的影响。

（二）敏感性矩阵

通过 Shapley 值算法，系统能计算出每个风险因子对 EVA 的实际影响权重。比如分析发现，原材料价格波动对某化工企业 EVA 的影响权重达 42%，远超汇率波动的 15%。这就像足球比赛中，前锋的进球贡献值（Shapley 值）高于门将，系统会自动标红显示关键因子。当企业需要削减成本时，可优先针对权重最高的因素制定策略。

（三）可视化模拟

交互式沙盘允许用户像调节游戏参数般改变变量。例如拖动"企业所得税率"滑块从 25% 提升到 30%，系统会实时显示 EVA 下降幅度。某汽车制造商在模拟中发现，若锂电池原材料价格暴涨 30%，EVA 将从正值转为 -5.2 万元 / 吨。这种直观展示让管理层能快速理解变量间的动态关系，如同用温度计观察水温变化。

（四）决策阈值

系统采用统计学中的 3σ 原则设定警戒线：当 EVA 波动超过均值 3 倍标准差时自动预警。例如某零售企业的 EVA 年均值为 8%，标准差为 1.5%，若测算值跌破 3.5%（8%-3×1.5%）就会触发红色警报。这种阈值设置就像高速公路的限速标志——既考虑常态波动范围，又能识别极端异常情况。当行业出现结构性变化时，系统还会自动更新阈值标准。

6.1.5 实时 EVA 仪表盘与可视化

（一）技术架构

实时 EVA 仪表盘的数据处理就像快递分拣中心——Kafka 负责将财务数据、销售数据等原始信息像包裹一样快速分类传输，Flink 则像智能分拣机器人，实时计算出最新的 EVA 数值。例如当门店 POS 机每完成一笔交易，系统会在 3 秒内更新当天的收入和成本数据，自动触发 EVA 重新计算。这种架构让企业告别每天下午才能看到前一天报表的延迟，真正实现"数据追着业务跑"。

（二）可视化规范

仪表盘用红黄绿三色标注 EVA 健康度：绿色表示 EVA 超过目标值 10%（如目标 8%，实际达 8.8%），黄色预警区间是目标值的 ±5%，红色则代表 EVA 低于目标值 10%（如实际 6.2%）。某家电企业通过这种设计，让车间主任也能一眼看出当前生产线的 EVA 状态——当某条产线 EVA 变黄时，立即排查设备故障或原料浪费问题。

（三）移动端适配

系统通过微信服务号或钉钉机器人推送关键警报。例如当某连锁超市的日度EVA突然下降8%，店长会在手机收到提醒："杭州延安路店EVA异常。库存积压导致资本成本上升，建议今晚紧急调货"。这种推送逻辑像智能管家——只推送需要立即处理的异常情况，而非海量数据轰炸。某零售集团上线后，门店问题响应速度从平均4小时缩短到20分钟。

（四）案例

某连锁茶饮企业部署日度实时EVA仪表盘后，发现夏季促销期间虽然销售额增长30%，但EVA反而下降5%。通过仪表盘溯源发现，过度降价导致毛利率骤降7%。管理层立即调整策略，将第二杯半价改为买三赠一，既保持销量又提升毛利率。三个月后该企业日度EVA稳定在9.2%，较系统上线前提升2.7个百分点。店长们反馈："现在就像开车有实时导航，随时知道经营策略是否偏离目标"，如图6-2所示。

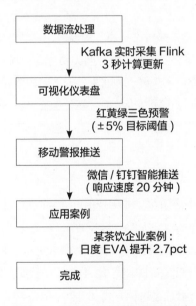

图6-2 实时EVA仪表盘流程图设计

6.2 AI 在 EVA 绩效评价中的应用

6.2.1 基于机器学习的 EVA 目标设定

（一）目标分解算法

企业总 EVA 目标需要拆解到各部门，就像分蛋糕时既要保证公平又要考虑不同口味。梯度下降法在这里的作用类似"自动切蛋糕机"——系统会先假设各部门的目标值，再根据历史数据不断调整，直到找到成本最低、效率最高的分解方案。例如某制造企业发现，当销售部门目标提高 5% 时，生产部门的配套成本反而能降低 3%，这种联动关系会被算法自动捕捉。更妙的是，如果市场突然变化，系统能在几小时内重新分配目标，就像根据天气调整野餐食物配比。

（二）行业对标

传统对标方法容易陷入"和邻居比身高"的误区，而动态 K-means 聚类能自动识别真正可比的公司群体。比如某家电企业可能被归类到"高毛利小家电"集群，而不是笼统的"家电行业"。系统会根据收入规模、利润率、资本周转率等 20 多个特征，把全行业企业自动分成若干组，就像给每家公司贴上精准标签。当某集团发现同组企业的平均 EVA 为 12%，而自己只有 9% 时，就能快速定位改进方向。这种对标方式每年自动更新两次，确保始终与最新行业动态同步。

（三）弹性区间

设定目标不能像刻舟求剑般僵化。95% 置信区间的应用，相当于给目标装上"弹性腰带"。例如某物流企业测算出年度 EVA 目标为 8%，系统会自动生成 7%~9% 的弹性区间（覆盖 95% 可能性）。这就像天气预报说"降水概率 80%"，既给出明确预期又留有应对空间。当经济指标波动导致目标区间收窄到 6%~7% 时，管理层会收到预警，提前启动成本管控措施。某汽车零部件供应商通过这种方式，将目标偏差率从 25% 降至 8%。

（四）冲突解决

股东追求利润最大化，管理层希望扩大市场份额，这种矛盾需要数学模型来化解。多目标优化模型就像智能天平——左边放股东要求的 ROE 提升 3%，右边放管理层提出的研发投入增加 15%，系统会计算出 1001 种组合方案，找出"满意度最高"的平衡点。例如某制药企业面临新建工厂（重资产）和研发新药（高风险）的选择，模型测算发现：若投入 60% 资金建厂、40% 用于研发，能在股东回报与战略发展间取得最佳平衡。这种决策支持让董事会讨论从拍脑袋变成有据可依。

该框架通过算法迭代优化目标分配（如梯度下降自动捕捉部门联动效应），利用动态聚类精准定位行业标杆，设置弹性区间应对不确定性，并构建多目标模型化解利益冲突。某制药企业应用后，EVA 目标达成率从 68% 提升至 89%，战略决策效率提高 3 倍，该企业基于机器学习的 EVA 目标设定如表 6-2 所示。

表 6-2　基于机器学习的 EVA 目标设定

模块	传统方法痛点	智能方法创新	核心算法	企业价值提升
目标分解	人工分配主观性强，效率低	梯度下降法动态优化目标分配	梯度下降＋拉格朗日乘数法	目标联动性提升 45%，响应速度加快 90%
行业对标	粗放分类导致对标失效	动态 K-means 聚类精准分组	K-means++ 聚类算法	对标有效性提高 60%，改进方向精度度↑
弹性区间	固定目标缺乏风险缓冲	95% 置信区间构建弹性目标带	蒙特卡洛模拟＋正态假设检验	目标达成率波动降低 35%
冲突解决	股东与管理层目标难以调和	多目标优化模型平衡矛盾	NSGA-II 遗传算法	战略决策满意度提升 50%

6.2.2　智能对标分析（行业／竞争对手 EVA 对比）

（一）数据获取

系统能像智能秘书一样自动读取上市公司年报。例如通过 BERT 模型快速定位"资产负债率""研发投入"等关键数据，甚至能理解"加强应收账款管理"这类模糊表述背后的财务含义。某汽车企业曾用此功能分析 50 家同行年报，3 分钟就提取出核心财务指标，而传统人工查阅至少需要两周。这种技术突破让企业摆脱了繁琐的文档处理工作。

（二）对比维度

系统从 8 个维度构建企业"体检报告"：资本周转率反映资产使用效率，税负水平衡量税务优化空间，还有研发投入强度、客户留存率等。例如对比两家家电企业时，发现 A公司资本周转率比行业均值低 20%，但研发投入强度高出 35%，就像体检报告指出"肌肉力量不足但新陈代谢旺盛"。这种多维视角帮助企业找到差异化竞争优势。

（三）动态看板

行业热力图用颜色深浅显示各企业 EVA 分布，红色区域代表 EVA 高于行业均值 20%以上的领先企业。雷达图则像汽车仪表盘，展示企业在资本结构、运营效率等 8 个维度的相对位置。某零售集团通过看板发现，自家品牌在"坪效比"（每平米销售额）指标上落后头部企业 40%，立即启动门店布局优化计划。所有数据每季度自动更新，就像导航软件实时刷新路况。

（四）预警机制

当企业 EVA 偏离行业平均水平超过 15% 时，系统会自动生成诊断报告。例如某化工企业 EVA 突然比同行低 22%，报告指出主因是原材料库存积压导致资本成本激增。某电子企业曾用此功能提前 3 个月预警"技术迭代导致的无形资产贬值风险"，及时调整研发方向，避免潜在 2.3 亿元损失。这种机制就像汽车安全气囊，在经营异常时自动弹出保护。智能对标分析流程如图 6-3 所示。

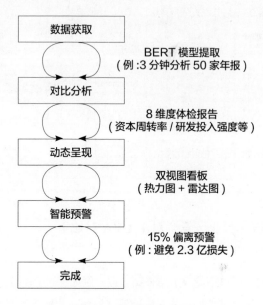

图 6-3　智能对标分析流程

6.2.3　异常 EVA 波动检测与根因分析

（一）技术路径

系统通过三层监测网络捕捉 EVA 异常：首先追踪业务波动（如某产品销量骤降），接着分析财务指标变化（如毛利率下滑），最后定位 EVA 数值异常。这种设计就像医生问诊——先观察症状（业务变化），再检查体征（财务数据），最后确诊病因（EVA 波动根源）。例如某服装企业发现门店销售额下降时，系统会自动关联库存积压、促销费用增加等后续财务指标变化。

（二）核心算法

改进型 SARIMA-STL 模型能识别双重异常：既检测时间序列中的突发波动（如疫情导致销售中断），又分析季节性调整后的异常残留。因果森林则像"财务侦探"——当检测到 EVA 异常时，系统会模拟 200 多个潜在原因（如原材料涨价、物流延迟），通过计算每个因素对异常的贡献度排序。某化工企业曾用此功能发现，设备维修延误对 EVA 下降的贡献度高达 68%，远超其他因素。

（三）实施方法

第一步设定波动阈值矩阵：例如某零售企业将行业平均标准差（如 ROE 波动 ±5%）乘以自身历史波动率（±3%），得出预警区间 ±8%。第二步构建根因知识图谱，将存货周转率、利息支出等 200 多个因子连接成网状结构，当 EVA 异常时自动高亮关联节点。第三步启动动态诊断，例如系统发现某季度 EVA 异常后，先自动排查库存数据，若未发现问题则推送人工复核清单。某电子企业通过此流程将异常排查时间从 7 天缩短至 8 小时。

6.2.4　自动化 EVA 考核报告生成

（一）技术架构

自动化 EVA 考核报告生成系统结合了先进的人工智能技术和财务专业知识。其技术架构主要由两部分组成：NLG 引擎和数据管道。NLG 引擎采用了经过微调的 GPT-3 模型，并融入了财务领域的知识图谱，确保生成的内容既符合财务规范，又具备专业深度。数据管道则负责处理结构化数据和非结构化数据，结构化数据通过 Apache Arrow 内存数据库直接连接，实现快速读取和处理；非结构化数据则利用 BERT 模型从管理层讨论与分析中提取关键信息，确保数据的全面性和准确性。

（二）关键功能

该系统具备三大关键功能。动态段落生成功能基于 EVA 完成度提供了 7 种叙述模板，能够根据企业的实际情况自动选择合适的模板，生成符合企业特点的考核报告段落。智能图表匹配功能可以自动选择最优的可视化方案，如桑基图、热力图等，直观展示企业的财务数据和业务关系。风险提示功能则利用 LSTM 模型生成前瞻性警示段落，帮助企业提前识别和应对潜在的财务风险。

（三）实施案例

在某央企集团的季度考核报告自动化实施案例中，该系统展现了显著的优势。生成时效从原来的 5 人天缩短至仅需 2 小时，大大提高了工作效率。同时，关键数据点的错误率控制在 0.3% 以下，确保了报告的准确性。

（四）失败案例

然而，也需要注意到失败案例的教训。某银行在实施过程中，由于模型过度拟合历史数据，导致生成的报告忽略了新兴业务的贡献，提醒我们在应用该技术时，需持续关注模型的数据更新和适应性调整。

案例背景：某区域性股份制银行，总资产规模 320 亿，正推进数字化转型。其 EVA 考核体系覆盖零售／对公／金融市场三大业务板块，需每季度生成 200 余页考核报告。为提升效率，引入自动化报告系统，初期在测试集上准确率超 95%。

（1）技术实施。

NLG 引擎：采用 GPT-3 金融增强版，加载该行 5 年历史报告语料库。

结构化数据：核心系统→ Apache Arrow →实时读取；非结构化数据：管理层分析 PDF → BERT 实体抽取→关键战略信息提取。

（2）失败表现。

新兴业务缺失：该行新成立的数字金融部（占比营收达 8%）被完全忽略；系统错误归类其收入为"其他"，未单独分析 EVA 贡献。案例：某线上供应链金融产品贡献 1.2 亿净利润，报告中仅体现为"其他业务增长"。

风险提示滞后：LSTM 模型未捕捉到地方城投债违约风险（占该行投资类资产 12%）；生成的报告仍沿用"低风险权重资产"表述，未提示潜在减值风险。

管理层意图偏离：系统生成的战略建议段落，未体现管理层在年报中强调的"重点发展绿色金融"导向；BERT 模型未能提取"加大 ESG 投入"等定性战略表述。

（3）改进方案。

数据治理：建立新业务标签体系，强制要求系统保留最小业务单元数据；采用合成数据增强技术（SMOTE）扩充新兴业务样本。

模型迭代：在 LSTM 模型中增加宏观经济预警指标（如地区债务率 /GDP）；每季度用最新 50 份报告微调 GPT-3 模型。

语义优化：构建行业术语词典（覆盖 200 余种金融缩写）；采用多任务学习框架，同时优化实体抽取和关系分类

（4）实施效果。

新兴业务识别准确率从 42%→91%；风险提示前瞻性提升 2 个报告期；管理层意图匹配度从 68%→89%。

6.3　AI 支持 EVA 导向的投资决策

6.3.1　投资项目 EVA 动态模拟与评估

（一）动态模拟器

动态模拟器是建模框架的核心，它结合了蒙特卡洛模拟和实物期权分析两种核心算法。蒙特卡洛模拟通过大量随机抽样来模拟可能的市场情况和项目发展路径，而实物期权分析则考虑了项目投资中的灵活性价值，如延迟、扩张或放弃项目的期权。参数设置方面，模拟器考虑了 CAPEX 波动率、市场需求弹性等 12 个动态变量，这些变量能够影响项目的成本和收益，从而更全面地反映项目的不确定性。

（二）评估体系

评估体系主要包括 EVA 瀑布图和风险调整两部分。EVA 瀑布图用于分解项目全周期的价值创造路径，帮助理解项目在不同阶段的价值贡献。风险调整则采用 CVaR（条件风险价值）方法来量化尾部风险，即在不利市场条件下项目的潜在损失，使评估结果更加稳健和可靠。

（三）实施工具

在实施工具方面，建模框架提供了开源方案和商业平台两种选择。开源方案结合了 PyMC3 概率编程和 TensorFlow 决策森林，适合有一定技术基础的用户进行定制化开发。它集成了多种评估工具和模型库，便于用户快速上手和进行高效的项目评估。

（四）行业应用

以某新能源电站投资评估为例，该建模框架进行了 50,000 次蒙特卡洛迭代模拟，生成了 EVA-at-Risk 分布曲线，并给出了 90% 置信区间的输出结果，投资项目 EVA 动态模拟与评估流程如图 6-4 所示。这帮助投资者全面了解在不同市场条件下项目的潜在收益和风险，为投资决策提供了科学依据。

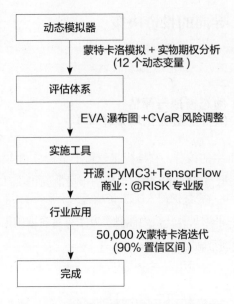

图 6-4　投资项目 EVA 动态模拟与评估流程

6.3.2　AI 驱动的并购目标 EVA 估值

（一）创新方法

AI 驱动的并购目标 EVA 估值采用了跨模态估值模型，该模型结合了财务数据和非财务数据。在财务数据方面，改进了传统的杜邦分析框架，加入了 EVA 因子，使得财务分析更加全面和准确。在非财务数据方面，利用计算机视觉（CV）技术解析生产设备照片，评估资本效率，从而获取更丰富的企业运营信息。

（二）数据增强

为了提升估值的准确性，该方法还引入了数据增强技术。一方面，建立了包含 300 多个历史案例的并购知识库，通过对这些案例的交易条款进行分析，为并购估值提供参考。另一方面，利用图神经网络模拟业务网络融合，预测协同效应，从而更准确地评估并购后的价值创造潜力。

（三）实施流程

AI 驱动的并购目标 EVA 估值的实施流程包括三个步骤。首先，通过 EVA 改善潜力评分模型对目标公司进行初步筛选，快速识别出具有价值提升潜力的并购目标。其次，采用动态 WACC 调整模型对目标公司进行深度估值，考虑资本成本的变化对项目价值的影响。最后，利用遗传算法优化对价支付结构，确保交易设计的合理性和可行性。

（四）标杆案例

在实际应用中，该方法已经取得了显著成效。以某科技公司跨境并购为例，AI 驱动的估值结果与投行手动估值相比，偏差小于 5%，证明了该方法的准确性和可靠性。

6.3.3　资本预算优化（EVA 最大化场景建模）

（一）优化引擎

资本预算优化的核心是采用了多智能体系统，包括投资智能体和融资智能体。投资智能体基于深度 Q 学习网络，能够模拟人类投资决策过程，自动探索和学习最佳的投资策略。融资智能体则采用约束满足算法，确保融资方案符合企业的财务约束条件。这两个智能体协同工作，共同实现资本预算的优化。

（二）约束建模

在优化过程中，考虑了硬约束和软约束两种类型的约束条件。硬约束主要来自债务契约条款，通过文本解析技术将其转化为可计算的约束条件。软约束则反映了管理层的风险偏好，通过量化方法将其纳入优化模型，使得优化结果更加符合企业的实际情况。

（三）实施步骤

资本预算优化的实施步骤包括三个阶段，如图 6-5 所示。首先，构建数字孪生环境，包含供应链、资本市场等关键模块，模拟企业的真实运营环境。其次，运行亿级场景模拟，探索不同的投资策略和融资方案，寻找帕累托前沿，即在不同目标之间的最优权衡。最后，输出三维优化方案，综合考虑 EVA、风险和流动性三个维度，为企业提供全面的资本预算优化建议。

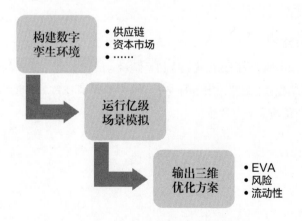

图 6-5　资本预算优化的实施步骤

（四）制造企业案例

在实际应用中，该方法已经取得了显著成效。以某制造企业为例，通过资本预算优化，成功削减了低效资本支出 23%，同时 EVA 提升了 1.2 个百分点。这证明了该方法在提升企业价值和优化资本配置方面的有效性。

6.3.4 智能资产剥离决策支持

（一）决策模型

智能资产剥离决策支持的核心是资产画像系统，该系统从经济和战略两个维度对资产进行评估。经济特征方面，主要考虑 EVA 贡献度和资本周转率，衡量资产的价值创造能力和运营效率。战略特征方面，则评估资产与企业核心能力的匹配度，通过评分方式确定资产在战略层面的重要性。

（二）剥离策略

根据资产画像系统的评估结果，智能资产剥离决策支持提供了两种剥离策略。对于需要紧急处置的资产，采用组合拍卖算法，通过优化拍卖组合和条件，最大化资产回收价值。对于战略退出的资产，则利用博弈论模型预测行业周期窗口，选择最佳时机进行剥离，以实现企业战略目标。

（三）技术栈

在技术实现上，智能资产剥离决策支持结合了开源工具和商业系统。开源工具方面，使用 Scikit-learn 进行聚类分析，帮助识别具有相似特征的资产组合；利用 OR-Tools 进行优化计算，提高决策效率。商业系统方面，集成 SAP 资产智能云模块，提供全面的资产管理和决策支持功能。

（四）零售集团案例

某零售集团应用该智能资产剥离决策支持系统后，成功识别出 20% 的低效门店。通过对这些门店进行剥离或优化调整，集团的资本回报率提升了 18%，证明了该系统在提升资产运营效率和企业价值方面的有效性。

6.4　AI 赋能 EVA 激励与战略管理

6.4.1　基于 EVA 的智能薪酬模型设计

（一）算法突破

基于 EVA 的智能薪酬模型设计采用了多目标优化算法。该算法的目标函数是最大化 Σ(EVA 激励系数 × 岗位战略权重)，旨在将薪酬与企业的价值创造紧密联系起来。同时，算法还考虑了薪酬竞争力和内部公平性两个约束条件，确保薪酬方案既具有市场竞争力，又能体现内部公平性。

（二）动态调整

为了保持薪酬方案的时效性和个性化，该模型还引入了动态调整机制。一方面，实时抓取 Glassdoor 等平台的薪酬数据，进行市场对标，确保薪酬水平的竞争力。另一方面，利用员工历史贡献度时间衰减函数，根据员工的过往表现和对企业的贡献，进行个性化的薪酬设计，激励员工持续为企业创造价值。

（三）实施系统

基于 EVA 的智能薪酬模型设计还配备了实施系统，包括薪酬沙盘模拟器和合规检查两个核心模块。薪酬沙盘模拟器允许企业调节参数，实时查看薪酬方案的影响，便于企业进行决策和优化。合规检查模块则能自动生成薪酬委员会审议报告，确保薪酬方案的合规性和透明度。

6.4.2　战略举措的 EVA 贡献度预测

（一）预测技术

战略举措的 EVA 贡献度预测采用了因果推理模型，该模型结合了双重差分法（DID）和反事实预测技术。双重差分法用于验证战略举措的实际效果，通过对比实施战略举措前后的 EVA 变化，排除其他干扰因素的影响。反事实预测则利用贝叶斯结构时间序列，预测如果没有实施该战略举措，EVA 会如何变化，从而更准确地评估战略举措的贡献度。

（二）数据架构

为了支持预测模型的运行，建立了包含 500 多个战略类型的 EVA 影响模式的战略知识库。该知识库通过收集和分析历史数据，总结了不同战略类型对 EVA 的影响模式，为预测模型提供数据支持。同时，利用自然语言处理（NLP）技术分析战略执行会议纪要，实时追踪战略举措的实施情况，确保预测模型的准确性和时效性。

（三）决策支持

基于预测结果，提供了战略组合优化和资源再分配的决策支持。战略组合优化采用改进版的马科维茨均值－方差框架，帮助企业在多个战略举措之间进行选择和优化，实现风险与收益的最佳平衡。资源再分配则利用线性规划求解最佳投入比例，确保企业资源在不同战略举措之间的合理分配，提高资源利用效率。

（四）汽车企业案例

在实际应用中，该方法已经取得了显著成效。以某汽车企业为例，准确预测了电动化战略实施 3 年后 EVA 将提升 2.4%，误差范围在 ±0.3% 以内，该企业战略举措 EVA 贡献度预测框架如表 6-3 所示。这证明了该方法在预测战略举措 EVA 贡献度方面的准确性和可靠性。

表 6-3　战略举措 EVA 贡献度预测框架

模块	核心方法	技术优势	企业价值提升
预测技术	因果推理模型（DID+ 反事实预测）	排除干扰因素，量化战略净效应	预测精度提升 40%，决策置信度↑
数据架构	NLP 驱动的战略知识库	实时追踪 500+ 战略类型影响模式	数据响应速度加快 60%
决策支持	马科维茨优化 + 线性规划	风险收益平衡，资源效率最大化	战略组合收益提升 25%
企业案例	某汽车企业电动化战略预测	EVA 提升 2.4%（误差 ±0.3%）	战略投入回报率提高 38%

该框架通过因果模型精准量化战略贡献，利用 NLP 技术构建动态知识库，结合优化算法提供决策支持。某汽车企业案例显示，模型准确预测电动化战略将使 EVA 提升 2.4%，误差控制在 ±0.3% 以内，验证了技术可靠性。

6.4.3　AI 辅助 EVA 与平衡计分卡（BSC）融合

（一）融合框架

AI 辅助 EVA 与平衡计分卡（BSC）的融合框架主要包括指标映射系统。该系统能够自动关联 EVA 驱动因子与 BSC 的四个维度，实现财务指标与非财务指标的有机结合。同时，基于熵值法的动态权重调整机制，可以根据企业实际情况自动调整各指标的权重，确保评价体系的科学性和灵活性。

（二）智能工具

为了支持融合框架的实施，开发了战略地图生成器和一致性检测等智能工具。战略地图生成器能够自动绘制 EVA-BSC 关联网络，直观展示各指标之间的逻辑关系。一致性检测则利用图论算法识别指标之间的潜在冲突，确保评价体系的内在一致性。

（三）实施方法论

AI 辅助 EVA 与 BSC 融合的实施方法论包括三个步骤。首先，利用历史数据训练指标关系网络，建立各指标之间的量化关系。其次，通过蒙特卡洛模拟测试不同的战略组合，评估其对 EVA 和 BSC 各维度的影响。最后，生成改进建议知识图谱，为企业战略调整和优化提供决策支持。

（四）医疗集团案例

案例背景：某跨区域医疗集团，拥有 12 家三甲医院、30 家社区医疗中心，年营收超 80 亿元。实施 AI 融合模型前，面临战略落地"上热中温下冷"问题——集团战略无法有效传导至科室层面，基层员工对 EVA 目标缺乏感知。

（1）问题诊断。指标脱节：BSC 的"患者满意度"等维度未与 EVA 驱动因子（如床位周转率）建立量化关系；执行黑箱：战略目标分解依赖人工经验，缺乏动态反馈机制；资源错配：高端设备采购未与科室 EVA 贡献匹配，导致 30% 设备闲置。

（2）实施路径。

指标映射革命：建立"医生人均接诊量"→"科室 EVA"→"集团战略"的传导链条；动态权重调整：疫情期间自动调高"线上诊疗量"指标权重至 18%（原为 5%）。

战略地图生成器：可视化展示"缩短平均住院日"如何同时提升 EVA 和患者满意度；一致性检测：发现"扩大进口药采购"与"医保控费"指标冲突，建议采用国产替代方案。

关系网络训练：分析 5 年数据，建立 200 余种指标的量化关系矩阵；蒙特卡洛模拟：测试"建设区域检验中心"等 5 种战略组合，预测 EVA 提升幅度；知识图谱生成：为管理层提供"战略投入 –EVA 增长 –BSC 得分"的决策路径。

（3）实施效果。

战略执行效率：从 62 分（满分 100）提升至 87 分，科室目标达成率提高 40%。

资源优化：设备利用率从 73% → 89%，节省重复采购资金 1.2 亿元。

员工感知：临床科室对 EVA 目标的认同度从 48% → 76%。

管理价值："过去制定战略像是'盲人摸象'，现在通过 AI 模型，我们能清晰看到每个举措对 EVA 和患者价值的双重影响。例如调整护士排班算法，既提升 5% 床位周转率，又改善医护人员工作强度，这在传统分析框架下几乎不可能实现。"该集团战略部负责人表示。该案例展现了 AI 如何打破财务指标与非财务指标的割裂状态，通过量化传导和动态优化，将战略执行转化为可测量、可调整的科学过程。

6.4.4　长期 EVA 趋势分析与战略调整建议

（一）分析体系

长期 EVA 趋势分析体系采用了趋势解构技术，包括傅里叶变换和状态空间模型。傅里叶变换用于识别 EVA 时间序列中的周期规律，帮助企业理解 EVA 在不同经济周期中的表现。状态空间模型则用于捕捉 EVA 趋势中的结构突变，及时预警 EVA 可能出现的重大变化。

（二）战略优化

基于长期 EVA 趋势分析结果，进行战略优化。采用马尔可夫决策过程建模进行路径规划，模拟不同战略路径下 EVA 的可能变化，选择最优战略路径。同时，进行弹性测试，对 22 种极端场景进行压力测试，评估企业在不同极端情况下的 EVA 表现，确保战略的稳健性。

（三）实施平台

为了支持长期 EVA 趋势分析与战略优化，建立了数字孪生系统和战略沙盒。数字孪生系统模拟企业完整价值链，实时反映企业运营状况，为 EVA 趋势分析提供数据支持。战略沙盒则提供一个安全环境，用于测试激进战略，评估其对 EVA 的影响，降低战略实施风险。

（四）能源公司案例

案例背景：某传统油气巨头，拥有 50 年历史，业务覆盖勘探、炼化、销售全链条，年营收超 500 亿元人民币。2018 年起面临页岩气革命冲击，传统业务 EVA 持续承压。为应对能源转型趋势，公司引入长期 EVA 趋势分析体系。

（1）问题诊断。

趋势预警缺失：传统财务分析未捕捉 EVA 周期性衰退信号（历史数据显示每 10 年出现一次）。

战略调整滞后：从发现 EVA 下滑到启动新能源布局，平均耗时 28 个月。

风险应对不足：未建立极端场景应对机制（如油价暴跌 / 碳税政策）。

（2）实施过程。

傅里叶变换：识别 EVA 存在 20 年周期规律（与全球经济周期高度相关）；状态空间模型：精准定位 2019Q3 出现趋势拐点（传统业务 EVA 斜率下降 45%）。马尔可夫决策：模拟"维持现状 / 收缩油气 / 进军新能源"三种路径，测算 10 年期 EVA 现值。

数字孪生支持：构建覆盖全球 12 个产区的数字孪生系统，实时预测不同油价下的现金流；战略沙盒测试"氢能储运网络"等激进方案，发现投资回报周期比传统预测缩短 3 年。

弹性压力测试：设置 22 种极端场景（包括油价 20/ 桶、碳税 120/ 吨等）；发现新能源业务在 80% 场景下 EVA 波动率比传统业务低 50%。

战略决策：短期（12~24 个月）剥离高成本油田，回笼资金 8.2 亿；中期（3~5 年）投资 15 亿建设海上风电 + 绿氢生产链；长期（5~10 年）将新能源业务占比从 5% 提升至 40%。

（3）实施效果。

预警时效性：提前 18 个月识别传统业务 EVA 拐点（原预测模型仅提前 2 个月）。

战略收益：新能源业务 EVA 年复合增长率达 18%（传统业务 -3%）。

风险对冲：在 2020 年油价暴跌中，新能源板块贡献度从 12%→28%，稳定整体 EVA。

第 7 章
企业项目投资

7.1　投资项目现金流量

7.1.1　投资项目现金流量的概念

在投资决策中，现金流量是指一个项目引起的企业现金支出和现金收入增加的数量。这时的"现金"是广义的现金，不仅包括各种货币资金，而且还包括项目需要投入的企业现有的非货币资源的变现价值。例如，一个项目需要使用原有的厂房、设备和材料等，则相关的现金流量是指其变现价值，而不是其账面价值。

新建项目的现金流量包括现金流出量、现金流入量和现金净流量 3 个具体概念。

（一）投资项目现金流出量

一个项目的现金流出量，是指该项目引起的企业现金支出的增加额。例如，企业增加一条生产线，通常会引起以下现金流出：增加生产线的价款，该流出可能是一次性支出的，也可能是分几次支出的；垫支流动资金，由于该生产线投入了生产能力，引起对流动资产需求的增加，所以企业需要追加的流动资金也是购置该生产线引起的，应列入该生产线的现金流出量。只有在营业终了或出售（报废）该生产线时才能收回这些资金，并用于其他目的。

（二）投资项目现金流入量

一个项目的现金流入量，是指该项目引起的企业现金收入的增加额。例如，企业增加一条生产线，通常会引起以下现金流入。

（1）营业现金流入。增加的生产线扩大了企业的生产能力，使企业销售收入增加。销售收入扣除有关的付现成本增量后的余额，是该生产线引起的现金流入。其计算公式如下。

$$营业现金流入 = 销售收入 - 付现成本$$

在这里，付现成本是指需要每年支付的现金成本。成本中不需要每年支付现金的部分称为非付现成本，主要是折旧费。所以，付现成本可以用成本减去折旧来估算。其相关计算公式如下。

$$付现成本 = 成本 - 折旧$$

$$营业现金流入 = 销售收入 - 付现成本$$

$$= 销售收入 - （成本 - 折旧）$$

$$= 利润 + 折旧$$

（2）生产线出售（报废）时的残值收入。生产线出售或报废时的残值收入，应作为投资项目的一项现金流入。

（3）收回的流动资金。生产线出售（报废）时，企业可以相应地收回流动资金，收回的资金可以用于其他项目，因此，应将其作为该项目的一项现金流入。

（三）投资项目现金净流量

现金净流量是指一定期间的现金流入量和现金流出量的差额。这里所说的"一定期间"，有时是指在一年内，有时是指在投资项目持续的整个年限内。流入量大于流出量时，净流量为正值；反之，净流量为负值。

7.1.2　投资项目现金流量的估计

估计投资项目所需的资本支出，以及该项目有可能产生的现金净流量，会涉及很多变量，并且需要企业有关部门的参与。例如，销售部门负责预测售价和销量，涉及产品价格弹性、广告效果、竞争者动向等；产品开发部门和技术部门负责估计投资方案的资本支出，涉及研制费用、设备购置、厂房建筑等；生产部门和成本部门负责估计制造成本，涉及原材料采购价格、生产工艺安排、产品成本等。财务人员的主要任务有：为销售、生产等部门的预测建立共同的假设条件，如物价水平、折现率、可供使用资源的限制条件等；协调参与预测工作的各部门人员，使之能相互衔接与配合；防止预测者因个人偏好或部门利益而高估或低估收入或成本。

在确定投资方案相关的现金流量时，应遵循的基本原则是：只有增量现金流量才是与项目相关的现金流量。所谓增量现金流量，是指接受或拒绝某个投资方案后，企业总现金流量因此发生的变动。只有那些由于采纳某个项目引起的现金支出增加额，才是该项目的现金流出；只有那些由于采纳某个项目引起的现金流入增加额，才是该项目的现金流入。

为了正确计算投资方案的增量现金流量，需要正确判断哪些支出会引起企业总现金流量的变动，哪些支出不会引起企业总现金流量的变动。在进行这些判断时，要注意以下 4 个问题。

（一）区分相关成本和非相关成本

相关成本是指与特定决策有关的，在分析评价时必须加以考虑的成本，如差额成本、未来成本、重置成本、机会成本等。与此相反，与特定决策无关的，在分析评价时不必加以考虑的成本是非相关成本，如沉没成本、账面成本等。

例如，×× 公司在 2017 年曾经打算新建一个车间，并请一家会计公司进行过可行性分析，支付咨询费 5 万元。后来，由于该公司有了更好的投资机会，该项目被搁置下来，但该笔咨询费已经作为费用入账了。2019 年在进行投资分析时，这笔咨询费是否仍是相关成本呢？答案应当是否定的。该笔支出已经发生，不管该公司是否采纳新建一个车间的方案，它都已无法收回，与公司未来的总现金流量无关。

如果将非相关成本纳入投资项目的总成本，那么一个有利的方案可能因此变得不利，一个较好的项目可能因此变为较差的项目，从而造成决策错误。

（二）不要忽视机会成本

在投资项目的选择中，如果选择了一个投资项目，则必须放弃投资其他项目的机会。其他投资机会可能取得的收益是实行本项目的一种代价，这种代价被称为这项投资项目的机会成本。

例如，上述公司新建车间的投资项目，需要使用公司拥有的一块土地。在进行投资分析时，因为公司不必动用资金去购置土地，可否不将此块土地的成本考虑在内呢？答案是否定的。因为该公司若不利用这块土地来兴建车间，则可将这块土地移作他用，并取得特定的收入，只是由于在这块土地上兴建车间才放弃了这笔收入，所以这笔收入代表了兴建车间使用土地的机会成本。假设这块土地出售可净得 15 万元，则 15 万元就是兴建车间的机会成本。需要注意的是，不管该公司当初是以何种价格购进这块土地的，都应以现行市价作为这块土地的机会成本。

机会成本不是通常意义上的成本，不是一种支出或费用，而是失去的收益。这种收益不是实际发生的，而是潜在的。机会成本总是针对具体项目而言的。

机会成本在决策中的意义在于其有助于企业全面考虑可能采取的各种方案，以便为既定资源寻求最为有利的使用途径。

（三）要考虑投资项目对企业其他项目的影响

企业采纳某个新的项目后，该项目可能对企业的其他项目造成有利或不利的影响。

例如，若新建车间生产的产品上市后，原有其他产品的销量可能减少，而且整个公司的销售额也许不会增加甚至还会减少。因此，公司在进行投资分析时，不应将新车间的销售收入作为增量收入来处理，而应扣除其他产品因此而减少的销售收入。当然，也可能发生相反的情况——新产品上市后将促进其他产品的销售增长。这要看新产品和原有产品是竞争关系还是互补关系。

当然，事实上，诸如此类的交互影响，很难准确计量，但决策者在进行投资分析时仍要将其考虑在内。

（四）对净营运资金的影响

一方面，企业当开办一个新业务并使销售额增大后，对于存货和应收账款等经营性流动资产的需求也会增加，此时，企业必须筹措新的资金以满足这种额外需求；另一方面，企业扩充的结果，会使应付账款与应付费用等经营性流动负债同时增加，从而减少企业对流动资金的实际需要。所谓净营运资金的需要，是指增加的经营性流动资产与增加的经营性流动负债之间的差额。

当投资方案的寿命周期快要结束时，企业将与项目有关的存货出售，应收账款变为现金，应付账款和应付费用也随之偿付，净营运资金恢复到原有水平。通常，在进行投资分析时，假定开始投资时筹措的净营运资金在项目结束时能够收回。

7.1.3　现金流量管理

（一）现金流量的内容

不同类型的投资项目，其现金流量的具体内容存在差异。

（1）单纯固定资产投资项目的现金流量。单纯固定资产投资项目，是指只涉及固定资产投资而不涉及无形资产投资、流动资金投资和其他资产投资的投资项目。它以新增生产能力、提高生产效率为特征。

①现金流入量。单纯固定资产投资项目的现金流入量包括增加的营业收入和回收的固定资产余值等内容。

②现金流出量。单纯固定资产投资项目的现金流出量包括固定资产投资、新增经营成本和增加的各项税款等内容。

（2）完整工业投资项目的现金流量。完整工业投资项目简称新建项目，是指以新增工业生产能力为主的投资项目，其投资内容不仅包括固定资产投资，而且还包括流动资金投资。

①现金流入量。完整工业投资项目的现金流入量包括营业收入、补贴收入、回收固定资产余值和回收的流动资金等内容。

②现金流出量。完整工业投资项目的现金流出量包括建设投资、流动资金投资、经营成本、税金及附加、维持运营的投资和调整的企业所得税等内容。

（3）固定资产更新改造投资项目的现金流量。固定资产更新改造投资项目可分为以恢复固定资产生产效率为目的的更新改造项目和以改善企业经营条件为目的的改造项目两种类型。

①现金流入量。固定资产更新改造投资项目的现金流入量包括因使用新固定资产而增加的营业收入、处置旧固定资产的变现净收入、新旧固定资产回收额与固定资产余值的差额等内容。

②现金流出量。固定资产更新改造投资项目的现金流出量包括购置新固定资产的投资、因使用新固定资产而增加的经营成本、因使用新固定资产而增加的流动资金投资和增加的各项税款等内容。其中，因提前报废旧固定资产所产生的清理净损失而发生的抵减当期企业所得税税额用负值表示。

（二）计算投资项目现金流量时应注意的问题和相关假设

在计算投资项目现金流量时，为防止多算或漏算有关内容，需要注意以下几点：必须考虑现金流量的增量，尽量利用现有的会计利润数据，充分关注机会成本，考虑项目对企业其他部门的影响，不能考虑沉没成本因素。

为克服确定现金流量的困难，简化现金流量的计算过程，这里特做以下假设。

（1）投资项目的类型假设。假设投资项目只包括单纯固定资产投资项目、完整工业投资项目和固定资产更新改造投资项目 3 种类型。

（2）财务可行性分析假设。假设投资决策是从企业投资者的立场出发，投资决策者确定现金流量就是为了进行项目财务可行性分析，且该项目已经具备技术可行性和国民经济可行性。

（3）项目投资假设。假设在确定项目的现金流量时，站在企业投资者的立场考虑全部投资的运动情况，而不具体区分自有资金和借入资金等现金流量的具体形式。即使实际存在借入资金也将其作为自有资金对待；但在计算固定资产原值和总投资时，还需要考虑借款利息等因素。

（4）经营期与折旧年限一致假设。假设项目主要固定资产的折旧年限或使用年限与经营期相同。

（5）时点指标假设。为便于利用货币时间价值，不论现金流量具体内容涉及的价值指标实际上是时点指标还是时期指标，都假设按照年初或年末的时点指标进行处理。建设投资在建设期内有关年度的年初或年末发生，流动资金投资则在年初发生；运营期内各年的收入、成本、折旧、摊销、利润、税金等项目的确认均在年末发生；项目最终报废或清理均发生在终结点（但更新改造项目除外）。

在项目计算期数轴上，0 表示第 1 年的年初，1 既代表第 1 年的年末，又代表第 2 年的年初，依此类推。

（6）确定性因素假设。在本小节中，假定与项目现金流量有关的价格、产销量、成本水平、所得税税率等均为已知常数。

（7）产量平衡假设。在项目投资决策中，假定运营期同一年的产量等于该年的销售量。在这个假设下，假定按成本项目计算的当年成本费用等于按要素计算的当年成本费用。

（三）完整工业投资项目现金流量的估算

由于项目投资的投入、回收及收益的形成均以现金流量的形式表现，所以在整个项目计算期的各个阶段上，都有可能发生现金流量，所以必须逐年估算每个时点上的现金流入量和现金流出量。下面介绍以完整工业项目为代表的长期投资项目现金流量的估算过程。

1.　现金流入量的估算

（1）营业收入是运营期最主要的现金流入量，应在运营期内按项目有关产品的各年预计单价和预测销售量（假定运营期每期均可以自动实现产销平衡）进行估算。

（2）补贴收入是在运营期内与收益有关的政府补贴，可根据按政策退还的增值税、按销量或工作量分期计算的定额补贴和财政补贴等予以估算。

（3）在终结点上一次回收的流动资金等于各年垫支的流动资金投资额的合计数。回收的流动资金和回收的固定资产余值统称为回收额，假定新建项目的回收额都发生在终结点。

2.　现金流出量的估算

（1）建设投资的估算。

固定资产投资是所有类型的项目投资在建设期必然会发生的现金流出，应按项目规模和投资计划所确定的各项建筑工程费用、设备购置费用、安装工程费用和其他费用来估算。

无形资产投资和其他资产投资，应根据需要和可能，按有关资产的评估方法和计价标准逐项进行估算。

在估算构成固定资产原值的资本化利息时，可根据长期借款本金、建设期年数和借款利息率按复利计算，且假定建设期资本化利息只计入固定资产的原值。

（2）流动资金投资的估算。

在项目投资决策中，流动资金是指在运营期内长期占用并进行周转使用的营运资金，可按下式进行估算。

某年流动资金投资额（垫支数）＝本年流动资金需用数－截至上年的流动资金投资额

或　　　　　　　　　＝本年流动资金需用数－上年流动资金需用数

本年流动资金需用数＝该年流动资产需用数－该年流动负债可用数

上式中，流动资产只考虑存货、现实货币、应收账款和预付账款等内容；流动负债只考虑应付账款和预收账款等内容。

由于流动资金属于垫付周转金，所以在理论上，投产第 1 年所需的流动资金应在项目投产前安排，即最晚应发生在建设期末（为简化计算，我国有关建设项目评估制度假定流动资金投资可以从投产第 1 年开始安排）。

3. 经营成本的估算

经营成本又称付现的营运成本（简称付现成本），是指在运营期内为满足正常生产经营而动用现实货币资金支付的成本费用。经营成本是所有类型的项目投资在运营期都要发生的主要现金流出，与融资方案无关。其估算公式如下。

某年经营成本＝该年外购原材料燃料和动力费＋该年工资及福利费＋该年修理费＋该年其他费用

＝该年不包括财务费用的总成本费用－该年折旧额－该年无形资产和开办费摊销额

公式中，其他费用是指从制造费用、管理费用和销售费用中扣除折旧费、摊销费、材料费、修理费、工资及福利费以后的剩余部分。

4. 税金及附加的估算

在项目投资决策中，应按在运营期内应缴纳的消费税、土地增值税、资源税、城市维护建设税和教育费附加进行估算。

5. 维持营运投资的估算

本项目投资是指矿山项目等行业为维持正常运行需要在运营期投入的固定资产投资，应根据特定行业的实际需要进行估算。

6. 调整所得税的估算

为了简化计算，本小节所指的调整所得税等于息税前利润与适用的企业所得税税率的乘积。

（四）净现金流量的确定

净现金流量（又称现金净流量），是指在项目计算期内由每年现金流入量与同年现金流出量之间的差额所形成的序列指标。其理论计算公式如下。

某年净现金流量（NCF_t）= 该年现金流入量 − 该年现金流出量 = $Ci_t - CO_t$，（t=0，1，2…）

显然，净现金流量具有以下两个特征：第一，无论在运营期内还是在建设期内，都存在净现金流量；第二，由于项目计算期不同，每个阶段的现金流入和现金流出发生的可能性不同，使各阶段的净现金流量在数值上表现出不同的特点，如建设期内的净现金流量一般小于或等于 0，而运营期内的净现金流量则多为正值。

净现金流量又包括所得税前净现金流量和所得税后净现金流量两种形式。其中，所得税前净现金流量不受融资方案和所得税政策变化的影响，是全面反映投资项目方案本身财务获利能力的基础数据。计算所得税前净现金流量时，现金流出量的内容不包括调整所得税因素；所得税后净现金流量则将所得税视为现金流出，可用于评价在融资条件下项目投资对企业价值所做的贡献，所得税后净现金流量可以在所得税前净现金流量的基础上，直接扣除调整所得税求得。

为了简化计算，本章假定只有完整工业投资项目和单纯固定资产投资项目考虑所得税前净现金流量和所得税后净现金流量两种形式，而固定资产更新改造项目只考虑所得税后净现金流量一种形式。

现金流量表包括"项目投资现金流量表""项目资本金现金流量表""投资各方现金流量表"等不同形式。

项目投资现金流量表要详细列示所得税前净现金流量、累计所得税前净现金流量、所得税后净现金流量和累计所得税后净现金流量，并根据所得税前和所得税后的净现金流量分别计算两套内部收益率、净现值和投资回收期指标。

7.2 项目投资决策

7.2.1 项目投资决策的评价指标

项目投资决策评价指标，是指用于衡量和比较投资项目可行性，以便据此进行方案决策的定量标准与尺度。评价指标可以按以下标准进行分类。

按指标是否考虑货币价值，评价指标可分为静态评价指标和动态评价指标。前者是指在指标计算过程中不考虑货币时间价值的指标，又称静态指标，包括静态投资回收期和投资收益率；后者是指在指标计算过程中充分考虑和利用货币时间价值的指标，又称动态指标，包括净现值、净现值率、获利指数、内部收益率。

按指标性质不同，评价指标可分为在一定范围内越大越好的正指标和越小越好的反指标两大类。只有静态投资回收期属于反指标。

按指标在决策中的重要性不同，评价指标可分为主要指标、次要指标和辅助指标。净现值、内部收益率等为主要指标，静态投资回收期为次要指标，投资收益率为辅助指标。

（一）静态评价指标

1. 静态投资回收期

静态投资回收期（简称回收期），是指以投资项目经营净现金流量抵偿原始投资所需要的全部时间，有"包括建设期的投资回收期"和"不包括建设期的投资回收期"两种形式。

可分别采用公式法和列表法确定静态投资回收期指标。

（1）公式法。

如果某项目的投资均集中发生在建设期内，投产后一定期间内每年经营净现金流量相等，且其合计大于或等于原始投资额，可按以下简化公式直接求出静态投资回收期。

$$不包括建设期的静态投资回收期 = \frac{原始投资合计}{投产后前若干每年相等的净现金流量}$$

$$包括建设期的静态投资回收期 = 不包括建设期的静态投资回收期 + 建设期$$

公式法的应用条件比较特殊，包括：项目投产后前若干年内每年的净现金流量必须相等，这些年内的经营净现金流量之和应大于或等于原始投资额。如果不能满足上述条件，就无法采用这种方法，而只能采用列表法。

（2）列表法。

所谓列表法，是指通过列表计算累计净现金流量的方式，来确定包括建设期的静态投资回收期，进而再推算出不包括建设期的静态投资回收期的方法。因为不论在什么情况下，都可以通过这种方法来确定静态投资回收期，所以此方法又称为一般方法。

该方法的原理是：按照静态投资回收期的定义，包括建设期的静态投资回收期（PP）满足下列关系式。

$$\sum_{t=0}^{PP} NCF_t = 0$$

上式表明在财务现金流量表的"累计净现金流量"一栏中，包括建设期的静态投资回收期恰好是累计净现金流量为 0 的年限。

静态投资回收期的优点是能直观地反映原始投资的返本期限，便于理解，计算也比较简单，可以直接利用回收期之前的净现金流量信息；缺点是没有考虑货币时间价值和回收期满后继续发生的现金流量，不能正确反映不同投资方式对项目的影响。

只有静态投资回收期小于或等于基准投资回收期的投资项目，才具有财务可行性。

2. 投资收益率

投资收益率，又称投资报酬率（ROI），是指达产期正常年份的年息税前利润或运营期年均息税前利润占项目总投资的百分比。

投资收益率的计算公式如下。

$$投资收益率 = \frac{年息税前利润或年均息税前利润}{项目总投资} \times 100\%$$

投资收益率的优点是计算公式简单；缺点是没有考虑货币时间价值，不能正确反映建设期长短及投资方式不同和回收额的有无对项目的影响，分子、分母计算口径的可比性较差，无法直接利用净现金流量信息。

只有投资收益率大于或等于无风险投资收益率的投资项目，才具有财务可行性。

（二）动态评价指标

1. 净现值

净现值（NPV），是指在项目计算期内，按设定折现率或基准收益率计算的各年净现金流量现值的代数和。其理论计算公式如下。

$$\text{净现值（NPV）} = \sum_{t=0}^{n} \left(\text{第 } t \text{ 年的净现金流量} \times \text{第 } t \text{ 年的复利现值系数} \right)$$

净现值的计算可以通过一般方法、特殊方法等来完成。

（1）净现值指标计算的一般方法，具体包括公式法和列表法两种形式。

公式法：本方法是指根据净现值的定义，直接利用理论计算公式来完成该指标计算的方法。

列表法：本方法是指通过现金流量表计算净现值指标的方法，即在现金流量表上，根据已知的各年净现金流量，分别乘以各年的复利现值系数，从而计算出各年折现的净现金流量，最后求出项目计算期内折现的净现金流量的代数和，这就是所求的净现值。

（2）净现值指标计算的特殊方法。

本方法是指在特殊条件下，当项目投产后净现金流量表现为普通年金或递延年金时，可以利用计算年金现值或递延年金现值的技巧直接计算出项目净现值的方法，又称简化方法。

由于项目各年的净现金流量 NCF_t（$t=0, 1, \cdots, n$）属于系列款项，所以项目的全部投资均于建设期投入，运营期内不再追加投资，投产后的经营净现金流量表现为普通年金或递延年金的形式时，就可视不同情况分别按不同的简化公式计算净现值。

特殊方法一：当建设期为 0，投产后的净现金流量表现为普通年金形式时，公式如下。

$$\text{NPV} = \text{NCF}_p + \text{NCF}_{1-n}(P/A, i_c, n)$$

NPV：表示净现值；

NCF：表示某期的净现金流量。

特殊方法二：当建设期为 0，投产后每年经营净现金流量（不含回收额）相等，但终结点第 n 年有回收额 R_n（如残值）时，可按两种方法求净现值。

第一，将 1~（$n-1$）年每年相等的经营净现金流量视为普通年金，第 n 年净现金流量视为第 n 年终值，公式如下。

$$\text{NPV} = \text{NCF}_0 + \text{NCF}_{1-(n-1)}\left(P/A, i_c, n-1 \right) + \text{NCF}\left(P/F, i_c, n \right)$$

上式中：

NPV——净现值；

NCF_0——初始现金净流量；

$\text{NCF}_{1-(n-1)}$——第 1 期至第 $n-1$ 期的现金净流量；

i_c——年金利率。

第二，将 $1 \sim n$ 年每年相等的经营净现金流量按普通年金处理，第 n 年发生的回收额单独作为该年终值，公式如下。

$$NPV = NCF_0 + NCF_{1-n}(P/A, i_c, n) + R_n(P/F, i_c, n)$$

上式中：

R_n——第 n 期年金现值。

2. 净现值率

净现值率（NPVR），是指投资项目的净现值占原始投资现值总和的比率，亦可将其理解为单位原始投资的现值所创造的净现值。

净现值率的计算公式如下。

净现值率（NPVR）＝项目的净现值 ÷ 原始投资的现值合计

净现值率指标的优点是可以从动态的角度反映项目投资的资金投入与净产出之间的关系，计算过程比较简单；缺点是无法直接反映投资项目的实际收益率。

只有净现值率大于或等于 0 的投资项目，才具有财务可行性。

3. 获利指数

获利指数（PI），是指投产后按基准收益率或设定折现率计算的各年净现金流量的现值合计与原始投资的现值合计之比。获利指数的计算公式如下。

获利指数 ＝ 投产后各年净现金流量的现值合计 ÷ 原始投资的现值合计

＝1+ 净现值率

获利指数指标的优点是可以从动态的角度反映项目投资的资金投入与总产出之间的关系；缺点是无法直接反映投资项目的实际收益率，其计算过程也相对复杂。

只有获利指数大于或等于 1 的投资项目，才具有财务可行性。

4. 内部收益率

内部收益率（IRR），是指项目投资实际渴望达到的收益率。实质上，它是能使项目的净现值等于 0 的折现率。IRR 满足下列等式。

$$\sum_{t=0}^{n}[NCF_t(\frac{P}{F}, IRR, t)] = 0$$

NCF_t（P/F）：第 1 至 t 期的现金净流量现值；

IRR：净现值率。

计算内部收益率指标可以通过特殊方法、一般方法和插入函数法 3 种方法来完成。

（1）内部收益率指标计算的特殊方法。

该方法是指当项目投产后的净现金流量表现为普通年金的形式时，可以直接利用年金现值系数计算内部收益率的方法，又称简便算法。

该方法所要求的充分必要的条件是：项目的全部投资均于建设起点一次投入，建设期为 0，建设起点第 0 期净现金流量等于原始投资的负值，即 $\text{NCF}_0=-I$；投产后每年净现金流量相等，第 1 期至第 n 期每期净现金流量的取得表现为普通年金的形式。

应用本方法的条件十分苛刻，只有当项目投产后的净现金流量表现为普通年金的形式时才可以直接利用年金现值系数计算内部收益率。在此方法下，内部收益率 IRR 可按下式计算。

$$(\frac{P}{A}, \text{IRR}, n) = \frac{I}{\text{NCF}}$$

式中，I 为在建设起点一次投入的原始投资；（P/A，IRR，n）是 n 期、设定折现率为 IRR 的年金现值系数；NCF 为投产后 1–n 年每年相等的净现金流量（$\text{NCF}_1=\text{NCF}_2=\cdots=\text{NCF}_n=\text{NCF}$，NCF 为常数，$\text{NCF} \geq 0$）。

应用特殊方法的具体程序如下。

按上式计算（P/A、IRR，n）的值，假定该值为 C，根据计算出来的年金现值系数 C，查年金现值系数表。

若在年金现值系数表上恰好能找到等于上述数值 C 的年金现值系数（P/A，r_m，n），则该系数所对应的折现率 r_m 即为所求的内部收益率（IRR）。

若在年金现值系数表上找不到事先计算出来的系数值 C，则需要找到年金现值系数表上同期略大及略小于该数值的两个临界值 C_m 和 C_m+1 及相对应的两个折现率，然后应用内插法计算近似的内部收益率。即如果以下关系成立，

$$(P/A, r_m, n) = C_m > C$$

$$(P/A, r_{m+1}, n) = C_{m+1} < C$$

就可按下列具体公式计算内部收益率（IRR）。

$$\text{IRR} = r_m + \frac{C_m - C}{C_m - C_{m+1}}(r_{m+1} - r_m)$$

为缩小误差，按照有关规定，r_{m+1} 与 r_m 之间的差不得大于 5%。

（2）内部收益率指标计算的一般方法。

该方法是指通过计算项目不同设定折现率的净现值，然后根据内部收益率的定义所揭示的净现值与设定折现率的关系，采用一定技巧，最终设法找到能使净现值等于 0 的折现率的内部收益率（IRR）的方法，又称为逐次测试逼近法（简称"逐次测试法"）。若项目不符合直接应用简便算法的条件，则必须按此方法计算内部收益率。

一般方法的具体应用步骤如下。

① 先自行设定一个折现率 r_1 代入计算净现值的公式，求出按 r_1 为折现率计算的净现值 NPV_1，并进行下面的判断。

② 若净现值 NPV_1=0，则内部收益率（IRR）=r_1，计算结束；若净现值 NPV_1>0，则内部收益率（IRR）>r_1，应重新设定 r_2>r_1，再将 r_2 代入有关计算净现值的公式，求出净现值 NPV_2，继续进行下一轮的判断；若净现值 NPV_1<0，则内部收益率（IRR）<r_1，应重新设定 r_2<r_1，再将 r_2 代入有关计算净现值的公式，求出按 r_2 为折现率计算的净现值 NPV_2，继续进行下一轮的判断。

③ 经过逐次测试判断，有可能找到内部收益率（IRR）。每轮判断的原则相同。若设 r_j 为第 j 次测试的折现率，NPV_j 为按 r_j 计算的净现值，则有：当 NPV_j>0 时，IRR>r_j，继续测试；当 NPV_j<0 时，IRR<r_j，继续测试；当 NPV_j=0 时，IRR=r_j，测试完成。

④ 若经过有限次测试，利用有关货币时间价值系数表仍未求得内部收益率（IRR），则可利用最为接近零的两个净现值正负临界值 NPV_m 和 NPV_{m+1} 以及相应的折现率 r_m 和 r_{m+1} 应用内插法计算近似的内部收益率。即如果以下关系成立，

$$NPV_m>0, \ NPV_{m+1}<0$$

$$r_m<r_{m+1}, \ r_{m+1}-r_m \leqslant d \ (2\% \leqslant d<5\%)$$

就可按下列具体公式计算内部收益率（IRR）。

$$IRR=r_m+NPV_m\div(NPV_m-NPV_{m+1})\times(r_{m+1}-r_m)$$

（3）内部收益率指标计算的插入函数法。

本方法是指在电子表格（Excel）环境下，通过插入财务函数"IRR"，并根据计算机系统的提示正确地输入已知的电子表格中的净现金流量，来直接求得内部收益率指标的方法。

内部收益率指标的优点是既可以从动态的角度直接反映投资项目的实际收益水平，又

不受基准收益率高低的影响，比较客观；缺点是计算过程复杂，尤其当经营期大量追加投资时，又有可能导致多个内部收益率出现，或偏高或偏低，缺乏实际意义。

只有当内部收益率大于或等于基准收益率或资金成本时，投资项目才具有财务可行性。

上面介绍的内部收益率的 3 种计算方法中，都涉及内插法的应用，尽管具体应用条件不同，公式也存在差别，但该方法的基本原理是一致的，即假定自变量在较小变动区间内，它与因变量之间的关系可以用线性模型来表示，因而可以采取近似计算的方法进行处理。

7.2.2 评价指标与投资项目的选择

项目投资决策的关键，就是合理地选择决策方法，利用投资决策评价指标作为决策的标准，最终做出投资决策。

（一）独立方案财务可行性评价及投资决策

1. 独立方案的含义

在财务管理中，一组互相分离、互不排斥的方案称为独立方案。在独立方案中，选择某个方案并不排斥选择另一方案。就一组完全独立的方案而言，其存在的前提条件如下。

（1）投资资金来源无限制。

（2）投资资金无优先使用的排列顺序。

（3）各投资方案所需的人力、物力均能得到满足。

（4）不考虑地区、行业之间的相互关系及影响。

（5）每个投资方案是否可行，仅取决于本方案的经济效益，与其他方案无关。

符合上述前提条件的方案即为独立方案。对于一组独立方案，各个方案之间没有关联，互相独立，并不存在相互比较和选择的问题。企业既可以全部不接受，也可以接受其中一个、多个或全部。

2. 独立方案的财务可行性评价与投资决策的关系

对于独立方案而言，评价其财务可行性也就是对其做出最终决策的过程。因为对于一组独立方案中的任何一个方案，都存在"接受"或"拒绝"的选择。只有完全具备或基本具备财务可行性的方案，才可以接受；完全不具备或基本不具备财务可行性的方案，只能选择"拒绝"。所以"拒绝"本身也是一种方案，一般被称为 0 方案。因此，任何一个独立方案都要与 0 方案进行比较决策。

3. 评价方案财务可行性的要点

（1）判断方案是否完全具备财务可行性的条件。

如果某个投资方案的所有评价指标均处于可行区间，即同时满足以下条件，则可以断定该投资方案无论从哪个方面看都具备财务可行性或完全具备财务可行性。

①$NPV \geq 0$。

②$NPVR \geq 0$。

③$PI \geq 1$。

④$IRR \geq i$。

⑤$PP \leq n \div 2$（项目计算期的一半）。

⑥$PP' \leq p \div 2$（项目运营期的一半）。

⑦$ROI \geq i$（事先给定）。

（2）判断方案是否完全不具备财务可行性的条件。

如果某个投资项目的评价指标均处于不可行区间，即同时满足以下条件，则可以断定该投资项目无论从哪个方面看都不具备财务可行性，或完全不具备可行性，应当彻底放弃该投资方案。

①$NPV < 0$。

②$NPVR < 0$。

③$PI < 1$。

④$IRR < i_c$。

⑤$PP > n \div 2$。

⑥$PP' > p \div 2$。

⑦$ROI < i$。

（3）判断方案是否基本具备财务可行性的条件。

如果在评价过程中发现某项目的主要指标处于可行区间（如 $NPV \geq 0$，$NPVR \geq 0$，$PI \geq 1$，$IRR \geq i_c$），但次要或辅助指标处于不可行区间（如 $PP > n \div 2$，$PP' > p \div 2$ 或 $ROL < i$），则可以断定该项目基本具备财务可行性。

（4）判断方案是否基本不具备财务可行性的条件。

如果在评价过程中发现某项目出现 NPV<0，NPVR<0，PI<1，IRR<i_c 的情况，即使有 PP≤n÷2，PP'≤p÷2 或 ROI≥i，也可断定该项目基本不具备财务可行性。

4. 其他应当注意的问题

在对独立方案进行财务可行性评价时，除了要熟练掌握和运用上述判定条件以外，还必须明确以下两点。

（1）主要评价指标在评价财务可行性的过程中起主导作用。

在对独立项目进行财务可行性评价和投资决策分析的过程中，当静态投资回收期（次要指标）或投资收益率（辅助指标）的评价结论与净现值等主要指标的评价结论发生矛盾时，应当以主要指标的结论为准。

（2）利用动态指标对同一个投资项目进行评价和决策，会得出完全相同的结论。

在对同一个投资项目进行财务可行性评价时，净现值、净现值率、获利指数和内部收益率指标的评价结论是一致的。

（二）多个互斥方案的比较决策

互斥方案是指互相关联、互相排斥的方案，即一组方案中的各个方案彼此可以相互代替，采纳方案组中的某一个方案，就会自动排斥其他方案。因此，互斥方案具有排他性。

多个互斥方案比较决策是指在每个入选方案已具备财务可行性的前提下，利用具体决策方法比较各个方案的优劣，最终利用评价指标从各个备选方案中选出一个最优方案的过程。

项目投资多方案比较决策的方法是利用特定评价指标作为决策标准或依据，主要包括净现值法、净现值率法、差额投资内部收益率法、年等额净回收额法和计算期统一法等具体方法。

1. 净现值法

所谓净现值法，是指通过比较所有已具备财务可行性投资方案的净现值指标的大小来选择最优方案的方法。该方法适用于原始投资额相同且项目计算期相等的多方案比较决策。在此方法下，净现值最大的方案为优。

2. 净现值率法

所谓净现值率法，是指通过比较所有已具备财务可行性投资方案的净现值率指标的大小来选择最优方案的方法。在此方法下，净现值率最高的方案为优。

在原始投资额相同的互斥方案比较决策中，采用净现值率法会与采用净现值法得到完全相同的结论，但原始投资额不同时，情况会有所不同。

3. 差额投资内部收益率法

所谓差额投资内部收益率法，是指在原始投资额不同的方案的差量净现金流量的基础上，计算出差额内部收益率，并据此与行业基准折现率进行比较，从而判断方案孰优孰劣的方法。该方法适用于原始投资额不相同，但项目计算期相同的多方案比较决策。当差额内部收益率大于或等于基准收益率或设定折现率时，原始投资额大的方案较优；反之，则原始投资额少的方案较优。

该方法的原理如下：假定有 A 和 B 两个投资方案，A 方案的投资额大，B 方案的投资额小。我们可以把 A 方案看成两个方案之和。第一个方案是 B 方案，即把 A 方案的投资额用于 B 方案；第二个方案是 C 方案，用于 C 方案的投资额是 A 方案投资额与 B 方案投资额之差。因为把 A 方案的投资额用于 B 方案会节约一定的投资额，所以该部分投资额可以作为 C 方案的投资资金来源。

C 方案的净现金流量等于 A 方案的净现金流量减去 B 方案的净现金流量而形成的差量净现金流量（ΔNCF），根据 ΔNCF 计算出来的差额内部收益率（ΔIRR），其实质就是 C 方案的内部收益率。

在这种情况下，A 方案等于 B 方案与 C 方案之和，A 方案与 B 方案的比较，相当于 B 与 C 两方案之和与 B 方案的比较。如果差额内部收益率（ΔIRR）大于基准折现率，则 C 方案具有财务可行性，这就意味着 A 方案优于 B 方案；如果差额内部收益率（ΔIRR）小于基准折现率，则 C 方案不具有财务可行性，这就意味着 B 方案优于 A 方案。

总之，在此方法下，当差额内部收益率大于或等于基准折现率或设定折现率时，原始投资额大的方案较优；反之，则原始投资额少的方案较优。

该方法经常被用于固定资产更新改造项目的投资决策：当该项目的差额内部收益率大于或等于基准折现率或设定折现率时，应当进行更新改造；反之，就不应当进行此项目的更新改造。

差额投资内部收益率（ΔIRR）的计算过程和计算技巧同内部收益率（IRR）的完全一样，只是所依据的是 ΔNCF。

4. 年等额净回收额法

所谓年等额净回收额法，是指通过比较所有投资方案的年等额净回收额（NA）指标的大小来选择最优方案的决策方法。该方法适用于原始投资额不相同，特别是项目计算期不同的多方案的比较决策。在此方法下，年等额净回收额最大的方案为优。

某方案的年等额净回收额等于该方案年净现值与相关回收系数（或年金现值系数的倒数）的乘积。计算公式如下。

$$某方案年等额净回收额 = 该方案与净现值 \times 回收系数$$

或 $$= 该方案年净现值 \div 年金现值系数$$

5. 计算期统一法

计算期统一法是指通过对计算期不相等的多个互斥方案选定一个共同的计算分析期，以满足时间可比性的要求，进而根据调整后的评价指标来选择最优方案的方法。

该方法包括方案重复法和最短计算期法两种具体处理方法。

（1）方案重复法。

方案重复法也称计算期最小公倍数法，是指将各方案计算期的最小公倍数作为比较方案的计算期，通过金额调整有关指标，并据此进行多方案比较决策的一种方法。可采取两种方式应用此方法。

第一种方式：将各方案计算期的各年净现金流量或费用流量进行重复计算，直到与最小公倍数计算期相等。然后，再计算净现值、净现值率、差额内部收益率或费用现值等评价指标。最后，根据调整后的评价指标进行方案的比较决策。

第二种方式：直接计算每个方案原计算期内的评价指标（主要指净现值），再按照最小公倍数原理分别对其折现并求代数和，最后根据调整后的净现值指标进行方案的比较决策。

由于有些方案的计算期相差很大，按最小公倍数确定的计算期往往很长。假定 4 个互斥方案的计算期分别为 15 年、24 年、29 年和 50 年，那么它们的最小公倍数就是 17 400 年，显然考虑这么长时间内的重复计算既复杂又无必要。为了克服方案重复法的缺点，人们设计了最短计算期法。

（2）最短计算期法。

最短计算期法又称最短寿命期法，是指在将所有方案的净现值均还原为等额年回收额的基础上，再按照最短的计算期来计算出相应的净现值，进而根据调整后的净现值指标进行多方案比较决策的一种方法。

（三）多方案组合排队投资决策

1. 组合或排队方案的含义

如果一组方案中的所有方案既不属于相互独立的关系，又不属于相互排斥的关系，而是属于可以实现任意组合或排队的关系，那么这些方案被称作组合或排队方案，其中又包括先决方案、互补方案和不完全互斥方案等形式。在这种方案决策中，除了要求首先评价所有方案的财务可行性、淘汰不具备财务可行性的方案以外，还需要在接下来的决策中反复衡量和比较不同组合条件下的有关评价指标的大小，从而做出最终决策。

2. 组合或排队方案决策的不同情况

（1）在资金总量不受限制的情况下，可按每个项目的净现值大小排序，确定优先考虑的项目。

（2）在资金总量受到限制的情况下，则需按净现值率或获利指数的大小，并结合净现值进行各种组合排序，从中选出能使 NPV 之和最大的最优组合。

3. 应用组合或排队方案决策的程序

（1）以各方案的净现值率高低为序，逐项计算累计投资额，并与限定投资总额进行比较。

（2）当截至某项投资项目（假定为第 j 项）的累计投资额恰好达到限定的投资总额时，则第 1 项至第 j 项的项目组合为最优的投资组合。

（3）若在排序过程中未能直接找到最优组合，则必须按下列方法进行必要的修正。

① 当排序中发现第 j 项的累计投资额首次超过限定投资额，而删除该项后，按顺延的项目计算的累计投资额却小于或等于限定投资额时，可将第 j 项与第 $(j+1)$ 项交换位置，继续计算累计投资额。这种交换可连续进行。

② 当排序中发现第 j 项的累计投资额首次超过限定投资额，又无法与下一项进行交换时，第 $(j-1)$ 项的原始投资大于第 j 项的原始投资额时，可将第 j 项与第 $(j-1)$ 项交换位置，继续计算累计投资额。这种交换亦可连续进行。

③ 若经过反复交换，已不能再进行交换，但仍未找到能使累计投资额恰好等于限定投资额的项目组合时，可以最后一次交换后的项目组合作为最优组合。

总之，在主要考虑投资效益的条件下，多方案比较决策的主要依据，就是保证在充分利用资金的前提下，获得尽可能多的净现值总量。

7.3　投资项目的风险处置

在前面的分析中，我们都假设投资项目的现金流量是可以确定的，但实际上，真正意义上的投资项目总是有风险的，投资项目未来现金流量总会具有某种程度的不确定性。如何处置投资项目的风险是一个很复杂的问题，对此，决策者必须高度重视。

7.3.1　投资项目风险的处置方法

对投资项目的风险有两种处置方法：一种是调整现金流量法，另一种是风险调整折现率法。前者是通过缩小净现值模型的分子，使净现值减少；后者是通过扩大净现值模型的分母，使净现值减少。

（一）调整现金流量法

调整现金流量法，是把不确定的现金流量调整为确定的现金流量，然后将无风险的报酬率作为折现率计算净现值的方法。其计算公式如下。

$$调整后净现值 = \sum_{k=0}^{n} \frac{a_t \times 现金流量期望值}{（1+无风险报酬率）}$$

上式中，a_t 是第 t 年现金流量的肯定当量系数，a_t 的范围是 0~1。

肯定当量系数是指不肯定的 1 元现金流量期望值相当于使投资者满意的肯定的金额的系数，是指预计现金流入量中使投资者满意的无风险的份额。利用肯定当量系数，可以把不肯定的现金流量折算成肯定的现金流量，或者说去掉了现金流量中有风险的部分，使之成为"安全"的现金流量。去掉的部分包含了全部风险，既有特殊风险也有系统风险，既有经营风险也有财务风险；剩下的则是无风险的现金流量。由于现金流量中已经消除了全部风险，相应的折现率应当是无风险的报酬率，无风险的报酬率可以根据国库券的利率确定。

（二）风险调整折现率法

风险调整折现率法是更为实际、更为常用的风险处置方法。这种方法的基本思路是对高风险的项目采用较高的折现率计算净现值。其计算公式如下。

$$调整后净现值 = \sum_{k=0}^{n} \frac{预期现金流量}{（1+风险调整折现率）^t}$$

上式中：

n——表示投资持续的期限；

t——表示第 t 期。

调整现金流量法在理论上应受到好评。该方法对时间和风险分别进行调整，先调整风险，然后把肯定现金流量用无风险报酬率进行折现。对不同年份的现金流量，可以根据风险的差别使用不同的肯定当量系数进行调整。

风险调整折现率法在理论上应受到批评，因其用单一的折现率同时完成风险调整和时间调整。这种做法意味着风险随时间推移而加大，可能与事实不符，会夸大远期现金流量的风险。

但从实务上看，经常应用的是风险调整折现率法，主要原因是风险调整折现率比肯定当量系数容易估计。此外，大部分财务决策都使用报酬率来进行，因此，风险调整折现率更符合人们的习惯。

7.3.2　将企业资本成本作为项目折现率的条件

将企业当前的资本成本作为项目的折现率，应具备两个条件：一是项目的风险与企业当前资产的平均风险相同；二是企业继续采用相同的资本结构为新项目筹资。

（一）加权平均资本成本与权益资本成本

计算项目的净现值有两种办法：一种是实体现金流量法，即以企业实体为背景，确定项目对企业现金流量的影响，以企业的加权平均资本成本为折现率；另一种是股权现金流量法，即以股东为背景，确定项目对股权现金流量的影响，以股东要求的报酬率为折现率。

（二）项目风险与企业当前资产的平均风险

用企业当前的资本成本作为折现率，隐含了一个重要假设，即新项目是企业现有资产的复制品，它们的风险相同，要求的报酬率才会相同。这种情况经常会发生，如固定资产更新、现有生产规模扩张等。

如果新项目的风险与现有项目的风险有较大差别，决策者必须小心从事。例如，北京首钢公司是一个传统行业企业，其风险较小，最近进入了信息产业。在评价其信息产业项目时，使用其目前的资本成本作为折现率就不合适了，因为新项目的风险和现有资产的平均风险有显著差别。

图 7-1 所示的证券市场线表明了等风险假设的重要性。新项目的风险大，则要求比现有资产赚取更高的收益率。只有当新项目的风险与现有资产的风险相同时，企业的资本成本才是合适的接受标准。对其他项目的风险投资，无论其风险比现有资产风险高或低，资本成本都不是合适的标准。但企业当前的资本成本是调整的基石，具有重要的实际意义。

需求的收益率（%）

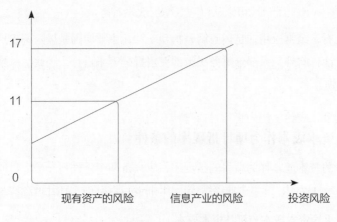

图 7-1　证券市场线

（三）继续采用相同的资本结构为新项目筹资

企业的加权平均资本成本，通常是根据当前的数据计算的，包含了资本结构因素。假设市场是完善的，资本结构不改变企业的加权平均资本成本，则加权平均资本成本反映了当前资产的平均风险。或者说，可以把投资和筹资分开，忽略筹资结构对加权平均资本成本的影响，先用当前的资本成本评价项目，如果通过了检验，再考虑用筹资来改变资本结构带来的财务影响。

假设资本市场是不完善的，筹资结构就会改变企业的加权平均资本成本。例如，当前资本结构的债务比例为 40%，而新项目所需资金全部用债务筹集，将使债务比例上升至70%。这样，债务绝对数的上升高于负债百分比的上升，造成股权现金流量的风险增加，股权要求的报酬率会迅速上升，最终引起企业加权平均资本成本上升。与此同时，扩大成本较低的债务筹资，会引起企业加权平均资本成本下降。这两种因素共同的作用，会使得加权企业平均资本成本发生变动。因此，继续使用当前的加权平均资本成本作为折现率就不合适了。

总之，在等风险假设和资本结构不变假设明显不能成立时，不能使用企业当前的加权平均资本成本作为新项目的折现率。

7.3.3　项目系统风险的估计

如果新项目的风险与现有资产的平均风险显著不同，就不能使用企业当前的加权平均资本成本作为折现率，而应当估计项目的风险，并计算项目要求的必要报酬率。

（一）项目的系统风险

在项目分析中，项目的风险可以从以下 3 个层次来看待。

1. 从项目角度来看待，即项目自身特有的风险。例如，一项高新技术项目失败的可能性极大，这是从项目自身的角度来考虑的。项目自身特有的风险不宜作为项目资本预算风险的度量。

2. 从企业角度来看待。因为新项目自身特有的风险可以通过与企业内部其他项目和资产的组合而分散一部分，所以决策者应着重考察新项目对企业其他项目和资产组合的整体风险可能产生的增量。

3. 从股东角度来看待。要进一步考虑在余下的项目风险中，是否有部分能被企业股东的资产多样化组合分散，从而只剩下任何多样化组合都不能分散的系统风险。从资产组合及资本资产定价理论角度来看，度量新项目资本预算的风险时，也不应考虑新项目实施对企业现有水平可能产生的全部影响。企业股东可以通过构造一个证券组合，来消除单个股权的大部分风险。所以，唯一影响股东预期收益的是项目的系统风险，而这也是理论上与项目分析相关的风险度量。

（二）项目系统风险的估计

项目系统风险的估计，比企业系统风险的估计更加困难。股票市场提供了股价，为计算企业的 β 值提供了数据，将计算出的 β 值作为待评估项目的系统风险，这种方法也称"替代公司法"。

运用替代公司法时，应该注意替代企业的资本结构已反映在 β 值中。如果替代企业的资本结构与项目所在企业的资本结构显著不同，那么在估计项目的 β 值时，应针对资本结构差异做出相应调整。

调整的基本步骤如下。

1. 卸载可比企业财务杠杆。

根据替代公司股东收益波动性估计的 β 值是含有财务杠杆的 β 权益的，替代公司的资本结构与目标公司的资本结构不同，要将资本结构因素排除需确定替代公司不含财务杠杆的 β 值。该过程通常叫"卸载财务杠杆"。卸载使用的公式如下。

$$\beta_{\text{资产}} = \beta_{\text{权益}} \div [1 + （1 - \text{所得税税率}） \times （\text{负债} \div \text{权益}）]$$

$\beta_{\text{资产}}$ 是假设全部用权益资本融资的 β 值，此时没有财务风险。或者说，此时股东权益的风险与资产的风险相同，股东只承担经营风险即资产的风险。

2. 加载目标企业财务杠杆。

根据目标企业的资本结构调整 β 值，该过程称"加载财务杠杆"。加载使用的公式如下。

$$\beta_{权益} = \beta_{资产} \times [1 + (1 - 所得税税率) \times (负债 \div 权益)]$$

3. 根据得出的目标企业的 $\beta_{权益}$ 计算股东要求的报酬率。

此时的 $\beta_{权益}$ 既包含了项目的经营风险，也包含了目标企业的财务风险，可据此计算权益成本。其公式如下。

$$股东要求的报酬率 = 无风险收益率 + \beta 权益 \times 风险溢价率$$

如果使用股东现金流量法计算现值，β 就是适宜的折现率。

（三）计算目标企业的加权平均资本成本

如果使用实体现金流量法计算现值，还需要计算加权平均资本成本。

$$加权平均资本成本 = 负债成本 \times (1 - 所得税税率) \times (负债 \div 资本) + 权益成本 \times (权益 \div 成本)$$

第 8 章
AI 在公司投融资管理中的应用

8.1　AI 驱动的投资决策优化

8.1.1　智能投资项目筛选与评估

（一）数据采集与整合

在智能投资项目筛选过程中，数据收集是首要工作。企业需要从多个渠道获取数据，主要包括：公司内部的财务报表和运营数据，第三方提供的行业研究报告，股票市场、债券市场等金融市场数据，以及 GDP 增长率、利率政策等宏观经济指标。这些数据通常分散在不同的系统和平台中，格式也各不相同。为此，可以使用 ETL 工具（数据提取转换工具）将这些数据自动收集起来，并进行清洗和标准化处理。经过处理后的数据会被集中存储到专门的数据仓库或数据湖中，为后续分析做好准备。

（二）模型构建

有了完整的数据基础后，就可以建立智能评估模型。常用的方法包括监督学习和无监督学习。监督学习就像教电脑做选择题，通过输入历史项目数据（如投资回报率、风险等级等），让电脑学会判断新项目的价值。无监督学习则让电脑自主发现数据中的规律，可能找到一些被传统方法忽略的投资机会。此外，还可以使用文本分析技术来处理新闻报道、社交媒体等内容，从中捕捉市场情绪变化，为投资决策提供更多参考，机器学习方法对比如表 8-1 所示。

表 8-1　机器学习方法对比

方法类型	核心原理	典型应用场景	优势
监督学习	输入－输出对训练分类／回归模型	项目回报率预测、风险评级	高精度、可解释性强
无监督学习	发现数据内在结构	异常交易检测、投资组合优化	发现隐藏机会
文本分析	NLP 技术解析非结构化文本	舆情监控、政策影响评估	捕捉市场情绪

（三）评估流程

建立好模型后，需要设计完整的评估流程。首先要建立一个评分系统，将项目的各项指标转化为具体分数，比如评估技术是否成熟、市场前景如何等。系统会设定一个最低分数线，达不到要求的项目会被自动淘汰。最后，系统会生成图文并茂的分析报告，用直观的图表展示各个项目的优势和不足，帮助决策者快速了解关键信息。

（四）系统优势

这套智能评估系统能显著提升投资决策的质量和效率。自动化处理减少了人为错误，复杂的算法可以发现隐藏的投资价值，清晰的报告让决策过程更加透明。不仅大大节省了分析时间，还能帮助企业在众多项目中精准识别出最具潜力的投资机会。

8.1.2　基于机器学习的投资回报预测

（一）特征工程

投资回报预测的第一步是选取关键影响因素。我们需要重点考虑历史收益率数据、市场波动情况、行业竞争态势以及政策变化等核心要素。对于时间序列数据，采用滑动窗口技术进行处理，这种方法就像用移动的镜头观察数据变化，可以捕捉到收益率的演变规律。通过这种方式，我们可以将连续的时间数据转化为适合机器学习模型处理的训练样本。

（二）模型选择与训练

在实际建模时，我们主要使用两类预测方法。对于时间序列预测，LSTM 神经网络和Prophet 模型特别擅长捕捉收益率随时间变化的规律，可以分别预测短期和长期回报。我们还采用集成学习方法，将多个模型的预测结果进行组合，就像组建一个专家团队共同决策，这样可以提高预测的稳定性。同时引入蒙特卡洛模拟技术，通过大量随机试验来评估投资回报的不确定性范围。

（三）验证与优化

为确保模型的可靠性，我们采用特殊的交叉验证方法，避免模型只对历史数据有效而对新数据失效的情况。模型还需要持续更新参数，就像学生不断学习新知识一样，保持对最新市场变化的敏感性。最终输出的不仅是预测值，还包括可能的波动区间和相应的置信程度，让决策者清楚了解预测的可靠程度。

（四）实际应用价值

这种基于机器学习的预测方法相比传统方式具有明显优势。它能够处理更复杂的数据关系，适应市场环境的快速变化，并提供量化的不确定性评估。投资团队可以据此制定更科学的投资策略，在控制风险的前提下追求更高收益。同时，系统会随着新数据的积累不断自我完善，预测准确性也会逐步提高。

8.1.3　实时市场动态分析与投资机会识别

（一）实时数据流处理

现代投资决策需要实时捕捉市场变化。我们部署了专门的流数据处理系统，能够像流水线一样持续接收和处理最新的市场信息。这个系统会 24 小时不间断地监控股票价格变动、交易量变化、行业新闻更新以及重要政策调整等关键数据。所有信息都会在几秒钟内完成处理，确保投资团队掌握的是最新鲜的市场动态。

（二）机会识别逻辑

系统通过三种智能方式发现投资机会。首先是基于预设规则的筛选，比如当某只股票的市盈率突然下降到历史低位，或者成交量异常放大时自动触发警报。其次是异常检测功能，能够发现那些偏离正常波动范围的股票，就像雷达捕捉异常信号一样。最后是情感分析技术，可以读懂财经新闻和社交媒体中的情绪倾向，判断市场对某家公司的看法是乐观还是悲观。三种智能方式发现投资机会如图 8-1 所示。

图 8-1　三种智能方式发现投资机会

（三）响应机制

发现潜在机会后，系统会立即采取行动。投资经理会收到实时预警通知，可能是邮件、短信或者在交易终端弹出提醒。系统不仅会提示异常情况，还会给出具体的操作建议，比如"建议增持"或"保持观望"。更先进的是，系统可以直接与投资组合管理系统对接，在预设权限范围内自动进行仓位调整，确保不错失转瞬即逝的投资机会。

（四）系统价值

这套实时分析系统彻底改变了传统的投资研究方式。它突破了人工分析的时空限制，能够 7×24 小时监控全球市场；克服了人类处理海量数据的局限性，可以同时跟踪数千只证券；最重要的是，它将市场信号识别到响应的时间从小时级缩短到秒级，为机构投资者创造了显著的竞争优势。随着运行时间的积累，系统的识别准确率还会不断提升。

8.1.4 投资组合智能优化与风险对冲

（一）优化目标

投资组合管理的核心是平衡收益与风险。我们的智能系统设置了两个主要目标：既要最大化经济增加值（EVA），又要最小化可能的最大损失（VaR）。同时必须考虑多个现实约束条件：保持足够的资金流动性以满足赎回需求，确保投资在不同行业的合理分散，以及严格遵守各项监管规定。投资组合管理如表 8-2 所示，这些复杂的要求使得传统人工调整难以达到最优效果。

表 8-2　投资组合管理

类别	内容
主要目标	1. 最大化经济增加值（EVA）： 通过优化资产配置提升单位资本附加值。 2. 最小化可能的最大损失（VaR）： 在 95% 置信水平下控制潜在最大损失
约束条件	1. 资金流动性约束： 维持 ≥ 5% 现金及等价物，满足每日赎回需求。 2. 行业分散： 单一行业投资占比 ≤ 20%。 3. 监管合规： 符合证监会杠杆率、集中度等规定

（二）算法实现

系统采用先进的优化算法来确定最佳投资比例。遗传算法模拟生物进化过程，通过"优胜劣汰"逐步逼近最优解；粒子群优化则模仿鸟群觅食行为，寻找最佳配置方案。我们还引入 Black-Litterman 模型，巧妙地将投资经理的主观判断与市场均衡理论相结合，使优化结果既符合市场规律，又体现机构独到见解。

（三）风险对冲

为应对市场波动，系统会智能运用衍生品进行对冲。基于强化学习技术，它能像专业交易员一样，根据市场变化动态调整期权等对冲工具的使用比例。同时定期进行压力测试，模拟金融危机等极端情况下的表现，就像给投资组合做"体检"，确保在最糟糕的市场环境下仍能保持足够韧性。

（四）输出与执行

系统最终会生成清晰的操作建议，包括组合分析和最佳调仓时机。这些指令可以直接对接交易系统，在人工复核后实现自动执行。这种智能化的组合管理方式不仅提高了调整效率，还能避免人为情绪干扰，确保投资决策的客观性和纪律性。随着市场环境变化，系统会持续优化组合配置，始终保持最佳状态，交易流程如表 8-3 所示。

表 8-3　交易流程

步骤	内容
组合分析	识别偏离目标的资产类别，计算最优调仓比例（如增持科技股 10%，减持债券 5%）
调仓时机	结合市场流动性预测，建议在美股开盘后 1 小时内执行高波动资产调仓
自动执行	对接券商 API 实现一键交易，人工复核通过后完成组合再平衡

8.2　AI 在融资管理中的应用

8.2.1　智能融资渠道匹配与推荐

（一）数据基础建设

智能融资渠道匹配系统首先需要建立全面的数据基础。系统会整合各类融资渠道信息，包括银行贷款、债券发行、股权融资、融资租赁等多种方式。同时收集企业自身的关键数据，如近三年财务报表、历史信用记录、可用抵押资产价值以及所在行业的整体评级情况。这些数据会保持动态更新，特别是市场利率变化、最新监管政策以及金融机构的放贷偏好等重要信息，确保推荐结果的时效性。

（二）智能匹配引擎

匹配过程采用双轮筛选机制。第一轮通过规则引擎快速过滤，根据融资渠道的基本要求（如最低营收门槛、抵押品类型等）剔除明显不符合的选项。第二轮则运用机器学习技术进行精细匹配：监督学习算法会分析历史成功案例，预测企业在各渠道的获批概率；无监督学习则通过企业特征聚类，找出相似企业的成功融资路径作为参考。这种组合方式既考虑了硬性条件，又能发现潜在的适配机会，如图 8-2 所示。

图 8-2　智能匹配过程双轮筛选机制

（三）输出结果

系统最终会生成清晰的推荐方案。所有匹配的融资渠道会按照适配度从高到低排序，并标注预估的成功率。每个推荐渠道都会附上详细的对比分析，包括资金成本（利率或股权稀释比例）、预计融资周期、条款灵活性等关键维度。这种结构化的输出使企业能够快速把握各选项的核心差异，避免陷入繁杂的数据分析工作。

（四）应用价值

这套智能匹配系统显著提升了融资效率。传统方式下，企业需要花费大量时间调研各渠道要求并准备多次申请材料。现在系统可以一次性给出最优选择建议，将融资筹备时间缩短 60% 以上。更重要的是，成功率预测功能可以帮助企业避免盲目申请，将有限资源集中在最有可能获批的渠道上，大大提高了融资成功率。随着使用次数增加，系统的推荐准确度还会持续提升。

8.2.2　融资成本动态测算与优化

（一）成本建模

融资成本测算需要全面考虑各类费用支出。显性成本包括直接支付的利息、手续费、担保费用以及涉及的税务支出。隐性成本则更为复杂，比如股权融资导致的股东权益稀释，或者融资协议中的特殊条款限制（如业绩对赌要求），如图 8-3 所示。此外，系统还会动态跟踪汇率波动（针对外币融资）和通胀预期变化，这些因素都会显著影响实际的融资成本。通过建立这样完整的成本模型，企业可以避免只关注表面利率而忽视真实融资成本的误区。

图 8-3　成本图

（二）优化算法

系统采用智能算法寻找最优融资方案。核心目标是实现"双优"：既要尽可能降低综合融资成本，又要确保资金使用效率最大化。在优化过程中会设置必要的约束条件，比如还款期限必须与现金流匹配，各项指标必须符合监管要求等。具体计算时，会使用线性规划等数学工具来求解最佳组合，同时通过蒙特卡洛模拟测试不同市场环境下的成本波动情况，确保方案的稳健性。

（三）输出交付

优化结果会通过直观的可视化看板呈现。企业可以清晰对比不同融资方案的总成本构成，并通过敏感度分析了解关键参数变化带来的影响。系统还会自动生成详细报告，除了推荐最优方案外，还会准备备选预案。例如当预测市场利率可能上升时，会提前建议转向固定利率产品或替代融资渠道，帮助企业规避潜在风险。

（四）应用优势

这种动态测算方法相比传统静态分析具有显著优势。传统方式往往只能提供某个时点的成本估算，而智能系统可以持续跟踪市场变化，及时调整优化建议。特别是在市场波动加剧时期，能够帮助企业抓住融资窗口期，避免因反应滞后而产生的额外成本。实际应用中，使用该系统的企业平均可降低 15%~20% 的综合融资成本，同时大幅提升资金管理效率。

8.2.3　信用评级 AI 模型与融资可行性分析

（一）评级模型构建

信用评级 AI 模型需要整合多维度的企业数据。核心数据包括反映企业偿债能力的财务指标，如速动比率、EBITDA 等，以及历史还款记录。同时会纳入外部数据作为参考，包括行业平均违约率、上下游供应链稳定性，以及 ESG（环境、社会和治理）评分等非财务因素。对于结构化数据，系统采用 XGBoost 等可解释性强的算法；对财报附注等文本内容，则使用 BERT 模型进行语义分析，提取管理层讨论中的风险提示等信息。

（二）模型动态维护

评级模型具备实时更新能力。当企业发生重大经营变化，如签订大额合同、涉及重大诉讼，或行业政策出现调整时，系统会自动触发重新评估流程。这种动态调整机制确保评级结果始终反映企业最新信用状况，避免传统评级方法因更新滞后带来的信息偏差。

（三）可行性决策支持

系统输出的信用评分采用与国际接轨的评级标准，便于跨机构比较。更重要的是，它会预测融资失败概率，当风险超过预设阈值时及时预警。除了给出评级结果，系统还会提供具体的改进建议，比如指出哪些财务指标的提升能有效改善信用等级，为企业指明融资准备工作的优化方向，如表 8-4 所示。

表 8-4　可行性输出

输出模块	关键指标	决策建议
信用评分	AA 级（违约概率 2.3%）	优先申请低息贷款
风险预警	现金流覆盖率低于行业均值	建议缩短应收账款周期
改进建议	ESG 评分提升空间达 15%	增加绿色能源投入，优化供应链管理

（四）应用价值

这套 AI 评级系统显著提升了融资可行性分析的效率与准确性。相比人工评级，它能处理更多维度的数据，避免主观偏差，且响应速度更快。企业可以提前了解自身的融资可行性，有针对性地改善薄弱环节；金融机构则能获得更客观的客户信用评估，降低坏账风险。实践表明，采用该系统的企业融资成功率提升 25% 以上。

8.2.4　自动化融资方案生成与比选

（一）方案生成逻辑

系统采用模块化方式构建融资方案。就像搭积木一样，可以灵活组合不同的融资结构（如债务与股权比例）、期限设置、担保方式和还款计划。系统会智能填充方案细节：通过自然语言处理技术自动分析合同范本，提取关键条款；同时匹配历史案例库，找出同行业相似规模企业的成功融资结构作为参考。这种方式既保证了方案的合规性，又融入了行业最佳实践。

（二）比选系统

系统会从多个维度评估各个融资方案。财务维度主要考察内部收益率、资金成本和价值创造等指标；非财务维度则评估控制权稀释风险、与企业战略的协同性等重要因素。财务及非财务维度考量因素如图 8-4 所示。为帮助决策，系统采用科学的评估方法：用层次分析法将主观判断转化为量化评分，并提供交互式模拟工具，让用户可以调整参数实时查看不同情景下的方案表现。

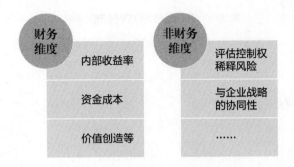

图 8-4 财务及非财务维度考量因素

（三）交付成果

系统会输出完整的方案文档包，包括标准化的 Word/PDF 格式文件，并标注需要特别注意的法律合规要点。同时生成直观的比选报告，通过雷达图等可视化方式清晰展示各方案在不同维度的优劣对比。企业决策层可以一目了然地把握各个方案的特点，无需深入技术细节就能做出明智选择。

（四）应用优势

这套系统彻底改变了传统融资方案制定的工作模式。原先需要数周完成的方案设计与比选工作，现在只需几天即可完成，效率提升 70% 以上。更重要的是，系统考虑的因素更全面，评估更客观，避免了人工方案可能存在的疏漏和偏见。企业可以快速获得多个可行性方案并进行科学比较，大大提高了融资决策的质量和效率。

8.3 AI 赋能的并购与重组管理

8.3.1 并购目标智能筛选与估值

（一）数据驱动的目标筛选模型

并购目标筛选首先需要建立全面的评价体系。系统会从行业关联度、财务健康状况等多个维度设置评分标准。通过整合工商注册信息、司法记录等各类数据（如自动抓取企业官网公布的财报、专利申请情况等），构建完整的并购目标数据库。机器学习算法会对这些数据进行深度分析，自动计算每个潜在目标的综合得分，并按优先级排序，帮助投资团队快速锁定最合适的并购对象，并购目标评价维度与数据来源如表 8-5 所示。

表 8-5　并购目标评价维度与数据来源

评价维度	数据来源	分析方法	评分作用
行业关联度	工商注册信息、产业链图谱	网络分析算法	识别战略协同潜力
财务健康状况	财报数据、专利申请记录	XGBoost 特征重要性排序	评估财务稳定性
市场竞争力	新闻舆情、客户评价	BERT 文本情感分析	衡量品牌市场影响力
法律合规性	司法记录、行政处罚信息	规则匹配引擎	识别潜在法律风险

（二）动态估值模型开发

估值模型融合了传统方法和 AI 创新。在沿用 DCF 现金流折现、PE 倍数等经典方法的基础上，引入 LSTM 神经网络来更准确地预测企业未来现金流。特别值得注意的是，系统能够量化评估技术专利、品牌价值等难以用传统财务指标衡量的要素，将这些非财务因素合理纳入估值体系，使评估结果更加全面客观。

（三）风险调整机制

系统采用先进的模拟技术来评估估值风险。通过蒙特卡洛方法模拟数千种可能的未来情景，分析关键变量变化对估值的影响程度。同时设置实时监测机制，当目标公司股价或汇率等市场因素出现异常波动时，自动触发估值调整，确保评估结果始终反映最新市场状况。

（四）应用价值

这套智能系统显著提升了并购决策的质量和效率。传统人工筛选往往需要数月时间，而系统可以在几周内完成全面评估，效率提升 80% 以上。更重要的是，AI 模型能够发现人眼难以察觉的潜在风险和价值，避免因信息不对称导致的决策失误。实践数据显示，使用该系统的并购案例，后续整合成功率比行业平均水平高出 30%。

8.3.2　协同效应 AI 模拟与预测

（一）协同效应类型解构

并购协同效应如图 8-5 所示，主要分为三大类：运营协同关注成本节约和供应链整合，系统会量化测算合并后可能节省的采购成本、物流费用等具体指标；财务协同重点评估资本结构优化空间和税务筹划机会，建立不同融资方案下的收益模型；管理协同则通过组织架构分析，预测合并后的管理效率提升潜力。系统为每类协同效应都开发了专门的评估框架，将抽象的"协同价值"转化为具体的财务数据。

图 8-5　并购协同效应

（二）多情景模拟系统

系统采用智能模拟技术预测协同效应。基于 Agent 建模技术可以模拟合并后企业的运营场景，动态推演不同整合策略的效果。关键参数如市场份额变化、业务整合周期等都可以进行压力测试，了解极端情况下的协同价值变化。所有分析结果都会通过交互式仪表盘直观展示，决策者可以随时调整参数，实时查看对最终协同价值的影响。

（三）利益相关方价值分配模型

协同价值的合理分配同样重要。系统会平衡股东、债权人、管理层等各方的利益诉求，确保并购方案获得广泛支持。特别采用 Shapley Value 算法科学评估各主体对协同价值的贡献度，为价值分配提供客观依据。这套机制能有效预防并购后因利益分配不均导致的整合障碍。

（四）应用优势

传统协同效应评估往往依赖经验判断，存在较大主观性。AI 模拟系统通过数据驱动和情景测试，将协同价值预测的准确率提升 40% 以上。企业可以提前预判并购后的整合效果，避免"协同幻觉"。实际案例显示，使用该系统的并购交易，后续实际实现的协同效益与预测值的偏差控制在 15% 以内，显著优于行业平均水平。

8.3.3　并购风险智能识别与预警

（一）风险因子库建设

系统建立了全面的并购风险知识库，主要包含三类核心风险：法律合规风险通过预设规则引擎扫描，可自动识别潜在的反垄断问题或合同漏洞；财务风险采用改进的 Z-score 模型，对目标企业的高杠杆、盈利预测偏差等财务异常进行评分；整合风险则通过分析员工满意度调查、离职率等行为数据，预判并购后可能出现的文化冲突和人才流失问题。这些风险因子会持续更新，确保覆盖最新的监管要求和市场变化，如图 8-6 所示。

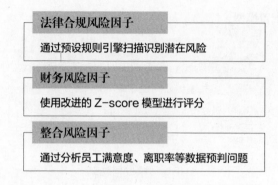

图 8-6 风险因子

（二）实时监测体系搭建

并购过程中的风险监控实现全天候运作。社交媒体舆情监测系统运用自然语言处理技术，实时捕捉公众对并购交易的情绪变化；财务异常检测模块会标记目标企业报表中的可疑波动；交易进程跟踪功能则在监管审批等关键节点设置预警阈值，一旦出现延迟立即提醒。这套监测体系就像给并购交易装上"雷达"，7×24 小时扫描各类风险信号。

（三）应急响应预案库

当风险发生时，系统能快速提供应对方案。预案库收录了数百个历史案例的处理经验，通过相似度匹配推荐最合适的解决策略。对于正在谈判的交易，系统会动态建议协议条款的调整方案，比如增加对赌条款或分期付款安排，有效降低风险敞口。这些智能建议既考虑法律合规性，又兼顾商业可行性。

（四）应用价值

传统并购风险管理往往滞后于风险发生，而智能预警系统实现了风险防范的前置化。实际应用数据显示，该系统可提前 30~60 天识别约 85% 的重大并购风险，使企业有充足时间采取应对措施。某跨国集团采用该系统后，并购失败率从行业平均的 40% 降至 15% 以下，充分证明了其风险防控效果。

8.3.4 并购后整合 AI 辅助决策

（一）整合阶段诊断系统

并购后的首要工作是全面诊断两个企业的匹配程度。系统会通过组织结构图谱分析，直观展示双方在部门设置、管理层级等方面的差异点；同时运用 RPA 流程挖掘技术，自动比对关键业务流程的异同，标记可能产生冲突的操作环节。这些诊断结果会生成详细的兼容性报告，帮助整合团队快速锁定需要优先调整的领域。

（二）资源优化配置模型

在资源整合环节，AI 系统提供科学的优化建议。针对供应链整合，系统会计算最优的仓储布局和运输路线，实现成本最小化；对于人力资源配置，则会分析岗位重叠度，给出人员调整或再培训的具体方案。这些建议不仅考虑短期成本节约，还会评估长期运营效率，避免因过度裁员导致的核心能力流失。

（三）文化融合路径规划

文化融合是并购成功的关键难点。系统通过分析员工考勤数据、内部通信记录等行为特征，量化评估两个团队的工作风格差异。动态更新的文化匹配度仪表盘可以实时监测整合进展，当发现文化冲突苗头时，及时推荐针对性的团队建设活动或管理制度调整，文化融合调整方案如表 8-6 所示。

表 8-6　文化融合调整方案

整合阶段	文化特征指标	调整措施
早期（0~3 月）	考勤异常率↑ / 沟通频率↓	启动跨部门团建活动
中期（4~6 月）	冲突事件数量>阈值	建立联合决策机制
长期（7~12 月）	核心人才流失率>行业均值	优化股权激励方案

（四）持续改进机制

系统内置的学习功能会持续优化整合效果。通过分析历史并购案例的数据，建立预测模型评估当前整合方案的潜在成效。在整合实施过程中，系统会不断对比实际结果与预测值，自动调整建议策略。这种闭环改进机制使得整合方案能够随着企业实际情况动态进化，大大提高并购成功率。实践表明，采用该系统的企业并购后整合周期平均缩短 30%，协同目标达成率提升 25%。

8.4　AI 在资本运作与风险管理中的应用

8.4.1　智能资本结构优化建议

（一）资本结构现状分析

系统首先会对企业当前的资本结构进行全面"体检"。通过收集整理企业过去 5 年的财务数据，包括债务比例、融资成本、股东权益等关键指标，建立完整的资本结构数据库。同时结合 GDP 增长率、市场利率水平等宏观经济数据，评估现有资本结构在市场中的相对优劣。这种分析就像给企业的财务结构拍 X 光片，能够清晰显示哪些地方需要调整。

（二）智能优化算法应用

在优化环节，系统采用先进的智能算法。遗传算法会模拟生物进化过程，通过多轮"优胜劣汰"逐步逼近最优方案；粒子群优化则模仿鸟群觅食行为，寻找最佳资本配置比例。这些算法不仅考虑当前的财务数据，还会通过机器学习预测不同资本结构对公司未来 3~5 年价值的影响，确保建议的前瞻性。

（三）动态调整机制

资本结构优化不是一劳永逸的工作。系统会设置自动触发条件，比如当市场利率波动超过 2%，或者企业季度盈利出现显著变化时，立即启动重新评估。通过连接实时数据源，系统可以 7×24 小时监控企业的资本结构健康状况，及时发现需要调整的信号，就像给企业配备了一位全天候的财务顾问。

（四）风险评估与反馈

每个优化建议都会附带详细的风险评估。系统使用 VaR（风险价值）模型测算在不利市场环境下可能出现的最大损失，确保方案的安全性。更重要的是，系统会持续跟踪市场对企业资本结构调整的反应，通过反馈机制不断优化算法，使建议越来越精准。实践数据显示，采用该系统的企业资本成本平均降低 1.5~2 个百分点，财务风险指标改善 20% 以上。

8.4.2 流动性风险 AI 预警与管理

（一）流动性风险指标构建

系统首先会建立全面的流动性评估体系。重点关注三个核心指标：流动比率反映企业短期偿债能力，速动比率剔除存货因素后更真实地显示即时支付能力，现金流量比率则直接衡量经营活动产生的现金保障程度，如图 8-7 所示。这些指标数据不仅来自企业内部财务系统，还会整合银行授信额度、市场融资环境等外部信息，形成 360 度的流动性风险评估。

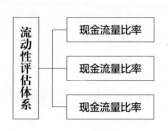

图 8-7 流动性评估体系

（二）实时监测系统

流动性风险需要全天候监控。系统采用时间序列分析技术，像心电图监测仪一样持续跟踪各项流动性指标的变化趋势。根据行业特点和企业实际情况设置多级预警阈值，当指标接近危险区域时提前发出警报。比如当速动比率连续两个季度下降并突破预设红线时，系统会自动触发预警机制。

（三）风险应对策略

预警只是第一步，关键是要有解决方案。系统内置的应对策略库包含数十种经过验证的流动性改善措施，从短期融资方案到资产处置建议。基于企业当前状况和历史应对效果，AI 会推荐最适合的 3~5 种方案，并预估每种方案对流动性指标的改善程度。就像给医生开的处方一样，既有常规治疗方案，也有应急抢救措施。

（四）持续监控与优化

流动性管理是个动态过程。系统会定期生成管理效果评估报告，分析预警准确率和应对措施有效性。随着市场环境变化和企业发展阶段不同，预警参数和应对策略也会相应调整。某制造企业使用该系统后，流动性危机预警时间平均提前 90 天，应对方案的有效性提升 40%，显著增强了企业的财务韧性。

8.4.3　投融资合规 AI 审查与监控

（一）合规规则库建设

系统首先会建立一个全面的合规知识库。这个知识库收集整理了国内外与投融资相关的所有重要法律法规，包括证券法、外汇管理条例、行业监管规定等。通过自然语言处理技术，系统能够自动解析这些法律条文的关键要求，就像一位专业的法律助理，将晦涩的法条转化为清晰的合规标准。这些标准会定期更新，确保始终与最新法规保持同步。

（二）智能审查系统

在日常运作中，系统就像一位不知疲倦的合规审查员。它会自动检查每笔投融资交易，比对交易细节与合规标准，标记出可能存在的问题。更智能的是，系统通过机器学习分析历史违规案例，能够识别出那些表面合规但实际存在风险的交易模式。例如，它可以发现那些试图通过复杂交易结构规避监管的行为。

（三）实时监控与预警

合规风险往往具有时效性。系统建立了全天候的监控网络，持续跟踪所有投融资活动的合规状态。当发现异常情况时，比如某笔交易触及监管红线，系统会立即向相关责任人发送预警。这种预警不是简单的通知，而是会附带具体的风险说明和应对建议，帮助业务部门快速采取纠正措施，预警触发条件与处置方案如表 8-7 所示。

表 8-7　预警触发条件与处置方案

风险等级	触发条件	响应时效	处置措施
红色预警	单笔交易违规概率＞80%	10 分钟内	冻结交易＋人工复核
橙色预警	合规评分低于行业标准 20%	1 小时内	生成整改建议报告
黄色预警	监管政策匹配度下降 15%	24 小时内	启动规则库更新流程

（四）持续改进与优化

合规管理是一个持续完善的过程。系统会定期自动更新规则库，确保审查标准与时俱进。同时，它会收集每次预警的反馈结果和实际处理效果，不断优化审查算法。某金融机构使用该系统后，合规审查效率提升 70%，违规事件发生率下降 60%，大大降低了法律风险和监管处罚的可能性。

第 9 章
公司战略与战略管理系统

战略管理是现代公司高层领导者最主要的职能之一，它是从全局和长远的角度来研究有关公司组织在竞争环境中生存与发展的重大问题。战略管理在现代公司管理中处于核心地位，能否做好战略管理是公司经营成败的关键。

9.1 公司战略管理的基本知识

20 世纪 70 年代初，美国经济面临石油危机，面临日本及欧洲国家的挑战，科技竞争愈演愈烈。管理学界开始重点研究如何适应充满危机和动荡的国际经济环境的不断变化，谋求公司的生存发展，并获取竞争优势的课题。较为突出的是，来自有关战争的词汇——"战略"开始被引入管理学界。

9.1.1 公司战略的概念

公司战略是指公司以未来为导向，根据公司外部环境变化和内部资源条件，为求得公司长期生存和不断发展而做出的长远性、全局性的谋划。公司战略也指在公司运作中，管理者所采取的竞争性举措和手段。公司战略是公司作为一个整体该如何运行的根本指导思想，它是对处于动态变化的内外部环境下，公司在当前及未来如何行动的一种整体表述。公司战略的核心问题就是公司从何处来、到何处去，也就是公司如何从外部得到回报并生存下去。

9.1.2 公司战略的特征

公司战略作为一个公司的根本指导思想，是一个大的宏观概念。根据其在公司管理中起到的作用，公司战略一般具有纲领性、全局性、长远性、竞争性、系统性、风险性、客观性和稳定性八大主要特征，如图 9-1 所示。

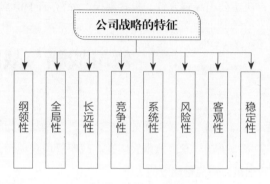

图 9-1　公司战略的特征

（一）纲领性

公司战略界定了公司的经营方向、远景目标，明确了公司的经营方针和行动指南，并筹划了实现目标的发展轨迹及指导性的措施、对策，在公司经营管理活动中起着导向作用。

（二）全局性

公司战略立足于未来，通过对国际、国内的政治、经济、文化及行业等经营环境的深入分析，结合公司已有资源，站在系统管理的角度，对公司的远景发展轨迹进行了全面的规划。

（三）长远性

首先，兼顾短期利益。公司战略着眼于长期生存和长远发展的思考，确立了远景目标，并谋划了实现远景目标的发展轨迹及宏观管理的措施、对策。其次，围绕远景目标。公司战略必须经历一个持续、长远的奋斗过程，除根据市场变化进行必要的调整外，制定的战略必须具有长期的稳定性，一般不能朝夕令改。

（四）竞争性

竞争是市场经济不可回避的现实，也正是因为有了竞争才确立了战略在经营管理中的主导地位。面对竞争，公司需要进行内外部环境分析，明确自身的资源优势，通过设计适合自身的经营模式，形成特色经营，增强自身的对抗性和战斗力，推动公司长远、健康的发展。

（五）系统性

立足长远发展，公司战略确立了远景目标，还需围绕远景目标设立阶段目标及实现各阶段目标的经营策略，以构成一个环环相扣的战略目标体系。同时，根据组织关系，公司战略需由决策层战略、事业单位战略、职能部门战略3个层级构成一体。决策层战略是公司总体的指导性战略，决定公司经营方针、投资规模、经营方向和远景目标等战略要素，是战略的核心，也是本书主要讲解的公司战略；事业单位战略是公司独立核算经营单位或相对独立的经营单位，遵照决策层的战略指导思想，通过对竞争环境进行分析，侧重市场与产品，对自身生存和发展轨迹进行的长远谋划；职能部门战略是公司各职能部门，遵照决策层的战略指导思想，结合事业单位战略，侧重分工协作，对本部门的长远目标、资源调配等战略支持保障体系进行的总体性谋划，如方案部战略、采购部战略等。

（六）风险性

公司做出任何一项决策都存在风险，战略决策也不例外。市场研究深入，行业发展趋势预测准确，设立的远景目标客观，各战略阶段人、财、物等资源调配得当，战略形态选择科学，制定的战略就能引导公司健康、快速地发展。反之，仅凭个人思想主观判断市场，设立目标过于理想或对行业的发展趋势预测存在偏差，制定的战略就会产生管理误导，甚至给公司带来破产的风险。

（七）客观性

客观性是指公司的高层管理人员在制定公司战略时，必须在对内外部环境客观分析的基础上做出判断，从而制定相应的适合公司的战略。在战略的制定过程中不能掺杂个人情感以及利益私欲等。

（八）稳定性

作为公司奉行的长期经营宗旨，公司战略一旦制定就必须保持相对稳定，不能朝令夕改。正在实行的战略一经修改必然带来整个公司上下的相应改变，长期不稳定的公司环境不利于公司长期的经营发展。

9.1.3　战略管理的概念

公司战略管理，是指将公司日常业务决策与长期计划决策结合而形成的一系列经营管理业务；是公司为探求长期生存和发展，根据公司内外部环境及可取得资源的情况，以正确的指导思想，对公司的发展目标、经营方向、达成目标的途径和手段做出的总体谋划，以及实施这些谋划和决策的动态过程。

可以从 5 个角度，即计划（Plan）、计策（Ploy）、模式（Pattern）、定位（Position）、观念（Perspective），对公司战略的定义进行了解析，构成了公司战略的 5P 定义。

第一，战略是一种计划。"计划"是指战略是一种有意识、有预计、有组织的行动程序，解决的是一个公司如何从现在的状态达到将来位置的问题。战略主要为公司提供发展方向和途径，包括一系列处理某种特定情况的方针政策，属于公司"行动之前的概念"。

第二，战略是一种计策。"计策"是指战略不仅仅是行动之前的计划，还可以在特定的环境下成为行动过程中的手段和策略，是一种在竞争博弈中威胁和战胜竞争对手的工具。例如，得知竞争对手想要扩大生产能力时，公司便提出自己的战略是扩大厂房面积和提升生产能力。由于该公司资金雄厚、产品质量优异，竞争对手自知无力竞争，便会放弃提升生产能力的设想。然而，一旦竞争对手放弃了原计划，公司却并不一定要将扩大能力的战略付诸实施。因此，这种战略只能称为威胁竞争对手的计策。

第三，战略是一种模式。"模式"是指战略可以体现为公司一系列的具体行动和现实结果，而不仅仅是行动前的计划或手段，即无论公司是否事先制定了战略，只要有具体的经营行为，就有事实上的战略。

第四，战略是一种定位。"定位"是指战略是一个组织在其所处环境中的位置，对公司而言就是确定自己在市场中的位置。公司战略涉及的领域很广，可以包括产品生产过程、顾客与市场、公司的社会责任与自我利益等任何经营活动及行为。但最重要的是，公司制定战略时应充分考虑外部环境，尤其是行业竞争结构对公司行为和效益的影响，确定自己在行业中的地位和达到该地位所应采取的各种措施。把战略看成一种定位就是要通过正确地配置公司资源，形成有力的竞争优势。

第五，战略是一种观念。"观念"是指战略表达了公司对客观世界固有的认知方式，体现了公司对环境的价值取向和组织中人们对客观世界固有的看法，进而反映了公司战略决策者的价值观念。公司战略决策者在对公司外部环境及公司内部条件进行分析后做出的主观判断就是战略，因此，战略是主观而不是客观的产物。当公司战略决策者的主观判断符合公司内外部环境的实际情况时，所制定的战略就是正确的；反之，当公司战略决策者的主观判断不符合环境现实时，所制定的战略就是错误的。

公司战略管理本质上是公司与变化着的环境不断对话的过程，它主要研究在迅速多变的外部环境中，如何整合公司的内外部资源，确立公司的发展方向与轨道，打造并提升公司的核心竞争力，并确保公司阶段性发展目标的实现。

此外，公司战略管理也有 5 个必须遵守的原则，即环境适应原则、全过程管理原则、整体优化原则、全员参与原则和反馈修正原则。

第一，环境适应原则。来自外部环境的影响力在很大程度上会影响公司的经营目标和发展方向。战略的制定一定要注重公司与其所处的外部环境的互动性。针对与所处的外部环境的互动关系实施战略管理，其目的是使公司能够适应、利用甚至影响环境的变化。

第二，全过程管理原则。战略是一个过程，包括战略的制定、实施、控制与评价。在这个过程中，各个阶段互为支持、互为补充，忽略其中任何一个阶段，公司战略管理都不可能成功。该原则要求将公司战略的制定、实施、控制和评价等形成一个完整的过程来加以管理，提高战略管理的有效性。

第三，整体优化原则。战略管理要将公司视为一个整体来处理，要强调整体最优，而不是局部最优。战略管理不强调公司某一个局部或部门的重要性，而强调通过制定公司的宗旨、目标来协调各单位、各部门的活动，使其形成合力。将公司视为一个不可分割的整体来加以管理的目的是提高公司的整体优化程度。

第四，全员参与原则。由于战略管理是全局性的，并且是一个制定、实施、控制和评价的全过程，所以战略管理绝不仅仅是公司领导和战略管理部门的事，在战略管理的全过程中，公司全体员工都将参与。公司战略的实施取决于公司全体员工的理解、支持和投入。

第五，反馈修正原则。战略管理持续时间一般在 5 年以上，时间跨度较大。战略的实施过程通常分为多个阶段，因此需要分步骤地实施整体战略。在战略实施过程中，环境因素可能会发生变化。此时，公司只有不断地跟踪反馈方能保证战略的适应性。根据环境的变化，及时地反馈修正战略，以确保战略的适应性。

9.1.4　战略管理的目的及作用

战略管理对于提高公司整体绩效起到了很大的作用。战略管理作为当代公司管理的重要环节，其思想方法已得到广泛运用。竞争越激烈的行业，运用战略管理的公司就越多；公司规模越大，也越重视战略管理。当处于外部环境急速变化或面临重大转折之际，公司就非常可能从战略管理的角度来重组公司。

（一）战略管理的目的

当今时代，公司的外部环境既复杂多样，又动荡多变。任何组织都是社会这个大系统中一个不可分割和具有开放性的组成部分，它的存在和发展在很大程度上受外部环境因素的影响。这些因素有些是间接地对公司起着作用，还有一些直接影响公司活动，如供应商、借贷者、股东、竞争者、顾客及其他与公司利益相关的团体。使公司在复杂多变的外部环境中生存并持续地发展下去，是战略管理的任务和目的。

对内外部环境的适应性，创造内外部环境的一致性是战略管理的重点。战略管理在制定、实施公司战略的各个阶段，都要清楚地了解外部影响因素及其方向、性质和程度，以便制定新的战略或及时调整公司现行战略以适应外部环境的变化，做到以变应变，不断提高公司的适应能力。

战略管理的目的分为以下两个层次。

第一个层次，实现公司的持续生存和不断发展，不断地完善和优化公司的经营结构，不断地提高公司的综合素质，为公司的发展提供可靠的基础。

第二个层次，是终极目的，体现为公司宗旨的实现，即公司在生存和发展过程中不断为顾客、为社会、为职工的福利和成长做出大的贡献，成就事业，实现公司宗旨所体现的公司价值。

（二）战略管理的作用

1. 对管理者的作用

（1）促使管理者重视对经营环境的研究。

由于战略管理将公司的成长和发展纳入了变化的环境，管理工作要以未来的环境变化趋势作为决策的基础，这就促使公司管理者重视对经营环境的研究，正确地确定公司的发展方向，选择适合公司的经营领域或产品市场领域，从而能更好地把握外部环境所提供的机会，增强公司经营活动对外部环境的适应性，使两者达成最佳的结合。

（2）促使管理者重视战略的实施。

由于战略管理不只是停留在战略分析及战略制定上，还将战略的实施作为管理的一部分，这就促使公司管理者在日常生产经营活动中要根据环境的变化对战略不断地评价和修改，使公司战略得到不断完善，也使战略管理本身得到不断完善。这种循环往复的过程，更加突出了战略在管理实践中的指导作用。由于战略管理把规划出的战略付诸实践，而战略的实施又同日常的经营计划控制结合在了一起，这就要求管理者把近期目标（作业性目标）与长远目标（战略性目标）结合起来，把总体战略目标同局部战术目标统一起来，从而调动各级管理人员参与战略管理的积极性，有利于充分利用公司的各种资源并提高资源的协同效果。

（3）促使管理者重视战略的评价与更新。

战略管理不只是计划"我们正走向何处"，也计划如何淘汰陈旧过时的东西。以"计划是否继续有效"为指导，重视战略的评价与更新，这就促使公司管理者不断地在新的起点上对外部环境和公司战略进行连续性探索，增强创新意识。

2. 对公司的影响

（1）使公司更好地适应环境。

现代公司面临的外部环境更加动荡不安。未实施战略管理的公司，只能采取被动型防御决策，仅在环境发生变动之后才采取选择，比较被动，成效有限。而实施了战略管理的公司则可采取进攻型防御决策，通过预测未来的环境，避免可能发生的问题，使公司更好地适应外部环境的变化，更好地掌握自己的命运。

战略管理有助于公司管理者实现思维方式与现实环境的同步化，提高应变能力，在动态环境中保持清醒的头脑和敏锐的判断力，把握方向，抓住机遇，培育、积累公司的竞争能力。

（2）有助于公司明确发展方向和目标。

公司管理者可以运用战略管理的理论和方法，确定公司经营的战略目标和发展方向，制定实施战略目标的战术计划，摒弃公司管理仅追求短期业绩的行为，促使公司在全面了解预期的结果之后，采取准确的战术行动以确保在取得短期业绩的同时实现公司原定的战略目标和发展方向。

（3）全方位提升公司决策和管理水平。

战略管理可以将公司的决策过程和外部环境联系起来，使决策更加科学化和规律化。战略管理的重要贡献不在于成文的决策本身，而在于制定决策的过程。

战略制定过程是一种学习、帮助、教育和支持活动，而不是仅在高层管理者之间传递的文字游戏。战略制定过程的主要目标在于使全体员工和管理者了解公司并加强对公司的责任感，这种过程能提供激励员工潜能的机会。对于有效的战略管理而言，一个重要方面是要消除信息不对称现象，让每一名员工都知晓足够的信息，这些信息包括公司的产品计划、发展方向、经营目标、战略和目标的实施情况、客户变化情况和竞争者状况。

因而，战略管理的重要性往往体现在战略的实施方面。当管理者和员工清楚了解公司在做什么、为何这样做以及公司业绩与自身报酬的相关关系后，便会感受到自己是公司的一部分，并以支持公司为己任，从而表现出惊人的潜能和创新能力。

（4）有助于提升公司的核心竞争力。

制定战略目标要依托于公司现有的核心资源和核心竞争力，而战略管理过程对公司的核心竞争力又有着明显的提升作用。在战略制定过程中，公司要对现有核心竞争力要素进行分析、识别和初步配置；在战略实施过程中，公司要根据战略目标梳理出战略驱动因素，进而制定出关键绩效指标体系，与绩效系统相衔接，促进公司资源的进一步融合和核心竞争力的再创新。

（5）可以从根本上提高公司价值。

尽管战略管理不能确保公司一定成功，但它可以使公司更加主动地进行决策，而不是为形势所迫而被动权变。战略管理可以提高公司的效率，但更重要的是它可以使公司的经营更富有成效，使公司在思想上和观念上发生巨大的转变。

由战略管理而建立的业务规划、经营计划、预算管理、绩效和薪酬系统，构成了完整的公司管理控制链。为适应公司内部环境和外部环境的未来变化，高绩效公司趋向于对这一系统进行精细的计划，使公司的财务业绩在行业内能长期表现出较高水平。许多学者运用实证方法，通过对实施战略管理的公司和未实施战略管理的公司进行长期的观察和分析，得出了前者在销售额、利润、每股收益和公司竞争地位方面较之后者都有明显改善的结论。

9.1.5　战略管理系统模式

（一）战略管理系统模式的概念

公司战略管理系统模式是公司按照战略管理过程的要求而设立的战略管理组织、机构、制度等的总称。一个战略管理系统的规范性程度随公司的不同而不同。规范性包括系统在成员组成、职责、权力以及自由处置权等方面的明确程度。战略管理系统的规范性通常与公司的规模和公司所处的发展阶段这两个因素有非常大的关系。

（二）战略管理系统模式的种类

大型公司和小型公司在选择战略管理系统模式时有很多不同。根据公司的规模和公司所处的发展阶段这两个特性，公司战略管理系统的模式一般分为 3 种：公司家战略管理系统模式、适应性战略管理系统模式和计划性战略管理系统模式。

1.　公司家战略管理系统模式

公司家战略管理系统模式的权力来源是公司家。在这种战略管理系统模式中，战略是由一个铁腕人物制定的。公司战略关注的焦点是机遇，而问题是次要的。战略由公司创始人自己通过对公司未来发展的判断，并在一系列大胆的重要决策中展示出来，公司价值增长是主导目标。

亨利·明茨伯格认为，小型公司可以采用公司家战略管理系统模式，这种模式对战略的评价凭直觉进行，是非常不规范的，并且在范围上也是很有限的。

2.　适应性战略管理系统模式

适应性战略管理系统模式有时也称"走一步，看一步"。这种战略管理系统模式的特点是公司针对遭遇的问题给出解决方案，而不是主动寻求新机会，决策中争论的焦点是目标的优先次序。适应性战略管理系统模式下，公司是渐进性地小步往前走。大多数大学、政府机构都采用这种战略管理系统模式，采用这种战略管理系统模式的公司数量也较多。

3. 计划性战略管理系统模式

计划性战略管理系统模式的权力来源是管理者。这种战略管理系统模式由系统收集情报信息，总结出多种可靠战略，并选择最合适的战略。这种模式下，公司既主动寻求新机会，也被动响应存在的问题。美国的美泰公司就采用这种模式。在意识到美国以及全世界家用电器产业的变化之后，美泰公司的高层管理者通过精心的选择和决策，把公司从一个高质量的洗衣机细分市场的生产供应商转变为所有家用电器市场的生产供应商。

这种模式下制定的战略是一种适用范围广泛、规范、具有多层性的战略管理系统，适合于大型公司。

计划性战略管理系统模式和公司家战略管理系统模式是两种截然不同的战略管理系统模式。计划性战略管理系统模式的组织环境是可预测的和稳定的，公司家战略管理系统模式的组织环境是屈服的；计划性战略管理系统模式适用于大型公司，公司家战略管理系统模式适用于年轻的或小型的公司。另外，在决策动机、组织目标、决策的连续性、模式的灵活性、行动幅度和方向的明确性上，二者也有很大的不同。

有时候，一些公司也采用第 4 种模式，即所谓的循序渐进式战略管理系统模式，它由计划性战略管理系统模式、适应性战略管理系统模式以及较小程度的公司家战略管理系统模式综合而成。这些公司的高层管理者对公司的使命和目标有合理而明确的想法，但是在制定战略时，他们选择反复、交互的过程，不断地探索未来，在一系列小步努力之中试探和学习，而不是一下子确定整个战略。

9.2 公司的愿景规划和事业使命

"我们公司的战略是什么？也就是说：公司将去向何方？"

"公司未来的技术、产品、顾客的重点是什么？"

"我们公司究竟想发展成为一个什么样的公司？"

"5 年之内我们在行业里要获得一个什么样的地位？"

围绕以上问题的基本观点和结论，就构成了公司的愿景。

9.2.1 公司愿景及其描述

公司愿景是一个组织中各个成员发自内心的共同目标，是蕴藏在每个成员心中的一股令人感动的力量，是愿望的景象，是一种认知图像和期望状态，体现了公司永恒的追求。公司愿景的内容包括：公司未来的发展方向、公司力求达到的产业地位、公司将要开发的能力和公司需要满足的客户。它清晰地反映了公司所确定的长期的业务目的和业务模式，它指引着公司向着特定的方向发展，并勾勒出公司发展的战略轨迹。

公司制定愿景的意义如下。

（1）保证整个公司经营目的的一致性。

（2）为配置公司资源提供基础或者标准。

（3）建立统一的公司风气或者环境。

（4）通过其中的表述，使公司员工认识公司的目的和发展方向，防止公司员工在不了解公司目的或发展方向的情况下参与公司活动。

（5）有助于将目标转化为工作组织结构，以及向公司各责任单位分配任务。

（6）使公司的经营目的具体化，并将这些目的转化为目标，以使成本、时间和绩效参数得到评估和控制。

【例 22-1】全球各大公司的愿景描述列举如下。

麦当劳：在全球食品行业占主导地位，全球性的主导地位意味着在通过便利、价值与执行战略增加市场份额和利润的同时，确立以顾客满意为中心的运作准则，提供全球最优的快速餐饮服务。

迪斯尼：成为全球的超级娱乐公司。

华为：成为世界级的领先电信设备提供商。

联想：高科技的联想、服务的联想、国际化的联想。

索尼（20 世纪 50 年代）：成为在世界范围内改变人们认为日本产品质量差的看法的最知名公司。

李宁：成为全球领先的体育用品品牌公司。

丰田：有路就有丰田车。

高盛：在每一方面都成为世界上最优秀的投资银行。

9.2.2　公司使命

提出公司的使命是确立公司愿景的起点。建立一个明确的公司使命应当成为战略家的首要责任。在所有组织中，90% 左右的问题是共同的，不同的问题比例只有 10%，而这10% 需要适应这个组织特定的使命、特定的文化和特定的语言。

"我们的公司是什么以及它应该是什么"就是最初的公司使命的含义，它指出满足顾客的需求就是每一个公司的使命和宗旨，它认为"一个公司不是由它的名字、章程和条例来定义的，而是由它的使命来定义的，公司只有具备了明确的任务和目的，才能制定明确和现实的公司目标"。

（一）公司使命的构成要素

不同类型的公司的使命表述，在内容、篇幅和形式上各有不同。但从构成要素来看，大体上一致，可以归纳为以下 9 个方面。

1.　客户：公司的客户是谁？

客户是公司的消费者或服务对象。使命表述要以客户为中心，客户或消费者的需要决定公司的经营方向。

强生公司：我们坚信，我们对医生、护士、患者、母亲和其他所有使用和享受我们产品与服务的人负有重要的责任。

2.　产品或服务：公司的主要产品或服务项目是什么？

公司生产、经销的主要产品或提供的主要服务项目是构成公司活动类型的基本因素，公司经营的关键在于其产品或服务在市场上的销路及收益。对公司产品或服务的描述是引导消费者识别公司的重要因素。

美孚石油公司：寻找和开采石油、天然气、液化天然气，以这些为原料为社会生产高质量的产品，并以合理的价格向消费大众销售这些产品和提供相应的可靠服务。

3.　市场：公司在哪些市场参与竞争？

市场区域即公司计划要开辟或参与竞争的地区。

科宁玻璃制造公司：我们将竭尽全力使科宁玻璃制造公司取得全面的成功，并使它成为全球市场上的竞争者。

4.　技术：公司的技术是否是最新的？

公司技术水平的定位能够反映公司所提供产品或服务的质量，有助于明确公司的技术竞争力。

数据控制公司：经营应用于微电子和计算机产业的业务，两个主要业务领域为计算机硬件和计算机升级服务，具体服务范围为计算机、信息、教育和金融。

5. 对生存、增长和盈利的关切：公司是否努力实现业务的增长和良好的财务状况？

公司能够通过何种方式实现业务增长和盈利水平提高，是表明公司盈利能力的信息。

麦格劳－希尔出版公司：通过收集、评价、生产和营销有价值的信息而满足全球需求，同时使我们的用户、雇员、作者、投资者及整个社会受益。

6. 经营理念：公司的基本信念、价值观、志向和道德倾向是什么？

经营理念是指公司在生产经营活动中所持有的基本信念、价值观念、行为准则和精神追求等。正确的经营理念是公司成功最重要的保证。

玫琳凯化妆品公司：公司的全部宗旨都基于一条重要的原则，即分享与关怀。出于这种精神，人们将愉快地贡献他们的时间、知识与经验。

7. 自我认识：公司最独特的能力或最主要的竞争优势是什么？

自我认识是公司对自身比较优势和特别能力的判断与认识。

克朗•泽勒巴克公司：通过释放全体雇员的能量和利用他们的建设和创造能力，在未来 1000 天的竞争中实现飞跃。

8. 对公众形象的关切：公司是否对社会、社区和环境负责？

公司的发展与社会、社区和环境紧密相关，公司的生产具有外部性，因此如果该公司承担了外部性，即承担了对社会、社区和环境的责任，对于公司公众形象的塑造将起到积极作用。

辉瑞公司：为增强社会经济力量做出贡献。在我们从事业务活动的所有国家，以及在地方、州和全国范围内都作为一个优秀的公司公民而发挥作用。

9. 对雇员的关心：公司是否视雇员为宝贵的资产？

重视且关心雇员，是公司"以人为本"的核心理念，通过持续的雇员关怀输出，可更好地留住雇员，提升雇员对公司的满意度，提高员工的工作积极性，为公司创造更多的经济利润。

瓦乔维亚银行：以良好的工作条件、高超的领导方式、按业绩付酬的原则、有吸引力的福利待遇、个人成长的机会和高度的就业保障，来召集、培养、激励、回报和留住高能力、高品格和有奉献精神的人员。

（二）公司使命的作用

哥伦比亚大学商学院 Schon Beechler 教授对世界 500 强中的 12 家公司的研究表明：这些成功的公司都有非常清晰的使命，不仅高层管理者的行为能够持续地与使命保持一致，而且各个层次的员工对于公司的使命也都有清晰的认识，特别是在面对危机时，这些公司能够将使命与战略保持在同一执行层面上。

这些大型公司成功的案例都表明公司使命在公司经营中起着巨大的作用，其具体可以表现为以下 4 点。

（1）明确公司的发展方向与业务主题，提高公司整体的运作效率。

（2）协调公司内外部的各种矛盾冲突。

（3）处理好利益相关者不同的利益要求。

（4）建立用户指导思想：将满足社会与用户要求作为公司存在的根本理由。

【例 22-2】全球各大公司、学校的使命描述列举如下。

哈佛商学院：影响公司的实践；在日益增长的全球商务环境中，提高学生进行战略性与关键性思考的能力。

麻省理工学院斯隆商学院：对日益增长的市场全球化和密集的竞争正在改变工作性质的这一事实做出反应；尊重有用的工作；为产业提供服务。

哥伦比亚商学院：让学生掌握作为管理者能够在全球经济中进行有效竞争所需的基本学科与应用的职能领域。

Intel 公司：成为全球互联网经济最重要的关键元件供应商，包括在客户端成为个人计算机、移动计算设备的杰出芯片和平台供应商；在服务器、网络通信和服务及解决方案等方面提供领先的关键元件解决方案。

可口可乐公司：带领全球人们的身体、思想及精神更怡神畅快，让我们的品牌行动不断激励人们乐观向上，让我们所触及的一切更有价值。

（三）公司愿景与公司使命的区别与联系

公司愿景不会年年改变，它像一个历久弥坚的承诺；公司使命需要根据外界环境变化或者随着公司的不断壮大而不断地进行调整，具有长期性和灵活性相结合的显著特点。

两者的区别：公司愿景是公司要追求的目标，而公司使命是公司根据这个目标所要完成的任务。公司愿景是公司未来状况的一个简明缩影和蓝图，是公司努力要达到的境界，是公司的个性、趋向性的表现，它确定了公司的整体发展方向，而公司使命是对公司的目标或存在原因的具体阐述，公司的各种计划和项目都应该以此为导向。

两者的联系：从某一角度来讲，公司使命是公司愿景的一个方面，换句话说，公司愿景包括公司使命。一个有效的公司愿景包括 3 个内核：存在的理由（即公司使命）、战略、价值观。公司依照愿景的期望履行公司使命，以实现自身的社会价值。公司使命是公司愿景中具体说明公司行为和经济活动的理念，具体表述公司在社会中的经济身份或角色，注重公司的行为效果。

表 9-1 所示是公司愿景与公司使命的区别与联系。

表 9-1　公司愿景与公司使命的区别与联系

	公司愿景	公司使命
区别	我们想成为什么	我们目前是什么
	着重对内公布，重在发挥激励员工和规范公司发展方向的作用	着重对外公布，便于社会了解和监督
	较为抽象	较为具体
联系	公司使命是公司愿景的起点，愿景的确定必须从使命出发，使命是愿景的一个组成部分。	

9.3　公司战略目标

公司战略目标是指公司在战略期内所要达到的水平，是公司使命的具体化和明确化。从广义上看，战略目标是公司战略构成的基本内容，它所表明的是公司在实现其使命过程中要达到的长期结果，战略目标是对公司战略经营活动预期取得的主要成果的期望值。从狭义上看，公司战略目标不包含在公司战略构成之中，它既是公司战略选择的出发点和依据，又是公司战略实施要达到的结果。

9.3.1　公司战略目标的内容

由于战略目标是公司使命和功能的具体化，所以一方面，有关公司生存的各个部门都需要有目标；另一方面，目标还取决于公司的不同战略。公司的战略目标是多元化的，既包括经济目标，又包括非经济目标；既包括定性目标，又包括定量目标。尽管如此，各个公司需要制定目标的领域却是相同的，所有公司的生存都取决于一些相同的因素。

国内外学者对于这方面的总结也有很多，稍加总结各学者的观点，就可以概括出公司战略目标的 10 个具体内容。

（1）盈利能力。用利润、投资收益率、每股平均收益、销售利润等来表示。

（2）市场。公司在市场上要达到的地位，通常用市场占有率（市场份额）来表示。市场占有率反映了公司的竞争地位。

（3）生产率。用投入产出比率或单位产品成本来表示。

（4）产品。用产品线或产品的销售额和盈利能力、开发新产品的完成期来表示。

（5）资金。用资本构成、新增普通股、现金流量、流动资本、回收期来表示。确定资本结构，减少资本成本，加强资金运作。

（6）生产。用工作面积、固定费用或生产量来表示。

（7）研究与开发。用花费的货币量或完成的项目来表示。

（8）组织。用将实行变革或将承担的项目来表示。

（9）人力资源。用缺勤率、迟到率、人员流动率、培训人数或将实施的培训计划数来表示。

（10）社会责任。用活动的类型、服务天数或财政资助来表示。

一个公司并不一定在以上所有领域都规定了目标，并且战略目标也并不局限于以上 10 个方面。

9.3.2　公司战略目标的要求

公司战略是公司根据环境的变化、本身的资源和实力选择适合的经营领域和产品，形成自己的核心竞争力，并通过差异化在竞争中取胜而做的规划。随着世界经济全球化和一体化进程的加快和随之而来的国际竞争的加剧，对公司战略的要求越来越高。

每一种经营活动都是根据某种战略来进行的。战略是公司前进的方向，是公司经营的蓝图，公司依此建立其对客户的忠诚度，赢得一个相对其竞争对手持续的竞争优势。战略的目的在于建立公司在市场中的地位，成功地同竞争对手进行竞争，满足客户的需求，获得卓越的公司业绩。

公司在制定公司战略目标时至少应满足以下几个要求：可接受性、灵活性、激励性和可实现性、适应性、易理解性。

公司总体战略规划是对公司未来一定时期内生存和发展的统筹谋划，一个想要发展壮大的公司必须要居安思危、未雨绸缪，为公司制定长远的战略规划，并且一定要分阶段、按步骤贯彻实施。

现实是未来的基础，而未来是现实的发展；现实是立足点和出发点，而未来是着眼点和目标点。管理者在制定公司的战略目标时，只有立足现实，着眼未来，才能有所创新，才能保持领先和主动，才能把握和赢得未来。因此，管理者要居安思危，构建长远战略目标，体现出未来意识和超越意识。管理者只有树立"明天即今天"的观念，才能使公司具有竞争力。

9.4 战略经营单位及战略制定

9.4.1 战略经营单位的含义及特点

战略经营单位（Strategy Business Unit，SBU）是 20 世纪 70 年代美国通用电气公司（以下简称"通用公司"）创造、发展的一种分权组织形式。一个 SBU 如同一个独特的小型企业或者独立的经营单位。每一个 SBU 都要指定一位经理（通常就是业务经理），这位经理对产品负有从提供研究的实验室起到产品工程、市场研究、生产、包装和营销工作的指导和推销的责任，并对利润负有最后的责任。经理在专职或兼职职工（即由其他部门派到重要经营单位兼职的工作人员）的协助下，就可以为该产品制定和执行策略性的经营计划。SBU 如同设在大公司里的单位，是独特的小型企业，能像单独营业的单位那样推销与处理某些产品或产品系列。这种特殊的组织单位，能保证公司经营的几百种产品或产品系列全部受到同样的重视。有些公司会为其主要的产品系列采用这一组织形式来经营。

一个理想的战略经营单位应该具备以下特征。

（1）有独立的业务。它是一项独立业务或相关业务的集合体，在计划工作中能与公司其他业务分开而单独作业。

（2）有不同的任务。它的任务有别于其他业务单位的具体任务，虽然大目标相同，但分别朝不同的方向去努力。

（3）有自己的竞争者。在各自的领域都有现实的或潜在的对手。

（4）掌握一定的资源。掌握公司分配资源的控制权，以创造新的资源。

（5）有自己的管理班子。它往往有一位经理，负责制定战略计划、提高利润业绩，并且控制影响利润的大多数因素。

（6）能从战略计划中得到好处。它有相对的独立权，能按贡献分得应有的利润和其他好处。

（7）可以独立计划其他业务。可以拓展相关业务或新的业务。

很明显，SBU 的主要好处是保证大公司中某一产品不致被销售量大、利润高的其他产品挤掉，还可以使负责指导与推销某一产品或产品系列的经理和职工集中注意力并倾注其全部力量。

9.4.2　划分战略经营单位应注意的问题

划分准确的战略经营单位必然会给公司的发展和经营带来巨大的好处，但是在相反的情况下，则可能会适得其反。所以在划分公司的战略经营单位时应该注意什么问题是公司管理者必须慎重考虑的。

根据前文介绍的战略经营单位的特点，可以总结出在划分战略经营单位时应注意的问题主要有以下几项。

（一）根据公司目标划分责任中心并授予相应的权力

在责任会计管理内部划分责任中心并授予相应的权力。在 SBU 战略中应该将不同责任中心划分为一个独立的 SBU 并组建成一个项目组，突破"螺丝钉"的传统理念，实现管理者到经营者的转变。

（二）编制责任预算，确定责任目标

根据每一个 SBU 的具体责任目标来编制具体的责任预算，并且将其作为业绩的评价标准。

（三）合理制定内部转移价格

为了正确评价每个 SBU 的工作业绩，对于各责任中心之间相互提供产品或者劳务的活动，必须由公司管理层审慎地、合理地制定出适合本公司特点的内部转移价格，以便进行计价和结算。内部转移价格的制定，既要有利于调动各 SBU 经营的主动性和积极性，又要有利于保证各 SBU 的经营目标和整个公司的经营目标的一致性。

（四）注重规模经济效应

在划分 SBU 时，要考虑各个 SBU 的规模大小所带来的影响。规模优势带来价格优势，

而质量和价格优势可以成为销售中最具有诱惑力的部分。

（五）注意保证各 SBU 之间的实力均衡

因为每一个 SBU 成了一个独立的经营单元，所以它们之间必然会形成相互竞争的模式。一定程度上的竞争确实有利于公司的经营发展，但是过度的竞争也必然会给公司带来不可想象的后果。在划分 SBU 时就必须考虑到各 SBU 之间的实力分配以避免导致公司内部的不良竞争。

【例 22-3】海尔集团 SBU 实用案例。

如何将目标、市场和分配 3 个基本元素整合为一种管理机制，海尔集团独创性地采用了 SBU 经营机制。SBU 经营机制最终也可以解决管理的"老大难"问题，即目标制定与实施、考核与薪酬、激励与改进。当然，任何一种模式都很难兼顾企业发展与员工发展，很难平衡各方利益关系，很难真正做到竞争和双赢。海尔也不例外。

一、SBU 经营机制的形成与实施

海尔集团自 1998 年 9 月 8 日开始推行业务流程再造，最终目标是把员工从被管理者变成自主经营的创新主体。经过很长一段时间的组织与制度创新，在组织扁平化、流程化、信息化的基础上，海尔集团进一步对员工和经营观念进行再造。2001 年，海尔集团开始推行 SBU 理论，实行全员 SBU 经营机制，这是海尔集团业务流程再造推行到一定阶段的必然产物，属于后业务流程再造。

SBU 经营机制与职能管理最大的差别是：职能管理是分段管理，每个人不是对市场负责，而是对自己的上级负责，员工把自己作为一个被管理的客体；SBU 经营机制则强调"一票到底"的业务流程，每个人对市场效果负责，通过市场链咬合的关系，每一个员工成为自主经营的主体。自己经营出市场效果后，通过收益提成来挣自己的工资。

2001 年年底，海尔集团创造性地提出了 SBU 损益表的操作思路，具体做法是：将事业部的外部目标转化为内部目标，再将内部目标量化到个人目标，每个部门每个员工的目标完成效果以市场链的形式体现，工作指标全部货币化，实施"以市场链工资激励员工把用户的需求作为自己的价值取向，创造性地完成有价值的订单，不能以货币结算的劳动是没有价值的，属于无效劳动"。

海尔集团提出，管理水平的高低不在于员工行为的好坏，而在于能否为员工创造一个创新的空间，使每一个员工都可以在这个开放的系统中完成目标并实现创新。要求每一个员工都要面对市场，每一个员工的价值都应该体现在为用户创造价值。SBU

作为一个经营的主体，自负盈亏、亏损买单、增值提成，完全是通过自己经营市场效果得到市场报酬，通过自己的服务、经营自己的产品来满足用户的需求，挣自己应得的报酬。

资源存折就是将企业员工看成企业的资产，只有资产成为优质资产，企业才算良性运营。针对这个情况，海尔集团将员工的工作看作一种负债经营，创造性地将员工的经营收入与耗用的资源结合起来，形成一种量化性的自主经营。但是企业中有些员工的工作预算不好确定，特别是支持流程人员，如财务人员等。

资源存折创造性地将经营的有效性和市场订单的多样性结合起来，实行负债性的自主经营，不仅有利于经营成果的量化，而且能促使员工开源节流，为企业且为自己创造更多的节余与利润。同时，资源存折是 SBU 损益表的另一种表现形式，它实质上是将损益表中的预算剔除，以一种纵向的形式体现，其实质是一样的，都是一种将企业效益与员工绩效挂钩的经营管理。

资源存折相当于为每位员工都建立了一张个人的"投入产出卡"或"个人损益表"，让每个人都明确自己的投入和产出，直接面对市场，实现了自主经营和自负盈亏。资源存折考核机制的实施极大地调动了员工的创造积极性，使员工主动找市场、明确目标、围绕目标整合资源，最终获得有价值的订单。

二、SBU 经营机制的成效分析

SBU 损益表在经营活动中如同一面镜子，它可以实时检查经营得失、改进经营质量，避免走弯路。让干得好或干得坏的人干，经营效果一目了然。SBU 经营机制不仅促进了海尔集团的企业经营，也是对传统粗放式管理的一次革新。

1. 员工观念的转变。首先是让每个员工都树立了自我经营意识，让每个员工从原来那种被动地执行任务转变到创造有价值的订单，从按企业的规章制度办事、符合领导标准到主动从用户的需求出发，达到用户满意的目标。每个人将原来那种工作拿工资的思想（其实就是一种雇员思维）转变成我是"老板"在经营的思想。每个人把个人价值与企业价值连接在一起，实现企业价值的最大化就是使自己与企业增值。

2. 企业的市场效果明显。SBU 经营机制实质上是以发展指标、质量指标和利润指标为考核中心，改变了原来单一的收入考核机制。SBU 经营机制不仅追求量的增长，而且追求质的提高，所以 SBU 经营机制的市场效果主要体现在"开源"与"节流"。

3. 促进管理会计作用的发挥。损益表是会计报表中最常见的一种报表，也是会计为经营管理提供信息的基本表现形式之一。海尔集团创造的 SBU 损益表对传统的会计制度进行了以下革新。

（1）会计计算期间由月到日，实现了一种精细化的会计核算。

（2）突出财务全面预算功能，起到对未来经营状况的分析判断作用。

4. 有助于建立科学的考核激励机制。SBU 经营机制是将员工的工作经营化、数字化的体现，将各经营效果的量化指标与绩效考评标准挂钩，实现了标准透明、考核公开的公平激励政策，充分展现了"量"与"质"、"劳"与"效"长期以来倒挂的局面。

SBU 经营机制打破了传统"多劳多得"的分配机制，形成了一种绩效考核机制——按照经营效果兑现报酬，实现企业与员工市场咬合的关系，企业赚钱，员工才能赚钱，企业亏损，员工也得亏损，这样就迫使每一个员工都与企业齐心协力、共担风险，使企业经营风险最小化。

三、SBU 经营机制所面临的挑战

第一，SBU 经营机制将原来的个人行为转化为量化的数字指标，更为全面地考核员工的业绩，其本身要求员工能全面预算和实施自己的工作，对于员工的素质要求更全面、更高，而一般的管理人员的管理能力、决策能力达不到要求会导致工作效果"打折扣"。SBU 经营机制在打破原有的职能式管理的同时，对于员工之间，特别是上下级之间如何来经营这一问题还存在需要解决的矛盾。

第二，SBU 经营机制实质上缩小了核算经营体，也使每个核算经营体的经营风险系数更大。对于出现的风险，如果全部由单个员工自己来买单，势必会出现个人承担不了的问题，最终给员工在心理上造成过大压力，反而产生做不好或逃避的问题。

第三，因为 SBU 损益表和资源存折项目打破了原有的财务概念，加入了管理的考核内容，所以如何来确定管理项目的成本和收益标准缺乏历史数据依据，特别是围绕企业的同一个目标，不同的 SBU 的经营角度不一样，其准确性和合理性难以确定，这容易导致损益表和资源存折实施不下去。

第四，SBU 会对资源的分配起到非常大的影响。资源来自一级管理者，这势必会出现资源配置不到位而造成下一级 SBU 的经营成果差异大，直接导致考核的公平性问题，从而影响员工的工作积极性和员工的稳定性。

第五，在现代组织中，一个人不能完成全部的工作，必然需要团队的分工合作。如何来确定团队中每个人的效益分成，标准的合理性会直接影响项目的效果和合作的可能。

第六，对于支持流程，指标的量化特别是最终归结到货币上非常难。往往会造成付出了工作劳动，却无法直接体现的市场效果，而且此工作又必须去做，这样会影响员工积极性的发挥。

第七，SBU 经营机制对于企业信息化的要求非常高，每一个 SBU 都要能获得支持其经营业务的信息。SBU 经营机制不仅需要企业内部的信息，更需要企业外部的信息，而目前能够准确获取全方位数据的可能性非常小，特别是外部数据的获取更加困难，而且实施的成本非常高。信息不真实会导致经营结果不准确。

四、谋求推进中解决问题的办法

海尔集团在实施 SBU 经营机制的过程中，已经涌现出一些自主经营意识非常强的 SBU 员工，如钢板采购经理张永召等，这说明其思路是非常对的。目前存在的两类问题，都有针对性的解决办法：一方面是由 SBU 经营机制独创性导致的问题，这需要不断地调整，寻求合理性和操作性的结合；另一方面是一些无法越过的问题，这必须要企业按照其自身的规律来解决。

第一，按照 SBU 核算到每一个员工，希望通过自主经营的模式来调动员工的积极性，这种做法与现代社会的高度分工和有效的团队合作相背离。也正是基于这一考虑，2004 年年底海尔集团提出了 SBU 经营团队，即 MMC（迷你公司）的概念，以团队为单位来实施 SBU 经营机制的推进。

第二，目前信息化程度和数据信息的可靠度不够，必然会导致企业数据信息不准确的问题。过分量化考核，将导致经营结果不准确，评价达不到企业的要求。可以从两方面来改正：其一是应有相关评判的标准，通过量化的评价数据修改考核的结果；其二是划定经营区间，在同一个区间内考核结果一样，减少数据不准确造成考核过细反而不合理的问题。

第三，在实施过程中发现，有些岗位，如质量管理、人力资源、后勤保障等部门中的岗位的某些工作是很难量化的，并非所有工作的数据都可以从计算机终端获取。

过度量化考核可能导致信息失真。例如，一个质量主管，2005 年制定了自己的"卓越绩效评价体系"，将质量指标与制造速度和制造成本结合起来，即不以牺牲制造速度和制造成本为代价换取高质量合格率，将一些管理指标量化为财务指标。用缺乏可以参照的数据来分析，其准确性需要用历史数据进行试套分析。

考核力度大会影响员工积极性，考核力度小又起不到激励推动作用。可以考虑总体原则为：确保现有员工中 10% 的人能超出设定的目标，50%~60% 的人能够完成经营目标，只有 30%~40% 的人还有差距。在确保员工总体积极性的同时，又能激励员工经营业绩的提升。

第四，对于资源，如果完全由上一级 SBU 来分配和确定，必然导致下一级 SBU 对于资源分配的不满。所以必须有统一的原则和程序，由相关部门和人员来评价，保证资源配置的公平合理。例如，将车间和班组确定为订单的单位，即订单优先分配给经营好的车间和班组，但问题是这种分配的盲目性是非常大的。抢订单的模式不利于企业长期生产效率的提高。

反思海尔集团 SBU 的实施过程可以发现，任何一种管理模式在强调其"刚性"的同时，必须考虑它的"柔性"。海尔集团在管理上强调执行，不折不扣地执行，随着 SBU 经营机制的运行，许多有价值的员工感到压力重大和无所适从，最终选择离开海尔集团，这究竟是不是损失，至少海尔集团现在的一些做法证明存在问题的。

另外，企业内部管理能否实现市场化？车间一线员工的计件工资、销售人员的业绩提成等是比较容易操作的，但是如果各个岗位普遍使用，企业内部部门之间、员工之间、流程之间都实行合同文本方式规范管理，实行货币化结算，这就有些反科斯定理。这一问题值得慎重地推敲与求证。

9.4.3　战略制定的方法

战略制定的方法是如何管理好公司的一个非常重要的议题。在管理实践中，通常根据公司的规模、业务特点等选择不同的战略制定方法。

（一）战略制定的原则

公司战略制定的原则是指公司在把握时代潮流、发展趋势和经营环境变化的基础上，为谋求长远、可持续、协调、稳定的发展，以正确的战略思想为指导，对公司的方针目标、方向、产品结构的选择及进行相应的公司经营资源分配时所必须遵循的原则。公司制定战略时要遵循以下原则。

（1）公司战略要率先贯彻和反映公司文化中蕴含的经营理念、精神、宗旨与价值观。

（2）公司战略要符合公司的内在条件，充分发挥优势，扬长避短，并创造新的优势资源。

（3）公司战略要打特色牌，以形成自身的独特模式。其他公司的战略模式只可供借鉴，不能盲目照搬。

（4）公司战略要有前瞻性，要预测到未来规划期内社会、经济、科技、环境、人口、市场诸多方面的重大变化带来的影响，要考虑相应对策，从而使战略有相当的适应性。

（5）公司战略应划分为若干战略阶段和设定一些战略控制点，渐进式地逼近终极目标。在该进程中，短期利益与长远利益结合，局部利益与整体利益兼顾，既积极又稳妥地推进，在这些因素的约束下选择相对合理的发展轨迹。

（6）制定公司战略事先要小心论证，要聚集公司全体员工的共同愿望，主要反映公司领导层的未来设想。必要时，可邀请社会有关专家参加战略制定或咨询论证。

（7）公司战略体系一经确定或批准，则具有长期指导性、持久性、一贯性和严肃性。除非遇到不可抗力事件或未预测到事件的严重影响，一般不宜对发展战略频繁修改或调整。尤其反对"一茬领导一个调"，后任领导随意否定前任领导制定的发展战略的现象。

（二）战略制定的主要方法

1. 自下到上的方法

由下到上的方法即首先在业务部门制定战略，然后呈送上级机构批准，公司再将各业务部门制定的战略汇总起来，这样，公司战略本身就是各个业务部门战略的组合。在业务部门这一层次，各业务部门是根据自身的特殊环境制定战略，主要的战略目标集中于各个部门现有的业务活动和使自身的地位得到巩固与加强。并且，大多数新的业务部门都将倾向于扩充现有的业务活动。大多数业务部门管理者都参与战略制定并熟悉其所在部门的战略细节和经营细节，公司一级管理者通常是非正式地参与业务部门的战略制定过程，因此，公司层级对业务部门制定的战略的审批比较容易通过。由下到上这一战略制定方法的主要缺点是：由于每个业务部门的战略都是根据其自身的特殊环境制定的，这样汇总起来的公司级战略就容易变成"大杂烩"，缺乏公司范围的凝聚性、统一性和一致性，难以适应整个公司的环境需求和资源需求。显然期望依靠几个业务部门的战略就汇集成公司统一的宗旨和方向是不太可行的。

2. 自上而下的方法

这种方法是在那些认为制定战略能够便于管理的企业中发展起来的，它完全不同于由下到上的方法。这种战略制定的方法强调只有企业的一小部分管理者投入战略制定过程。因而，通过这一方法制定的战略反映了高层管理者对如何有效地获取企业目标所做的决定。在制定战略的过程中，对各业务部门之间存在的任何矛盾，都将在公司范围内得到彻底讨论并解决（当然研究时也会要求下层管理者提出建议和意见以便考虑）。

一般来讲，自上而下制定的企业战略是具有凝聚性和统一性的战略计划，公司方向、公司目标和行动目标都很明确。公司战略确定后再分解成每一个业务部门的战略和指导方针并交给各业务部门去实施。所属各业务部门实施公司和本业务部门的战略，只有当公司

（首脑集团）推出新的战略时，业务部门的战略实施才会有相应改变。业务部门、职能部门的管理者是实施他们所管辖范围内战略计划的负责人，应在必要时提出对意外问题的意见，所提出的意见经过批准后以修改或完善公司的指导方针。而公司级战略计划所包含的战略目标和行动目标则是考核业务部门经营好坏的基础。

3. 相互交叉或协商式的方法

这种方法是指公司和业务部门的管理者相互交叉、联合制定公司和业务部门的战略。这样制定出来的战略既不像自上而下的方法制定出来的战略那样是公司级管理者的产物，也不像由下到上的方法制定出来的战略那样只是业务部门管理者的产物。相反，由于公司级和业务部门的管理者都参与并讨论了战略的制定，所以制定出来的战略既反映了公司的目标与要求，又和业务部门管理者对其所管辖业务的特殊情境有密切的联系。虽然在战略制定过程中由于协商和考虑过程较长而耗费了较多的时间和精力，但是这种耗费会由于加快了战略的批准时间和缩短了战略的实施步骤而得到补偿。

这种制定战略的方法一方面由于公司的管理者与各业务部门进行了成功的协商，对各业务部门制定战略的活动影响很小；另一方面，在制定战略的过程中公司管理者会特别强调业务部门战略的形式和内容必须相对地统一。同时，由于公司级战略和业务部门建议的战略之间有抵触的部分都已通过协商得到了解决，公司的管理者就不需要再花费大量的精力去测算业务部门的战略建议所提出的数据信息，而是可以根据公司资源、战略目标和公司方向使其各业务部门的战略形成一个公司战略组合。

4. 半自治式的方法

这种方法的主要特点是公司和业务部门的战略制定活动都是相对独立的。业务部门的战略是以适应各部门一系列特殊的环境和目标而制定的。业务部门战略的形成经过公司批准执行，一般每年对战略进行一次定期检查和评估。

而公司级的战略制定和重新修改不必有连续性，其重点是认清公司的发展方向，从公司的角度分析出现的各种威胁和机会，决定经营哪些新的业务、淘汰哪些现有的业务，对公司现有组合内的各项业务制定适宜的优先原则等。公司级管理者的工作重点则放在研究业务组合并着手从整体上改善业务组合的行为上，而不是陷入测算和制定业务部门的战略的详细过程。当新的公司方向和战略出台时，也许会导致新的合并、淘汰或是重新调整各业务部门之间的资源分配状况，各个业务部门执行公司这一决策就应该修改业务部门的目标和战略。就像行使检查权和批准权一样，公司要不时地为管理者提供公司级战略的新设想。

上述 4 种战略制定的方法在现实中都可见到，而每个公司究竟使用哪一种方法，则是由公司管理者的偏好决定的。

公司战略制定出来后，也许是以明显的（也可能是不够明显的）、综合的文件形式拟定出所谓的公司战略，以书面的文字总结出战略的基本内容，但由于各方面的原因，往往不可能包括完整的、详细的、各个层次的现行战略的全部内容。公司战略的许多方面是在管理者之间口头讨论的，只有在他们的管理行动和决策中才能显露出来，而局外人只有通过一些出色的行为，诸如合并、淘汰和市场上的行动等才能推导出一个公司的部分战略内容。至于战略的其他方面也许在年报、董事会分析讨论、总经理的发言、业务书信的个人观点和商业报刊上的文章中显露出来。

不管怎样，实际上从总经理的角度来讲，总有一些重要的战略思想内容不能见之于文或不能被别人窥见。这些战略内容只刻画在总经理的大脑中，形成他的秘密战略思想，这些是书面战略、口头讨论的战略和已经实施的战略的组成部分。它是总经理根据变化了的环境调整的战略思想，总经理的这一秘密战略实际上是管理公司的主要航图。但是对这种战略的评估、检查就更少具有连续性，只能是在各种事件的发生、新机会的出现时收集到更多的信息，由于各种条件的变化而修正业务方向和定义时，才可能发生相应的调整。

9.4.4 战略方案的内容

战略方案是指为了实现公司战略目标，根据环境分析的结果比较公司现时的能力与目标之间的差距，为弥补这个差距而想要采取的政策策略和行动计划。

战略方案是一个为了创造未来而组织起来的结构，它是在现状的基础上，描述所选定方向的总体结构。战略方案是动态的、以事项为导向的策略，它帮助公司控制一些在未来可能发生的重大事件。战略方案主要包括以下 4 个方面的基本要素。

（一）经营战略方案要素

一定要制定一套科学务实的经营战略方案，其主要用于解决"做什么"这个重大问题。

就公司的经营战略来说，其基本内容主要包括：产品与市场领域、成长方向、竞争优势和协同效应。这也是安索夫著名的公司战略管理要素内容。这 4 个方面的基本内容可以在公司中产生一种合力，形成公司的共同经营主线。在做公司经营战略方案时，首先应当根据产品、技术以及市场营销等方面的类似性，为公司确定一条共同的经营主线。这是公司战略方案中十分关键的内容，也是十分重要的第一步。

（二）管理战略方案要素

一定要制定一套运作高效的管理战略方案，其主要用于解决"怎么做"这个问题。

就公司的管理战略来说，其基本内容主要包括：组织系统、指挥系统、联络系统、检查反馈系统、计划预算系统等。其特点是必须密切配合公司的经营战略特征来制定，服务于经营战略并服从于经营战略。

（三）人才战略方案要素

一定要制定一套极具激励作用的人才战略方案，其主要用于解决"谁来做"这个问题。

就公司的人才战略来说，它的基本内容主要包括：人才的招聘和选用、培训、激励等。从整体来说，一些公司的成功得力于它的战略成功，但从人才战略角度来说，其成功应该得力于它的人才战略成功。这样的例子在商界比比皆是。如拯救克莱斯勒公司的里·亚柯卡，复活 IBM 的路易斯·郭士纳，让通用公司成为美国经济"火车头"的杰克·韦尔奇，等等。可以这样说，一个公司的成功可以归结为这个公司关键的人才战略的成功。因此，这里把人才战略作为一个重要因素单独列出来。

（四）文化战略方案要素

一定要制定一套具有强大生命力，并带有鲜明个性特色的公司文化战略方案。成功的公司，它的公司文化必须是具有强大生命力的，同时是带有重大鲜明个性特征的。文化战略方案主要用于解决的是回答企业"我是谁"这个在竞争中明确定位的重大问题。

就公司的文化战略来说，其基本内容一言以蔽之，就是做好公司的形象识别系统方案。形象识别系统包含三大部分：理念识别系统、行为识别系统、视觉识别系统。

以上 4 个方面是一个公司进行战略规划的基本内容和核心要素。做好以上 4 个方面的战略方案，是一个公司走向成熟、走向成功的基础。

第 10 章
财务战略管理与 AI 赋能

企业早已进入战略制胜时代，战略管理是企业高层次的管理，作为掌管企业财力资源的财务总监自然要将企业的财务管理融入企业的战略。所以，财务总监要具备财务战略管理的能力，掌握好财务管理乃至企业战略管理的知识、方法和手段，做好企业的财务战略管理。本章主要介绍财务总监做好财务战略管理的基本方法和内容。

10.1　财务战略与企业战略

10.1.1　财务战略与企业战略的关系

（一）企业战略

1. 企业战略的内容

企业战略，是指企业为了求得生存和长期稳定发展，根据其面临的内、外部环境和可取得的资源的情况，对企业的发展目标和达到目标的途径及手段的总体谋划。企业战略是战略观念和现代经营思想的集中体现，是企业一系列战略决策的结果，也是制定企业年度计划和长远发展规划的基础。

企业战略按其内容可分为投资战略、市场战略和产品战略；按其性质可分为攻势战略、守势战略和撤退战略；按其层次可分为总体战略和职能战略，职能战略包括财务战略、生产战略、市场营销战略、人力资源战略、研究与开发战略、资源供应战略等。

2. 企业战略的特征

（1）全局性。

企业战略关心的是企业整体的长期生存和发展问题，寻求企业发展的一切活动的长远统筹和平衡。全局性还表现在企业战略要与国家的经济、技术、社会发展战略协调一致，与国家发展的总目标相适应。

（2）方向性。

企业战略规定着企业未来一定时期内经营的基本方针，企业短期的一切生产经营活动都必须在基本方针的指导下进行，并对战略的实施提供保障。

（3）系统性。

企业战略是一个有机的系统，可以分解为不同层次的子系统。一般来讲，企业战略到底分为几个层次，要视企业的规模和特点而定。例如，在大企业中，企业战略可以分为企业的总体战略、事业部战略、职能战略和分战略，也可以直接分为总体战略、职能战略、分战略和具体战略。各战略之间的关系如图 10-1 所示。

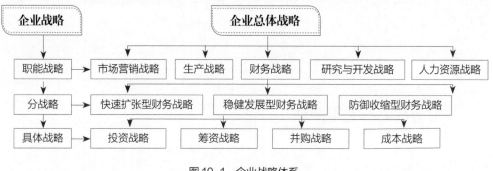

图 10-1　企业战略体系

（4）竞争性。

企业战略的主要内容之一，是要变革自身的生产经营结构，形成差别优势，以奠定企业未来竞争的基础。企业战略就是针对来自环境及竞争对手等方面的冲击、压力、威胁和困难，为迎接这些挑战而制定的战略。企业必须使自己的战略具有竞争优势，以保证自己能够战胜竞争对手，从而得以持续生存和发展。

（5）相对稳定性。

依照科学程序制定的企业战略一般不便轻易变动和调整，对于战略实施过程中出现的多种不确定性因素，企业只能通过调整具体的战术和策略来应对。企业的经营活动是动态的，所以指导经营实践的策略也应是动态的，以应对外部环境的多变性。这样，企业战术和策略是动态的，而企业战略是稳定的。但这种稳定是相对的，当有足够的因素驱使企业进行战略转型和战略调整时，企业战略就会发生动态变化，变化后的企业战略在一定时期内又是稳定的，所以企业战略具有相对稳定性。

（二）财务战略

财务战略是在企业战略目标的指导下，确立企业在较长时期内的财务战略目标，并围绕该目标，建立对企业总体长远发展有重大影响的财务活动的指导思想和原则，对各种资源进行整合，重点是资金即财力资源的筹措和使用的运筹谋划，并为此制定财务战略规划的一种指导思想和原则。制定财务战略的目的是保证财务目标的实现，进而实现企业的总体战略，为企业的长期稳定发展提供长期的财力资源保证。

（三）财务战略与企业战略以及其他职能战略的关系

财务战略与企业战略密不可分，财务战略是企业战略的重要组成部分。

企业战略是一个由若干子系统组成的有机体系，具有多元结构的特征，即企业战略不仅包括企业整体意义上的战略，还包括事业部层次和职能层次上的战略。财务部门是企业管理中的一个重要职能部门，财务战略是企业战略的组成内容之一，在整个企业战略中处于核心地位。尽管财务战略与其他职能战略的区分并不绝对，但是它还是具有明显的相对独立性的。因此，财务战略与企业战略以及与其他职能战略的关系表现在以下 3 个方面。

1. 财务管理工作的相对独立性决定了财务战略的相对独立性

在市场经济条件下，财务管理已经不是企业生产经营活动过程中的附属职能，而是一个相对独立的职能，有其独特的内容和管理方法。在企业的经营管理中，作为财务管理对象的资金运动，是从实物运动中相对独立出来的一个循环系统。企业资金的筹集、使用、分配等形成的资金循环与周转以及由此引起的理财活动，都必须以满足资金提供者的利益要求为准则。同时由于资金的稀缺性，即企业的资金的有限性，以及企业对资金需要的不断增加，企业经营管理过程中的资金供应与需求始终是互相矛盾的。不断地慎重处理这些矛盾，就是要在保证各项经济业务对资金的需要的前提下，尽量合理地分配和使用资金，这就是财务活动从企业管理活动中独立出来的重要原因。所以，财务战略是从战略的角度对资金运动进行的筹划，是对企业长期发展中的财力资源的规划，财务战略在整个企业战略中处于相对独立的地位。

2. 财务管理的核心地位决定了财务战略的核心地位

在现代市场经济中，财务管理在企业管理中的核心地位已经越来越明显。财务活动是企业一切实物运动的价值表现，因此企业的一切经济活动，包括研究与开发、技术改造、购产销等，归根结底，最终体现在财务活动上，企业对经济活动的管理最终也要反映到财务管理之中，企业经济效益的好坏也必须通过财务指标反映。所以财务管理在整个企业管理中处于核心地位，理所当然财务战略也就构成企业战略的核心内容。

3. 财务战略与其他职能战略之间是既相对独立又密切联系的关系

企业的财务活动不是孤立的，而是以实物运动为基础的，和生产经营活动的其他方面是相互联系、相互影响的。例如，企业的财务活动与材料供应、产品生产、商品销售等活动是相互依存、相互制约的，与其他活动一同构成企业的整体生产经营活动。

在整个企业战略体系中，财务战略只是其中一种职能战略，是一种局部战略，必然受到其他非财务方面的职能战略或局部战略的影响和制约。有时，财务战略和非财务战略是很难分清的。例如，在企业并购等经济活动中，有很多方面都具有多重属性：扩大企业规模，实现资源优化，是经营战略的内容，但是在并购中必然既涉及资产的重组、资金的运动，又具有财务战略的特征，所以就难以将其简单地归于财务活动或者非财务活动。正因如此，财务战略虽然主要是指对企业总体长远发展有重大影响的财务活动的指导思想和原则，但又不完全限于此，一些与财务活动密切相关但具有多种属性的企业活动的财务指导思想和原则也应当包含在财务战略之中。

10.1.2 决定财务战略的基本要素

决定企业财务战略的基本要素有 3 个：企业的战略目标、企业的财务资源和企业的财务环境。

（一）企业的战略目标

企业的战略目标是财务战略的指导思想和决定性要素。财务战略作为企业战略的一个子体系，是实现企业战略目标的一个手段。企业的战略目标要满足企业战略及其目标实现的要求。例如，如果企业战略采取攻势战略，财务战略就要与之配套，采取快速扩张型战略，从财务资源上对企业战略目标的实现予以支持。

（二）企业的财务资源

企业的财务资源是财务战略的基础要素。要保证企业战略目标的实现，必须以充足的经济资源为保证，而其他资源的价值最终都表现为财务资源。企业能够利用的财务资源的数量和质量以及对这些财务资源的合理配置和使用在很大程度上决定着财务战略的目标、方针和财务规划的具体内容。

（三）企业的财务环境

企业的财务环境是财务战略的外部要素，也是企业的客观条件因素。良好的财务环境、宽松的理财环境，是决定企业财务管理和财务战略广度和深度的另一个因素。企业的财务环境包括经济环境、税务环境和金融环境等。

1. 经济环境

财务战略的经济环境主要是指影响企业战略的经济因素，主要包括经济周期、经济发展水平和经济政策。

（1）经济周期。

在市场经济条件下，经济的发展与运行具有一定的波动性。这种波动性大体上经历复苏、繁荣、衰退和萧条几个阶段的循环，这种循环称为经济周期。经济周期对财务战略的影响是很大的。我国曾经经历过若干次从投资膨胀、生产高涨到控制投资膨胀、紧缩银根到通货滞胀的发展过程，这给企业的财务环境带来了很大的变化。因此，企业的筹资、投资和资产运营等理财活动都必然受到这种经济波动的影响。例如在银根紧缩时期，社会资金就十分短缺，市面利率上升，这会导致企业面临筹资困难；而企业的投资方向也会因为市场利率的上升而转向本币存款或贷款。在财务战略的制定中就必须考虑经济周期对财务活动的影响。

（2）经济发展水平。

经济的发展给企业扩大规模、调整方向、打开市场以及拓宽财务活动领域带来了机遇，同时在经济高速发展中，资金的紧张与资金需求的不断扩大始终是矛盾的，这又给企业的财务管理工作带来了严峻的挑战。所以，企业战略目标和财务战略目标必须以宏观经济发展目标为导向，充分考虑企业今后面对的经济发展水平。

（3）经济政策。

我国的经济体制改革正在向纵深发展，财税体制、金融体制、外汇体制、外贸体制、价格体制、投资体制、社会保障体制等各项经济体制都在改革。所有的这些改革，都将深刻地影响我国的社会发展、经济发展，以及企业的发展和财务活动的正常运行。例如，金融政策中货币的发行量、信贷规模影响企业的投资资金来源和投资的预期收益；财税政策影响企业的资金结构和投资项目的选择；价格政策影响资金的投放和投资的回收期与预期收益。可见，经济政策对企业财务的影响是巨大的，这就要求财务总监在财务战略的制定中要充分考虑这些因素。

2. 税务环境

市场经济制度是以法律规范和市场规则为特征的经济制度。法律为企业的经营活动规定了活动的空间，又为企业在相应空间内自由经营提供了法律保护。从企业理财的角度来看，税收法律制度为企业提供了非常重要的法律环境。税收是国家凭借政治权力无偿征收财政收入的行为，具有强制性和无偿性的特点。税务对企业理财来讲是不可抗拒的外部因素，因此，企业只能去适应税务环境。税务环境对财务战略的影响是非常大的，为此，财务总监在财务战略的制定中必须充分考虑今后税务环境的变化以及可能变化的程度。税务环境的变化主要表现在各种税收法规的变化上，特别是增值税、消费税、所得税的变化给企业带来的影响。财务战略应当以适应税收政策为导向，合理规划资金的投放。

3. 金融环境

企业的资金来源有两种，一种是权益资本，另一种是债务资本，后者主要来自金融机构和金融市场。金融政策的变化必然影响企业的资金筹措、投资和运营活动。例如，我国加入世界贸易组织后，境外的金融机构纷纷涌入，这增加了企业的筹资渠道。我国资本市场的发展以及与世界资本市场的接轨，拓展了金融市场的规模，为企业创造了宽松的金融环境。此外，利率的变化对企业的影响也将极大地影响企业的财务活动。因此，金融环境是企业理财的主要环境因素，当然也是财务战略的重要的环境因素。

10.1.3　财务战略的类型及特征

如前所述，财务战略和企业战略密切相关，财务战略侧重于对资金及相关资源的筹措和有效配置。所以，财务战略也应当主要从资金等财务资源的筹集、投放和有效使用的角度进行划分。从这一角度出发，可以将财务战略划分为快速扩张型财务战略、稳健发展型财务战略和防御收缩型财务战略。

（一）快速扩张型财务战略

快速扩张型财务战略是以实现企业资产规模的快速扩张为目的的一种财务战略。

这种财务战略的目标是配合企业的攻势战略，在相对较短的时间内，迅速扩大企业的资产规模，以适应企业生产经营的高速发展。要快速扩大资产规模，就必须在较短时间内筹集到实施战略所需的资金。企业筹集资金的方式主要是权益筹资和债务筹资。在快速扩张型财务战略下，企业一方面需要留存大部分净利润乃至全部净利润，另一方面还必须进行大量的外部融资，更多地利用负债来弥补内部积累的不足，以满足快速扩张的需要。

从筹资方式来看，靠内部积累来扩大资产规模，其速度是较慢的、效果是较差的。而债务筹资方式的来源渠道较多，使企业能比较迅速地筹集到所需的资金；同时债务筹资能够为企业带来财务杠杆效应，能够防止净资产收益率的稀释。

当企业的资产规模快速扩张时，企业的资产收益率在一个较长的时期内会表现出相对低的水平，因为收益的增长相对于资产的增长有一定的滞后效应，那么在快速扩张型财务战略中就不能以资产收益率作为财务战略目标，而应该以企业的生产经营规模决定的资产规模作为战略目标，充分利用规模经济规律来确定战略目标。

快速扩张型财务战略的特征一般表现为高负债、低收益、少分配。

（二）稳健发展型财务战略

稳健发展型财务战略是以实现企业经营业绩的稳定增长和资产规模的平稳扩张为目的的一种财务战略。

实施稳健发展型财务战略的企业，一般都是将资源的最优化配置和提高现有资源的使用效率作为首要任务的，主要是将积累的利润作为实现企业资产扩张的基本资金来源。为了防止由于过重的利息负担降低企业的收益，或者为了避免更多的财务风险，需要十分谨慎地采用债务筹资手段来实现资产或经营的扩张。

稳健发展型财务战略的基本特征是低负债、高收益、利润分配由少到多。随着企业逐步走向成熟，其内部利润积累的意义已不大，在这种情况下，少分配的特征就越来越不明显，直至消失，而多分配的特征就会逐渐显现出来。

（三）防御收缩型财务战略

防御收缩型财务战略是以预防出现财务危机和求得生存及新的发展为目标的一种财务战略。

采用这种财务战略的企业一般都是在以往的发展过程中遇到过挫折，或者曾经实施过快速扩张型财务战略的企业，曾经形成的负债负担过重和当前经营上面临的困难迫使这类企业采取防御收缩型财务战略。实施防御收缩型财务战略的企业，其现金流动都不太顺畅，一般都将尽可能减少现金流出和尽可能增加现金流入作为首要任务。在防御收缩型财务战略下，企业需对外想办法通过举债筹资等措施以增加现金流入；对内通过精简机构等措施盘活存量资产，节约成本开支，集中一切可以集中的资源用于企业的主导业务，以增强企业主导业务的市场竞争力。由于企业缺乏发展的机会，股东们一般都要求企业将手中掌握的现金尽可能分配给股东。

防御收缩型财务战略的特征是高负债、低收益、多分配。

10.2 财务战略管理概述

10.2.1 财务战略管理的内涵、特征与作用

（一）财务战略管理的内涵

财务战略管理是企业战略管理的重要组成部分，其出发点是企业的财务活动及资金运动和财力资源的战略筹集与配置。财务战略管理是制定、实施和评价企业能够达到其财务目标的、跨功能决策的艺术和科学。财务战略管理致力于对企业各种资源的综合利用，是对财务会计、生产、销售、新产品开发的综合管理，其目的是实现企业可持续发展的长远目标。财务战略管理决定企业长期的、一系列重大财务决策和行动，包括企业财务战略的制定、实施、评价和控制等一系列活动。所以，财务战略管理实际上是为了保证企业长远目标的实现而进行的协调企业内、外部财务环境的高层次管理活动。

（二）财务战略管理的特征

财务战略管理是企业战略管理的子系统，所以既要体现企业战略管理的原则要求，又要遵循企业财务活动及资金运动的基本规律。财务战略管理应当将它们有机结合起来，形成一个有特色、相对独立的战略系统。财务战略管理的特征有以下 3 个。

1. 财务战略管理的起点是确立企业战略目标和财务目标

每一个企业客观上都应该有一个指导其行为的基本目标以及相应的财务目标。企业目标明确也就意味着企业的总体发展方向明确；财务目标明确，就为财务战略管理提供了具体的行为准则。

有了企业的战略目标和财务目标，才能够界定企业财务战略方案的边界，排除那些显然偏离企业发展方向和财务目标要求的战略选择。换句话讲，只有明确了企业的总体目标和财务目标，才能够将财务战略，尤其是财务战略的形成过程限定在一个合理的框架之中，避免漫无目的地寻求财务战略方案之类徒劳的做法。

2. 财务环境分析是财务战略管理的重心和难点

在财务战略的制定中，首先要进行财务环境分析，而财务环境在不断变化，因此，财务总监必须使财务战略能够适应财务环境的变化，从而保证企业目标和财务目标的实现。财务环境分析是财务战略管理的重点，财务环境的不断变化，又使得对环境的分析有其特殊性。具体来讲，这种特殊性表现如下。

（1）财务战略管理的环境分析是面向未来的，而且往往需要尽可能延伸至较长远的未

来时期。

（2）财务战略的实施需要保持相对稳定的实施环境，而环境的多变性往往又会迫使企业动态地调整财务战略。如何恰当地处理环境的多变性与财务战略相对稳定性之间的关系，是财务战略管理的又一难点。

（3）财务战略管理中的环境分析不可能只是单项环境分析，而应当是综合环境分析。

（4）财务战略管理中的环境分析要特别强调动态分析。虽然某一时点的环境特征很重要，但应更关心环境因素的动态变化趋势。如果缺乏动态分析，财务战略管理方案的调整就会变得非常被动。

3. 财务战略管理包括财务战略管理方案的制定、实施和评价

财务战略管理是一个系统工程，它是由若干步骤或者阶段组成的。财务战略管理不仅包括财务战略的制定，而且包括财务战略的实施和评价。没有实施阶段，财务战略就成为了摆设；不对它进行评价，就无法知道财务战略对企业的具体影响，也就无法判断其优劣。

（三）财务战略管理的作用

1. 财务战略管理可以提高企业价值和创造绩效

尽管财务战略管理不一定就能够确保企业财务目标的实现，但是它可以使企业更加主动地进行决策，而不是为形势所迫做被动改变。财务战略管理可以提高企业资源的利用效率，使企业的经营和财务管理更加富有成效。而且财务战略管理将会使财务总监的财务管理思想和观念发生巨大的变化，以适应不断变化的环境。

实践证明，许多实施了财务战略管理的企业，在销售收入、利润和每股收益及净资产收益率等指标值以及财务竞争能力方面都有较大的改善和提高。

2. 财务战略管理过程可以全方位提升企业的财务管理水平

财务战略管理包括财务战略的制定、实施和评价等环节。财务战略的制定是一种学习、帮助、教育和支持的活动，而不是仅仅在高层管理者之间传递的文书活动。对于有效的财务战略管理而言，一个重要的方面是要消除财务信息的不对称现象，让每一个员工都了解足够的财务信息。

另外，财务战略管理的重要性往往还体现在财务战略的实施方面。财务战略制定过程的主要目标在于使员工和有关的管理者了解企业的财务情况并增强责任感，而这种知晓的行为和过程或许是战略管理的主要伴生品。当管理者和员工清楚地知道企业在做什么、为什么这样做以及企业今后的经营业绩与自身利益之间的关系后，企业的凝聚力才会增强；在知晓并努力去实现企业的目标和完成企业战略任务的前提下，管理者和员工都会展现出惊人的潜能和创新能力。

10.2.2 财务战略管理的过程

财务战略管理的过程包括财务战略制定、实施和评价 3 个阶段。

（一）财务战略制定

财务战略制定是财务战略管理的首要环节，是在企业整体战略的指导下进行的，包括确定企业的财务战略目标，认清企业的财务机会和财务环境的威胁以及进行全方位的环境分析。具体来说，财务战略制定是通过对企业外部财务环境的分析和企业内部条件的分析，认清企业的优势和弱点，建立长期的财务发展目标，制定可供选择的战略方案，选择实施的战略方案的过程。资源的有效性要求财务总监必须以成本效益原则制定财务战略。财务战略决策应当使企业在相当长的时期内与特定的经济环境、市场环境、金融环境、税收环境、人力资源环境以及企业内部的各种财务资源、生产技术有机地结合起来，从而决定企业的长期竞争策略。财务总监必须高瞻远瞩地审定财务战略实施的后果，并配以实施财务战略所必需的资源。制定财务战略的一般程序如下所示。

1. 任务陈述

任务陈述是对财务战略的目的、任务以及各种条件的描述。

2. 外部财务环境分析

制定财务战略必须要考虑企业的各种能力，如资源能力、生产经营能力、研究与开发能力等，还要考虑这些能力与财务环境的匹配问题。企业的财务环境主要包括经济环境、税务环境、金融环境等，每一种环境都将制约或者促进企业能力的提升。但是，要对较长时期的经济环境、税务环境和金融环境了解得非常深刻，并分析其对企业发展的影响和作用力的大小并不是一件容易的事情。所以在财务战略的制定过程中，对外部财务环境的分析是一个关键的环节，也是一个难点。

外部财务环境分析的重点是识别和评价超出企业控制能力的外部财务环境发展趋势，如税收制度的变化、金融体制的变化、金融政策的变化和经济发展周期的变化等，以此来揭示企业在发展过程中，在财务方面所面对的主要机会和威胁，从而使财务总监和其他管理者能够采用适当的财务战略来利用机会、规避风险和减轻风险带来的不利影响。

3. 企业内部分析

财务活动是企业一切生产经营活动和实物运动的价值形式，所以，对企业内部情况进行分析实际上是明确企业在生产经营活动过程中以及表现在财务活动中的优势和劣势，其实质是对企业资源和财务战略管理能力的分析——清楚企业的财力现在有多大，在未来的时期又将达到多大。企业内部分析的基本步骤如下。

（1）资源评估。

这一步骤确认企业是否拥有能够支持财务战略的各种资源，特别是财务资源。虽然是对内部资源进行评估，但应看到有些资源是在企业的组织之外的，所以需要对这些资源进行定性和定量的分析和评估。资源应当包括企业能够获得的支持战略的所有资源，而不应只局限于企业所有权之内的资源。

（2）价值链分析。

利用价值链分析方法可以将资源和使用这些资源的财务战略目标有机地联系起来，这对了解战略能力很有帮助。价值链强调各价值活动之间的联系，而不是仅考虑资源本身。它强调企业的战略能力与其使用和控制资源的方式之间的相关性。

（3）比较。

由于战略能力是很难用绝对形式来评估的，所以涉及竞争优势或者货币价值的衡量，一般采用相对形式来反映，包括水平比较（即一定时期内的增长或者降低速度）、行业比较、与最佳效益的比较等。

（4）均衡。

企业的战略能力被破坏常常不是因为某一项活动或者某类资源出现了问题，而是因为这些资源之间的匹配比例不恰当。所以，应当将企业的资源均衡作为一个整体进行考虑。资源均衡应考虑 3 个重要问题：企业各种活动及其资源相互补充的程度、企业的灵活性与适应环境的不确定性、企业准备承担的风险水平。

（5）确认关键资源领域。

内部分析的最后一个步骤是从以上的分析中确认对企业战略和财务战略影响很大的关键因素，由此来确定企业的主要优势和劣势，并对其战略重要性做出合理的评估。

4. 建立长期的财务战略目标

在企业总的战略目标的指导下，确定企业在较长时期内的财务战略目标，为下一步的财务战略方案的制定和实施奠定基础和指明方向。

5. 财务战略方案的设计和选择

在环境分析的基础上，在财务战略目标的指导下，应当科学地设计企业的财务战略，并根据一定的标准选择最佳的战略方案。

财务战略方案的设计实际上就是将上述分析结果和财务战略目标有机地结合起来，形成不同的财务战略，如形成快速扩张型财务战略、稳健发展型财务战略以及防御收缩型财务战略。

然后，根据企业所处的特定环境和自身的功能定位、长期目标、现有资源和未来可能获取的资源预测，就可以进入财务战略制定的核心阶段——财务战略方案的选择阶段。

（二）财务战略实施

财务战略确立以后，战略管理过程并没有结束，强有力的战略执行能力是证明战略正确的重要保证，因为财务战略的战略执行是整个战略管理过程的核心。再好的战略，不能得到正确的执行和落实，就等于纸上谈兵。财务战略能否得到实施取决于以下两个问题。

一是管理问题。在财务战略的实施过程中，管理者和执行者都必须承担一定的责任，同时也需要得到激励。所以，财务总监要建立与财务战略相适应的财务管理体制，建立经营业绩与报酬挂钩的激励机制，建立有利于企业变革的外部环境等。

二是财务战略实施过程中的分工与协作问题。财务战略的实施涉及企业的方方面面，财务战略的成功实施最终取决于企业内部各职能部门、各单位管理者和员工的合作。财务总监必须设计出低成本的、最小风险的财务战略实施方案，做好各方面工作的平衡和协调。

（三）财务战略评价

及时的财务战略评价可以帮助财务总监和其他管理者认识到企业潜在的财务风险和问题，防患于未然。财务战略评价工作有 3 个基本步骤，具体如下所示。

第一步，考察企业财务战略的内在基础，主要是检查阻碍企业年度财务目标和长期财务目标实现的外部因素和内部条件。

第二步，将实际结果与预期结果进行比较，分析财务战略的实现情况。

第三步，采取有效的措施以保证行动与计划的一致性。

财务战略评价活动能够进一步加强财务总监和管理者对执行现行战略的信心，有助于帮助他们找出需要克服的困难，并能够及时采取有效的纠正性措施。纠正性措施能够使企业更好地发挥内部优势，更好地利用外部机会，更好地规避和减少外部的威胁，也能够较好地弥补内部的缺陷。对于财务总监来讲，连续的财务战略评价有利于其自身把握企业的经济命脉，提供实现企业整体战略目标以及战略管理系统所需的财务信息。

10.3　财务总监和财务战略管理

10.3.1　财务总监的战略管理职能

财务总监或总经理对企业战略负主要责任而不是全部责任，其他的企业管理者也必须承担战略管理的部分责任。财务总监对企业战略责无旁贷，无论制定战略、实施战略还是调整战略，财务总监都有特殊的发言权。财务总监参与企业战略管理，客观上要求财务总监要具备较多的战略管理知识和较强的战略管理能力，要求掌握较全面、较准确、较及时的战略管理信息。因此，财务总监面临着企业战略的知识化、能力化、信息化问题。财务总监不应只是被动地理解、贯彻首席执行官或总经理的战略意图，而应在战略决策与实施方面积极发挥对首席执行官或总经理的正面影响。

财务总监不能把自己当成一个传统的会计师，而应当深刻地认识到现代社会对财务总监的要求，努力使自己成为一个以财务运筹为核心的战略管理者。所以，财务总监首先要有战略性的思维，这主要体现在两个方面：首先资本的运作是倡导以小博大，追求最大限度的利润；其次要具备战略管理能力。

财务总监的战略管理职能主要体现在 3 个方面：第一，财务总监作为企业的核心领导者之一，参与企业战略管理的过程，包括企业战略的制定、实施和评价；第二，发挥财务总监的专业特长，履行战略审查职责，并主持制定财务战略；第三，主持制定财务规划工作。

10.3.2　战略审查

由于财务的特殊性，企业战略中的许多内容，包括战略目标和各种具体目标都必须利用财务指标予以表示和反映。财务总监既是企业的高层管理者，又是财务方面的专家和权威，所以利用其专业优势对企业战略进行审查就成为财务总监的必然职责。

财务总监代表董事会，特别是代表外部董事对企业的战略进行审查。财务总监进行审查时主要是寻求以下问题的答案。

（1）企业对市场情况是否充分了解？还有哪些信息值得进一步去搜集？如何才能得到这些信息？

（2）企业对竞争对手的了解如何？企业预测其竞争对手对各种情况的反应能力如何？是否存在进行这种竞争态势评价的良好基础？企业是否低估或者高估其竞争对手？

（3）企业管理人员是否已经充分讨论了各种市场的细分方法？企业现行的市场细分方法在何种程度上发挥了企业的优势？

（4）企业是否能比竞争对手更有效地销售产品和提供服务？其依据是什么？

（5）企业战略所建议采取的各种行动是否会产生协同优势？它们之间的相容性怎么样？

（6）被建议采用的战略是否充分涉及企业目标、财务政策、经营范围、企业组织及一体化问题？

（7）实施战略需要哪些具体资源（人员、技能、信息、设施、技术、财务关系）？企业是否已经具备这些资源？管理层是否已制定了能够得到这些带来长期有效竞争优势的资源的计划及整体生产能力的计划？

（8）战略在何种程度上定义了企业独特的和恰当的经济角色？企业的战略与竞争对手的战略有何不同？

（9）增长率问题是否被提出？是否有充分的证据证明为实现这一增长而进行的投资是值得的？企业的历史记录是否支持这一结论？

（10）根据企业的再投资能力，企业建议的分红政策是否反映了企业的增长战略？或者它是否只是一个常规的"安全"折中？

（11）管理部门是否能够有效地实施战略？为什么？

（12）企业战略以何种方式、在何种程度上被传达到整个企业？如果竞争对手知道了本企业的战略，对企业是有利还是不利？

（13）为了使战略成为财务决策的准则，需要做出哪些规定？管理层将在何种程度上利用这些规定？

（14）企业如何保证使企业财务战略跟上新的形势？企业是否对战略进行定期审视？多长时间进行一次？哪些人参加审视？

（15）在企业战略确定之后，是否制定了一套长期财务计划？是否准备了可能采用的后续战略？

（16）企业战略是否集中于少数真正的关键问题？它是否过于详细？它是否抓住了企业的要害问题？

（17）管理人员在进行战略思考时，是否考虑到以下问题：①为增长而增长；②为多元化经营而多元化经营；③模仿行业领者；④为保证盈利的增长而扩大经营范围；⑤没有客观假设自己的经营能胜过竞争对手。

（18）是否还有其他问题或可能发生的事件应予以考虑?

10.3.3　财务规划

为了实现企业战略目标，除了进行战略审查外，财务总监作为财务管理的"指挥官"，还需要协助首席执行官或总经理制定企业的财务规划。围绕企业战略目标制定的财务规划的主要内容包括：资源规划与配置、制定政策、建立年度目标和实施财务计划。

（一）资源规划与配置

资源配置是实施战略的一项中心工作。在确定了新的战略方案后，接下来的事情就是确定如何通过规划来分配企业的各种资源，特别是合理分配企业的财务资源。资源的管理和规划，一般是在企业和业务这两个层次上进行的。

企业层次上的资源规划主要是在企业的不同组成部分（各职能部门、各业务单位）之间合理地配置各种资源，从财务战略的角度，主要是进行资金的合理规划和分配；业务层次上的资源规划主要是解决企业如何将价值链作为资源需求清单，在不同价值活动之间进行资源的合理分配问题。

（二）制定政策

实施企业财务战略，必须有具体的政策来指导日常的工作。财务总监应当按照战略管理的要求，制定旨在保证战略目标实现的有关具体政策，为管理者和员工提供具体工作的指南，为战略的实施控制活动提供基础，并且协调企业的下属各单位、各部门之间的关系。

（三）建立年度目标和实施财务计划

建立年度目标，是将财务战略的长期目标具体落实为本年度应该完成的具体目标，然后围绕年度目标编制年度财务计划。这样就将长期的战略管理与短期的财务管理有机地结合起来，使财务战略有了落脚点，既有行动目标，又有行动方案，从而推动整个企业的财务管理工作乃至经营管理工作的顺利进行。

10.4 AI 在财务战略与企业战略中的具体应用

10.4.1 AI 驱动的战略环境分析与预测

（一）外部环境智能分析：构建企业的"数字望远镜"

宏观经济指标预测模型如同商业世界的"天气预报"。某金融机构开发的 AI 系统，通过分析历史 GDP 增速、通胀率、汇率波动等 200+ 变量，能提前 6 个月预测经济周期拐点。当系统检测到 PMI 指数连续 3 个月低于荣枯线时，自动触发"经济下行预警"，建议企业调整库存策略。例如在 2023 年某新兴市场货币危机前，该模型提前 4 个月预警，帮助企业减少 3200 万美元汇兑损失，如图 10-2 所示。

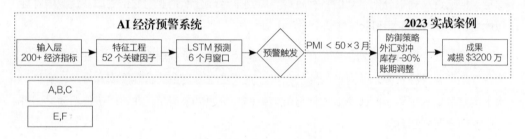

图 10-2 宏观经济预测模型

行业竞争格局动态监测系统实时追踪市场变化。某零售企业的监测平台，每小时扫描竞品价格、促销活动、社交媒体声量等数据。当发现某竞品突然降价 10% 且舆情热度激增时，系统立即生成应对方案：建议同步推出满减活动，并优化搜索关键词排名。这种动态响应使该企业市场份额保持稳定增长。

实时市场情报采集已实现"分钟级"更新。某快消品牌部署的 AI 爬虫系统，每 15 分钟抓取全球社交媒体、新闻网站和电商平台数据。当系统发现某网红推荐产品关键词提及率飙升时，立即通知供应链部门加急备货。该机制使新品上市响应速度从 72 小时缩短至 8 小时。

政治法律环境变化预警机制如同企业的"合规雷达"。欧盟 AI 法案实施后，某跨国企业的合规系统自动解析法律文本，识别出"算法透明度"等 7 项新要求。当检测到某国数据本地化政策变更时，系统在 72 小时内生成合规调整方案，避免潜在的罚款风险。

（二）内部能力诊断优化：打造企业的"数字 CT 扫描仪"

企业资源能力评估算法正在改写管理诊断模式。某制造企业的诊断系统，通过分析设备利用率、员工技能矩阵、资金周转率等数据，自动生成资源优化建议。当系统发现某生产线 OEE（设备综合效率）低于行业均值 15% 时，建议实施预防性维护并调整排班表，使产能提升 22%，如图 10-3 所示。

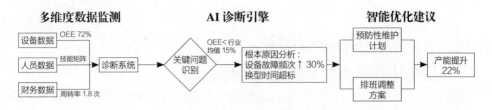

图 10-3 某制造企业的诊断系统

核心竞争力的机器学习识别如同发现企业的"基因优势"。某科技公司的 AI 模型，通过解析专利文本、研发投入和客户评价数据，自动识别出"边缘计算算法优化能力"是其核心竞争力。该发现促使企业将研发预算的 60% 集中投入相关领域，三年内专利数量增长 3 倍。

组织效能数字化诊断工具实时监测管理健康度。某咨询公司的诊断平台，通过分析会议效率、审批流程、员工敬业度等数据，发现"跨部门协作损耗"导致 30% 的产能浪费。系统建议增设虚拟项目组并优化审批层级，使项目交付周期缩短 18%。

财务健康度动态评分系统实现风险早预警。某上市公司的财务 AI 系统，综合现金流、负债率、盈利质量等 18 项指标，自动生成健康评分。当系统检测到应收账款周转天数增加 10% 时，立即提示加强客户信用管理。该机制使坏账率下降 42%，资金使用效率提升 28%。

（三）战略情景模拟与推演：在虚拟世界预演未来

多维度战略情景建模如同构建商业世界的"平行宇宙"。某车企的战略系统可模拟 5 种市场趋势、3 种技术路线和 4 种政策情景的组合影响。当测试"电动化 + 自动驾驶"技术路线时，系统预测到 2030 年市场份额将达 28%，但需投入 32 亿元研发费用。这种量化分析帮助管理层做出战略抉择。

蒙特卡洛模拟正在改写战略选择模式。某投资机构的系统模拟了 1 万种市场波动情景，计算不同投资组合的胜率。当检测到地缘政治风险概率超过 30% 时，自动建议降低新兴市场配置比例。传统方法需人工模拟千种情景，而 AI 可在 2 小时内完成百万级运算。

战略风险概率预测模型实现精准预判。某银行的 AI 系统通过分析企业财报、行业舆情和宏观经济数据，预测并购失败概率。当某跨境并购项目的风险值超过阈值时，系统自动提示调整交易结构或增加对赌条款。该机制使并购成功率从 58% 提升至 79%。

战略弹性评估指标体系衡量企业抗风险能力。某家电企业的评估系统包含供应链韧性、资金储备充足率等 6 项核心指标。当系统检测到芯片供应风险指数上升时，立即启动备用供应商并调整生产计划，使缺货损失减少 65%。

10.4.2 AI 优化财务战略制定与决策

（一）智能投资决策支持：让资本流动更智慧

资本预算优化算法如同企业的"资金分配导航仪"。某制造企业部署的 AI 投资决策系统，通过分析历史投资回报率、市场需求预测和产能利用率数据，自动推荐最佳投资组合。当系统检测到某新能源项目预期回报率达 18% 且风险可控时，立即建议追加预算，最终使该项目的实际收益比传统决策模式高出 23%，如图 10-4 所示。

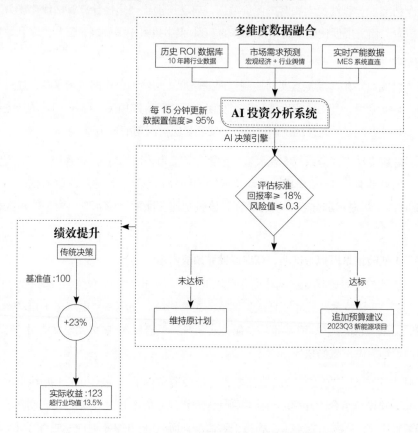

图 10-4　某制造企业部署的 AI 投资决策系统

投资项目价值评估模型突破传统估值局限。某私募基金采用的 AI 模型，不仅分析财务报表，还会解析行业趋势、管理团队稳定性等非结构化数据。当评估一家生物医药企业时，模型发现其专利布局密度与临床实验成功率的相关性（相关系数 0.71），据此调整估值模型，避免投资决策偏差。

投资组合智能配置方案实现动态平衡。某资产管理公司的 AI 系统，每季度分析全球经济指标、利率变化和行业景气度，自动调整股票、债券和另类资产的配比。在 2023 年通胀高企时期，系统将债券比例从 30% 提升至 45%，帮助客户规避了 12% 的资产波动损失。

投资风险实时预警系统如同企业的"风险雷达"。某跨国集团的预警机制，通过监测汇率波动、地缘政治事件和供应链中断信号，提前 3 天提示潜在风险。当系统检测到某新兴市场货币贬值概率超过 30% 时，立即启动对冲操作，减少汇兑损失 3800 万元。

（二）融资战略 AI 优化：搭建资本结构的"数字天平"

融资成本动态计算模型实现精准测算。某上市公司的 AI 融资决策系统，综合考量企业信用评级、市场利率走势和融资渠道成本，实时计算最优融资方案。当系统预测到 LPR（贷款市场报价利率）将下调 50 个基点时，立即建议发行 5 年期债券，节省财务费用 1200 万元，如图 10-5 所示。

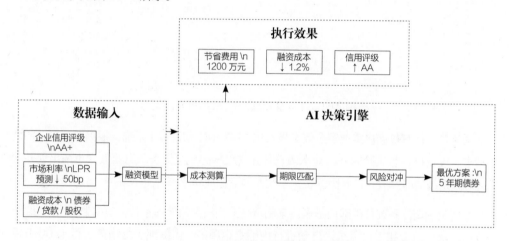

图 10-5 某上市公司的 AI 融资决策系统

最优资本结构机器学习算法破解传统难题。某科技公司的 AI 模型，通过分析行业标杆企业的负债率、利息覆盖率和 ROE 数据，动态调整债务与股权比例。当企业处于高速扩张期时，系统建议将负债率从 40% 提升至 55%，使净资产收益率（ROE）提高 3.2 个百分点。

融资渠道智能匹配系统如同"资本红娘"。某金融机构的平台，通过分析企业的发展阶段、现金流特征和风险偏好，自动推荐匹配的融资方式。当某初创企业需要 500 万元资金时，系统优先推荐风险投资而非银行贷款，因其技术创新能力更符合股权投资者偏好。

融资时机预测工具把握市场窗口期。某地产企业的 AI 系统，监测股票市场估值水平、债券收益率曲线和监管政策变化，提前 3 个月预判最佳融资窗口。在 2023 年美联储加息周期前，系统建议提前完成美元债发行，节省融资成本 2.8 个百分点。

（三）现金流智能管理：让资金运转如血液般顺畅

现金流预测的深度学习模型突破传统预测局限。某零售企业的 AI 现金流预测系统，通过分析历史销售数据、季节性因素和促销活动效果，将月度现金流预测误差从 ±15% 压缩至 ±3%。当系统预测到某节假日销售额将增长 40% 时，提前调配库存和人力资源，避免缺货损失，如图 10-6 所示。

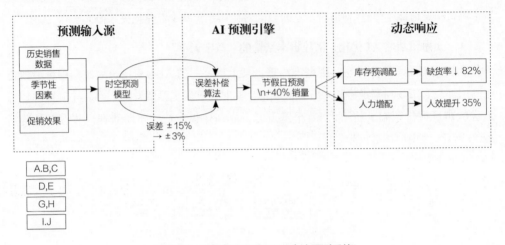

图 10-6　某零售企业的 AI 现金流预测系统

动态现金持有量优化实现资金效率最大化。某跨国集团的 AI 系统，根据业务单元的资金需求、投资机会和风险偏好，动态调整各分支机构的现金储备。当亚太区市场出现并购机会时，系统立即释放 3 亿元闲置资金，使并购竞标成功率提升至 78%。

智能资金调度系统打破部门壁垒。某制造企业的资金池管理平台，实时监控全球 23 个子公司的账户余额和支付需求，自动进行内部资金调剂。当欧洲子公司需支付 1000 万欧元货款时，系统优先调用北美子公司的闲置美元存款进行换汇结算，节省手续费 23 万元。

流动性风险预警机制构建安全防线。某银行的 AI 系统，通过分析企业现金流量表、应收账款账龄和存货周转率，提前 1 个月预警潜在流动性风险。当某中型企业经营活动现金流连续 3 个月为负时，系统自动触发应急融资方案，避免债务违约。

10.4.3　AI 增强财务战略执行与动态调整

（一）战略执行实时监控：企业运转的"数字仪表盘"

传统战略监控如同驾驶盲驾——只能通过后视镜观察轨迹，而 AI 构建了实时全景监控系统。某零售企业的 AI 全景监控系统，能同步追踪销售额、库存周转率、客户满意度等核心指标；当系统检测到某区域门店的库存周转率下降 15% 时，立即标记为"黄色预警"，并建议调整促销策略，该零售企业的 AI 全景监控系统如图 10-7 所示。

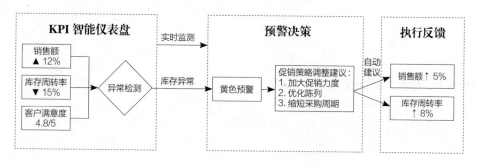

图 10-7 某零售企业的 AI 全景监控系统

战略执行偏差自动检测如同交通违规抓拍系统。某制造企业的 AI 模型，通过对比实际数据与战略目标，自动识别偏差根源。当发现某生产线产能利用率低于预期 20% 时，系统会关联设备传感器数据，定位到"模具更换频率过高"这一具体原因。

资源投入产出实时分析破解传统滞后难题。某科技公司的动态分析平台，每季度追踪研发费用与专利产出的匹配度。当发现 AI 算法团队的投入产出比低于团队均值 30% 时，立即建议优化人员配置，使研发效率提升 27%。

战略地图动态更新机制实现战略可视化迭代。某金融机构的战略地图，原本需要季度人工更新，现在通过自然语言处理技术自动解析财报和行业报告，实时调整市场定位和竞争策略。

（二）智能预算管理与控制：资金分配的"自适应系统"

动态滚动预算模型如同企业的"弹性钱包"。某快消企业采用 AI 预算系统，每月根据销售数据自动调整下月预算。当某新品上市首月销量超预期 30% 时，系统立即追加营销预算，最终推动季度销售额增长 42%。

成本异常自动识别破解审计盲区。某物流企业的 AI 系统，通过分析燃油费、过路费等 18 项成本数据，发现某车队的异常油耗模式：凌晨时段空驶率高达 40%。系统自动触发调查流程，发现司机违规行为后节省燃油成本 18 万元 / 月。

预算执行预测调整实现动态平衡。某车企的 AI 模型，每季度预测未来 12 个月的资金需求。当检测到芯片供应延迟可能导致生产停滞时，系统提前 3 个月调整预算分配，将原计划用于广告的 2 亿元转投供应链保障。

智能审批流程优化缩短决策链条。某银行采用 RPA+AI 的审批系统，当员工提交费用报销申请时，系统自动核对预算余额、历史支出模式和合规规则。常规审批从 3 天缩短至 8 分钟，异常情况则触发人工复核，如图 10-8 所示。

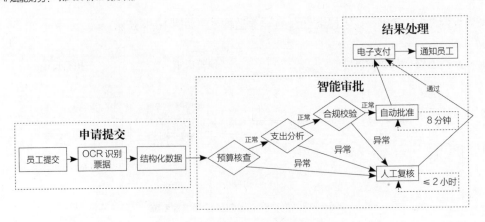

图 10-8　某银行 RPA+AI 的审批系统

（三）绩效智能评估与反馈：战略落地的"数字显微镜"

平衡计分卡 AI 优化突破传统考核局限。某制造企业的 AI 系统，将财务指标与客户满意度、员工培训时长等非财务数据融合分析。当发现"高库存周转率伴随低客户复购率"时，自动建议优化产品组合策略。

战略绩效多维度评估构建全景视图。某咨询公司的评估平台，通过分析战略目标达成率、资源利用率、市场响应速度等 15 项指标，生成多维度的绩效热力图。某医疗企业的评估显示，其"产品上市速度"领先行业但"售后服务质量"垫底，促使管理层调整资源投入方向。

自动化战略审计系统实现合规护航。某上市公司的 AI 审计模块，每小时扫描财务数据与战略执行记录。当检测到某区域市场的促销费用超出预算 10% 且未备案时，立即触发预警并冻结支付权限。

绩效 - 战略关联分析揭示深层规律。某航空公司的 AI 模型，通过分析五年间的燃油成本控制措施与战略目标达成关系，发现"飞行员培训投入每增加 1%，燃油效率提升 0.8%"。这一发现推动企业将培训预算提升 30%。

10.4.4　AI 促进财务战略与企业战略协同

（一）战略目标智能对齐：打通财务与业务的"数字桥梁"

传统战略协同如同手工编织绳索——耗时且易断裂，而 AI 构建了自动化的"数字纽带"。某零售企业的 AI 协同优化系统，通过分析财务指标（如 ROE、现金流）与业务目标（如市场份额、客户满意度），自动识别两者的关联路径。当发现"提升线上转化率"与"降低营销成本"存在冲突时，系统建议调整促销策略，将预算从传统广告转向精准投放，使两者目标协同度提升 35%，如图 10-9 所示。

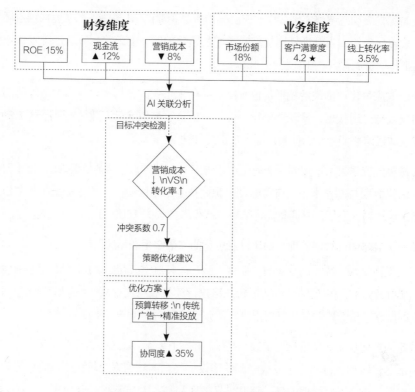

图 10-9　某零售企业的 AI 协同优化系统

战略一致性评估模型如同企业的"健康体检报告"。某制造企业的评估系统，通过自然语言处理技术解析战略文件，量化目标一致性得分。当检测到"全球化扩张"战略与"本土化供应链"目标存在矛盾时，自动标记冲突点并生成调整建议。

多目标优化决策系统破解资源争夺难题。某科技公司的 AI 模型，同时在财务目标（利润率≥15%）、市场目标（市占率提升 10%）和社会责任目标（碳减排 20%）之间寻找最优解。当发现某项目投资回报达标但碳排放超标时，系统自动建议追加环保设备投资，平衡多方目标。

战略冲突自动识别如同交通信号灯系统。某金融机构的 AI 平台，每小时扫描各部门的战略执行数据，当发现销售部门的"客户增长"目标与风控部门的"坏账率控制"目标冲突时，立即触发预警并推荐折中方案。

（二）资源协同配置优化：让资源流动如"智慧血液"

跨部门资源智能分配打破传统壁垒。某汽车集团部署的 AI 系统，根据项目优先级、资源利用率和战略价值，动态调配研发资金与人力资源。当电动车项目急需电池技术专家时，系统立即从传统燃油车团队抽调人员，使研发周期缩短 4 个月。

战略优先级动态调整实现敏捷响应。某消费品企业的 AI 模型，每季度根据市场变化重新评估战略优先级。当发现健康食品赛道增长超预期时，立即将预算从传统零食业务转向新兴品类，使资源投入产出比提升 28%。

协同效应量化评估破解隐形价值难题。某化工企业的分析平台，通过追踪跨部门协作项目的投入与产出数据，发现"研发—生产—销售"链条的协同效应贡献率达 37%。系统据此建议增设跨职能团队，使新产品上市速度加快 22%。

资源再配置建议引擎如同企业的"数字管家"。某零售巨头的 AI 系统，每小时分析各门店的销售数据与库存水平，自动触发资源调拨。当某区域门店的冬季服装库存积压时，系统立即启动跨区调货，并调整促销策略，减少滞销损失 1800 万元。

（三）战略闭环智能管理：构建自我进化的"数字生态系统"

战略反馈学习系统如同企业的"数字大脑"。某航空公司的 AI 平台，每小时收集飞行数据、燃油成本和乘客反馈，自动更新战略执行模型。当发现某航线客座率低于预期时，系统立即调整票价策略并优化机组排班，使该航线利润率提升 5 个百分点。

战略调整建议生成实现精准制导。某银行的 AI 系统，通过分析宏观经济指标、行业趋势和内部运营数据，每季度生成战略调整建议。当预测到利率市场化改革将压缩利差时，系统建议提前布局财富管理业务，使中间业务收入占比从 15% 提升至 28%。

组织记忆数字化构建破解经验流失难题。某咨询公司的知识管理系统，自动沉淀战略项目中的决策逻辑、失败教训和成功模式。当新团队接手类似项目时，AI 会推送历史案例库和应对策略，使项目启动效率提高 40%。

战略知识管理系统如同企业的"数字图书馆"。某制造业的 AI 知识平台，将战略文件、行业报告和员工经验转化为结构化知识图谱。当某工程师提出新工艺改进方案时，系统立即关联相似历史案例，推荐最佳实践路径，如图 10-10 所示。

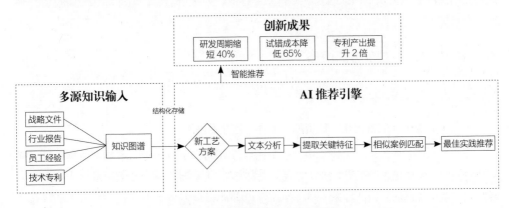

图 10-10　某制造业的 AI 知识平台

第 11 章
公司核心竞争力管理与 AI 赋能

目前，伴随全球经济一体化进程的加快、信息与网络技术发展以及产品生命周期的缩短，市场竞争越来越激烈。如果只凭借偶然的新产品开发或者灵机一动的市场策略，企业很难维持竞争力，并难以在当今竞争激烈的社会中存活。因此企业必须凭借其核心竞争力在社会中立足。这就需要运用企业核心竞争力理论来解释如何让企业保持长期竞争优势，而且这也已经成为近期战略管理理论研究的主旋律。公司战略管理的根本目的就是实现竞争优势，以带来卓越的绩效。而公司战略管理的首要任务就是管理其核心竞争力。

11.1 公司核心竞争力的阐释

自从提出"公司核心竞争力"概念之后，引起了诸多学者的关注，甚至有公司开始从建立和培育核心竞争力的角度来制定并实施公司发展战略，而且很多咨询公司也开始将核心竞争力明确列入其技能、竞争力和技术清单。

11.1.1 公司核心竞争力的内涵

对于有关公司核心竞争力的描述，不同的学者有不同的看法，其中比较著名的观点有以下 3 种。

（一）哈默尔与普拉哈拉德的观点

核心竞争力是"组织中的积累性学识，特别是关于如何协调不同的生产技能和有机整合多种技术流的学识。"关于这个观点，我们可以从 3 个方面来理解：一是组织共有的，是整个公司的资源，而不是某个部门或战略业务单元专有的；二是通过组织学习和信息共享而长期积累的结果，因此，许多公司在核心竞争力匮乏时，会企图通过收购、开发来迅速构建核心竞争力，但其结果往往不尽如人意；三是协调和整合，核心竞争力的形成不是公司技能和技术的简单对齐，而是需要有机协调和整合，即协调不同的生产技能和整合各种技术，同时也涉及如何组织工作和交付价值。哈默尔与普拉哈拉德将核心竞争力做了一个具体化的比喻，即将现代化、多样化的公司比喻成一棵大树，树干和主要树枝是核心产品，树叶、花朵、果实是中级产品，树根则是维护公司健康、提供养分、维持生命、保持稳定的核心竞争力。这一比喻形象地反映了核心竞争力对于公司的意义，也体现了核心竞争力与企业产品的关系和对企业产品的作用。

（二）麦肯锡咨询公司专家的观点

他们认为核心竞争力是群体或团队中根深蒂固的、互相弥补的一系列技能和知识的组合。他们将核心竞争力分解为洞察预见能力和前线执行能力。

（三）迈克尔·波特的观点

他认为核心竞争力是指公司依据自己独特的资源培育创造出的不同于其他公司的、最关键的竞争力量与竞争优势。这种独特的资源一般是资本资源、技术资源或其他方面的资源以及各种资源的综合。只有这种竞争力才能保证公司在激烈的市场竞争中得以存活，才能使公司保持长久的竞争优势，以取得成功。

对于公司核心竞争力，不同学者有着不同的观点。但总体来说，他们都认同公司核心竞争力是使公司在激烈竞争中存活下来的关键，公司能否成功的关键在于公司的核心竞争力的大小。公司核心竞争力是能够整合公司内、外部有形资源和无形资源并使其发挥最大优势的综合性能力。因此，公司核心竞争力的大小关键取决于能否将公司资源集中用于最关键的环境和领域。同样，核心竞争力能够实现关键资源的整合，形成比单纯组合在一起的资源更大的优势。需要注意的是，公司核心竞争力是随时间发展变化而变化的，并不是一成不变的。

11.1.2　核心竞争力竞争观念与传统竞争力竞争观念的比较

公司核心竞争力是公司获取竞争优势的源泉，它不是各种能力的简单汇总，而是将所有能力整合在一起的，属于综合性的能力。核心竞争力竞争观念与传统竞争力竞争观念的不同主要体现在以下几点。

传统竞争力竞争观念主要在于争夺最终产品的市场占有率，而核心竞争力竞争观念在于争夺中间产品的市场份额；传统竞争力竞争观念强调公司对环境的适应性，而核心竞争力竞争观念强调公司对自身的培养，强调集中做好关键环节的管理。

11.1.3　公司核心竞争力的基本特征

为了更全面地了解公司核心竞争力，需要对其特征进行更全面的了解。公司核心竞争力的基本特征主要有以下几点。

（一）系统性

公司各类资源、能力与环境要素相互作用才能形成公司自身的竞争力，这就要求公司核心竞争力具有系统性。公司自身能力体系的优势、劣势对比及与竞争对手竞争地位的差别都会影响自身的发展，这就有可能形成"短板效应"。

（二）持久性

核心竞争力只有持久存在才能使公司生存和发展具有持久性。核心竞争力的持久性在于随时间发展不断开发维护已有的竞争力，在发展中不断进步，只有这样才能长久维持下去。不同时代都有与之相对应的新的技术，因此，公司要抓住机会、敢于变革、不断创造，维护已有的核心竞争力，否则就有可能被时代抛弃，无法存活。公司需要在不同环境下提高适应性水平，其内在能力水平成为了决定核心竞争力的主要因素。如果公司的竞争力容易被其他公司复制，那么该竞争力就无法使公司持续获利，而只能维持一小段时间，这样的竞争力显然不是核心竞争力。只有那些独属于公司的，其他企业难以复制的竞争力才能成为核心竞争力。

（三）顾客价值性

凯恩斯认为"一切经济活动最终都是以消费为唯一目的的"，同样，顾客价值性是核心竞争力最基本的特征。公司只有提供让顾客满意的产品，才能实现销售，才能获得利润，才能持续生存与发展。因此，产品越符合顾客心意，公司核心竞争力的价值越大。公司可以通过调研，掌握顾客对现有产品的意见与建议，开发出更符合顾客心意的产品，同时也可以加强服务，让顾客的问题得到更好的解决。

（四）异质性

这就要求公司的核心竞争力难以被对手模仿，具有不可替代的性质，同时还应当独属于公司自身，也就是说其竞争对手并不拥有此种特质。如果公司的核心竞争力很容易被其他公司复制，相当于整个市场都可以成为该公司的替代品。这样下去，该公司也就没有能够使其立足于市场的特殊性。因此，核心竞争力就必须具有异质性，这样才能保证公司能够通过核心竞争力长期存活和发展下去。公司的核心竞争力同时具有技术特性和组织特征，其运作模式、营销方式、规章制度、员工的素质、行为方式等共同营造了公司核心竞争力。

11.2 公司核心竞争力的形成

公司核心竞争力能够在很大程度上影响公司的生存与发展，因此，有必要了解企业核心竞争力的形成。首先应当了解公司核心竞争力的基本构成要素，这样才能知道公司要想具备核心竞争力本身应当做好的准备；其次应当了解影响核心竞争力形成的因素，只有把握好这些因素才能更好地培育和发展公司核心竞争力。

11.2.1 公司核心竞争力的基本构成要素

目前来看，公司核心竞争力的主要构成在于核心技术。公司所拥有的核心技术使其具有独特性，难以被替代，这就可以使顾客难以离开该公司生产的产品而不选择其他产品。这样形成的竞争力才能真正成为公司核心竞争力。但是，仅仅有核心技术是不够全面的，如果没有配套设施，公司将无法将技术转变成可以创造利润的产品，这样，公司一样无法形成其核心竞争力。因此，公司核心竞争力的基本构成要素可以大致分为以下 3 类。

（一）技术能力

技术能力并不是指单一的一种技术，而是一系列技术的集合，包括技术专利、技术规范、设施装备等隐性技术和显性技术。这些内容相互协调，最终形成公司的竞争优势。目前来看，技术能力的基础在于研发能力。技术不会凭空产生，而只有经过研发才能产生。而研发并不能无风险地制造出技术。研发过程中有可能会产生没有价值的技术，甚至有可能根本无法产生技术，这些都属于成本。随着市场需求的不断变化和科学技术的持续进步，研发能力已成为保持公司竞争活力的关键因素。公司的研发活动能够加快产品的更新换代，有助于公司不断提高产品质量、降低产品成本、更好地满足消费者的需求。公司的研发能力主要从研发计划、研发组织、研发过程和研发效果几个方面进行衡量。然而公司并不能因此而放弃研发，因为一旦放弃，公司所遭受的损失会远远大于放弃所节省的成本。现今社会中的公司需要靠核心技术来立足，而核心技术的获得必须依靠巨大成本的研发。现在公司的研发周期大大缩短，以便能创造出更多有价值的技术。只有将技术整合在一起，公司才有可能获得核心竞争力，包括研发能力、技术改造能力、技术转化能力、技术保护能力、应变能力等。公司的技术能力越强，其产品的技术含量、质量、性能、工艺水平和服务水平就越高，产品进入市场的障碍就越少，从而公司参与市场竞争的能力就越强。相应地，公司的生存和发展便有了保障。

（二）决策力、支持力和执行力

1. 决策力

公司高层的决策能力，能体现公司首脑人物的远见卓识。一个公司能走多远，其决策力起决定性的作用。一个公司在纷纷扰扰的大千世界除了获得利益外，还不能忘了公司的社会责任。公司如果能解决人们生活中遇到的难题，给客户带来幸福的生活体验，就会取得相应的回报。丰厚的利润会给员工带来稳定的收入，给公司带来充足的现金流，为公司的长远发展赢得资金投入。公司稳健的发展会给消费者、企业员工、社会公众等多方带来诸多益处。一个将承担社会责任考虑到公司决策中的决策力更容易受到多方的支持，更有助于决策的执行。

2. 支持力

一个决策要争取大多数人的支持才能顺利执行。相同的信仰、相同的信念，诸如"我们因为一个共同的目的而聚首""为了实现我们共同的理想而努力"等这种绝佳的支持力可以将公司上上下下紧紧凝聚在一起。公司只有做好良好的沟通交流，才能使决策获得大多数人的支持，更好地被执行，从而核心竞争力才能得以体现。

3. 执行力

执行力是一种行动，是改变物质的力量，是变化的"因"、决策与支持的"果"。英明的决策、果断的支持要落实到实际行动中以实现目的。执行时不能盲从，常需要变通，执行过程中若出现问题，要注意在取得大多数人理解、支持后对决策进行及时、适当的调整，以实现公司利益最大化，从而实现公司中个人价值的最大化。

（三）品牌影响力

品牌是使市场竞争加剧的产物，因此，越来越多的公司重视品牌战略的打造。在产品高度趋同的今天，消费者已经很难从使用价值的层面来判断究竟哪一种产品是满足自己需求的了，可以说，使用价值已经成为了一种较低层次的需求。品牌是一个公司的产品区别于其他公司产品的重要标志，它也是代表企业文化、价值、特色的符号。在现代社会，品牌影响力意味着财富的积聚程度，拥有具有广泛影响力和口碑良好的品牌对公司的发展有着至关重要的作用。品牌的建立是一条漫长积累的道路，但是毁灭品牌却是朝夕之间的事，所以，品牌影响力的打造，需要公司的长期坚持。企业文化是公司核心竞争力的重要内容，塑造良好的企业文化是公司整合更大范围的资源和迅速提高市场份额的重要手段。企业文化可以使公司中的每一个员工按照公司一致性的发展目标而努力，从而提高公司的生产效率；使员工自觉地协调配合，减少内部冲突及管理费用；为公司的员工带来一种凝聚力，使其围绕核心竞争力展开服务。

11.2.2 影响公司核心竞争力形成的因素

（一）人力资源匮乏

我国公司人力资源存在结构性差异，关键人才数量少，所以在既存公司招工难的同时也存在社会大众找不到工作的现象。公司人力资源匮乏的主要表现如下。

第一，管理人员素质低下。管理人员在现代公司的生产经营活动中处于中心地位。一个公司的成败，70% 取决于管理人员的作用，因此，公司管理人员的素质对公司兴衰成败起着决定性作用。公司管理人员对公司的生存发展起到极为重要的作用。面对激烈的市场竞争，我国很多公司管理人员墨守成规，整体素质较差，对于日新月异的社会环境、企业竞争格局难以应对。

第二，缺乏高技术人才。目前，我国公司缺乏专业技术人员和市场开发、管理运作方面的人才，这是制约公司核心竞争力形成的一个主要原因。例如，一些公司没有长远的眼光，认为公司研发耗资巨大而得益却不定，因此对于高技术人才投入不高，不注重人才的积累和储备，在需要时临时招聘，使得公司的发展大打折扣；一些公司的管理人员对人才资源的教育培训、开发和管理不够重视，对人才这一特殊资源的保值、增值意识薄弱；还有一些公司不知道如何分配人才，造成人才的闲置和浪费，导致人才缺乏工作积极性，极大地阻碍了公司的发展。

第三，人才流动机制、激励机制不完善。长期以来，我国绝大多数人才都集中在国有企业、事业单位，且人事制度十分落后，按干部身份进行简单管理，人才难以发挥作用，同时人才流动性差。流动不畅，人才就会发生固化，很容易使人才安于现状。贡献的多少在收入上的差距并不大就难以具有激励作用，会使公司止步不前。人才流动机制、激励机制的不完善难以激发高层次人才的积极性和创造性，这不仅不利于人才的培育，还会导致原有人才的流失。

（二）研发能力与技术创新能力薄弱

技术创新能力是公司竞争力的核心。公司只有不断地创新，符合市场需求，才能具有竞争优势。公司拥有的专项技术内容必须体现技术进步和技术创新，有着广泛的市场前景，能够转化为强大的产品或服务能力。目前，我国公司技术创新能力薄弱，难以形成核心竞争力，主要原因如下。

第一，促进公司自主创新的技术进步机制尚未形成，缺乏创新的压力和动力。我国公司对于自主创新不够重视，致使研发经费投入不够，大型科研设施严重匮乏。这就导致了公司技术落后，难以形成公司的核心技术能力。

第二，我国公司的研发一直是以研究为导向的，且偏重基础研究并与公司脱节。即研发机构和公司在组织上、空间上和职权上相分离，这是我国技术创新过程的首要障碍。

（三）企业文化

企业文化决定了核心竞争力的价值取向和立足点，同时也使核心竞争力能够具有连续性。

核心竞争力必须符合企业文化，否则无法持久，从而也就无法构成核心竞争力。当外界的环境发生变化时，一些竞争力难以保持优势，而依照企业文化构造的核心竞争力却能保持连续性，如很多百年品牌都是其优秀的企业文化保障了其核心竞争力的平稳更替。企业文化被员工认同的程度越高，员工的行为协同性就越高，企业凝聚力就越强，由此形成的核心竞争力就越能形成企业的集体能力。根据企业文化形成的竞争力难以被对手模仿或复制，由此可以形成核心竞争力。

（四）企业资源

企业资源，是指公司拥有或控制的有效因素的总和，包括资产、生产或其他作业程序技能和知识等。按照竞争优势的资源基础理论，公司的资源禀赋是其获得持续竞争优势的重要基础。企业资源分为有形资源、无形资源和人力资源。

有形资源，是指可见的、能用货币直接计量的资源，主要包括物质资源和财务资源。物质资源包括公司的土地、厂房、生产设备、原材料等，是公司的实物资源；财务资源是公司可以用来投资或生产的资金，包括应收账款、有价证券等。稀缺性的有形资源能使公司获得竞争优势。

无形资源，是指企业长期积累的、没有实物形态的，甚至无法用货币精确度量的资源，通常包括品牌、商誉、技术、专利、商标、企业文化及组织经验等。无形资源一般都难以被竞争对手了解、购买、模仿或替代，因此，无形资源是一种十分重要的公司核心竞争力的来源。

人力资源，是指组织成员向组织提供的技能、知识以及推理和决策能力。大量研究发现，那些能够有效开发和利用人力资源的公司比那些忽视人力资源的公司发展得更好、更快。在技术飞速发展和信息化加快的新经济时代，人力资源在公司中的作用越来越突出。

在分析一个公司拥有的资源时，必须知道哪些资源是有价值的，并且可以使公司获得竞争优势。其主要的判断标准如下。

（1）资源的稀缺性。如果公司掌握了取得处于短缺供应状态的资源，而其他的竞争对手又不能获取这种资源，那么，拥有这种稀缺性资源的公司便能获得竞争优势。如果公司能够持久地拥有这种稀缺性资源，则公司从这种稀缺性资源中获得的竞争优势也将是可持续的。

（2）资源的不可模仿性。资源的不可模仿性是竞争优势的来源，也是价值创造的核心。资源的不可模仿性主要有以下 4 种形式。

① 物理上独特的资源。有些资源的不可模仿性是由物质本身的特性决定的。例如，公司所拥有的房地产处于极佳的位置，拥有矿物开采权或是拥有法律保护的专利生产技术等，这些资源都有其物理上的特殊性，是不可能被模仿的。

② 具有路径依赖性的资源。这是指那些必须经过长期的积累才能获得的资源。其他公司想要模仿，同样需要花费大量时间，这在短期内是不可能实现的。

③ 具有因果含糊性的资源。公司对有些资源的形成原因并不能给出清晰的解释。例如，企业文化常常是一种因果含糊性的资源。具有因果含糊性的资源，是公司中最常见的一种资源，且难以被竞争对手模仿。

④ 具有经济制约性的资源。这是指公司的竞争对手已经具有复制其资源的能力，但因市场空间有限不能与其竞争的情况。

（3）资源的不可替代性。资源的不可替代性是指某种资源很难用替代品来替代。一项资源是公司必须的、不可替代的，但是不一定是不可被模仿的。

（4）资源的持久性。资源的贬值速度越慢，就越有利于形成核心竞争力。企业核心竞争力应当能跟上时代的发展，适应不断变化的环境。正因为如此，公司核心竞争力就不应当仅仅是静态的。核心竞争力的动态管理是指对核心竞争力的开发、整合、提升和评价等进行的同时、连续、循环管理，以确保核心竞争力与公司内、外部环境变化相适应，能够持久地给公司带来竞争优势。

11.2.3　公司核心竞争力动态管理的必要性

在动态的环境中，更需要对公司核心竞争力进行动态管理。这就需要做到管理的循环性、连续性和实时性。公司核心竞争力的动态管理有其必要性，主要观点如下。

（一）公司经营的宏观环境时刻在发生变化

随着经济全球化的加剧，公司面临的外部环境在不断变化，外部环境的不确定性越来越大，与此同时，信息时代的来临使变革速度不断加快，这就使公司竞争力极有可能落后于当前形势的需要。

（二）科学技术日新月异

科学技术的变化会影响公司为客户服务，会影响公司顾客价值的实现。这对于核心竞争力的影响主要有两个方面。一方面，行业技术的进步会降低竞争力的领先性，甚至有可能会使公司落后于其他公司；另一方面，科学技术的重大进步会影响核心竞争力建立的基础。这就要求公司要时刻关注相关技术的发展趋势，利用新技术提升核心竞争力的技术水平和基础。

（三）顾客需求不断变化

随着经济的发展，顾客收入不断提高，其消费心理和生活习惯也在不断变化。所以顾客对产品的关注点从最初的价格转到质量、服务。与之相对应的核心竞争力必须随着顾客需求的变化而变化。

（四）竞争对手的竞争力不断提高

核心竞争力是相对于竞争对手而言的，在激烈的市场竞争中，竞争对手也在不断努力提升自己的竞争力，与之对应的则是公司的核心竞争力不进则退。因此，为了时刻保持核心竞争力的领先水平，公司必须不断强化和提高核心竞争力，对其进行动态管理。

综上所述，核心竞争力的管理并不是一劳永逸的，而是要随时间不断改进、不断循环，进行动态的管理。公司外部经营环境的动荡性决定了核心竞争力管理的动态性，进而决定了对核心竞争力进行动态管理的必然性。

11.2.4　公司核心竞争力的开发

公司核心竞争力的开发其实包含两层含义。一方面，公司已经具备核心竞争力的基本要素，只要将其挖掘出来好好利用，据此制定公司战略就可以形成公司的竞争优势；另一方面，公司为了建立竞争优势、制定了新的战略而决定开发和培育核心竞争力。上述第二个方面属于主要关注点。

（一）核心竞争力开发的基本思路

伊夫·多兹将核心竞争力的管理分为 5 个阶段，即竞争力的开发、扩散、聚合、发挥和更新。竞争力的开发、扩散以及聚合是核心竞争力形成过程的具体展开。任何既定竞争力的竞争价值都可能随时间的推移而不断减弱，其价值在激烈的竞争中有可能不再具备优势地位。哈默尔提出核心竞争力管理主要有 4 项任务，即选择、建立、发挥和保护。不同的公司在这 4 项能力上有差异，也正是这些差异使公司业绩存在差别。许多公司倾向于罗列出待筛选的技能、技术和能力清单，但筛选出的清单只有一小部分属于核心能力，而从中筛选出核心竞争力往往极为耗时。正因为如此，才需要公司对核心竞争力进行开发，并对其开发过程有一个系统的思路与方法。

根据要素种类不同，核心竞争力开发能力包括：核心资源控制能力、战略要素开发能力、有效信息吸收能力和经营环境协调能力。由于各个公司所处环境不同，自身情况不同，所以在这 4 个要素上的优势、劣势也不同，开发角度也不一样。综合开发能力是指公司在保证各战略要素开发能力能够达到相互平衡和相互适应的条件下，对各要素开发的规划和实际实现能力。

一般应当首先确定公司计划达到的最佳组合开发能力，然后以此为目标确定公司的综合开发能力，进行有效管理与规划，使公司核心竞争力的开发既能照顾到现有的组合开发能力，又能考虑到公司的长远利益。公司综合开发能力的实施效果不会高于公司最佳组合开发能力的计划效果，公司的职责在于不断调整和努力提高以使前者不断接近后者。最佳组合开发能力是公司为实现经营目标所设计的核心竞争力开发的最优路径，属于静态的参考指标。

（二）核心竞争力的开发方式

核心竞争力的开发方式主要分为 3 种：公司内部开发、公司外部并购和公司间合作。

1. 公司内部开发

（1）积累。

核心竞争力的积累包括两个方面：知识存量的积累以及技能的积累。

积累主要有两种方式：演化法以及孵化法。演化法是指沿着某一路径不断学习和反复试错的方法；孵化法是指公司组建独立的工作组，通过特有的培植和孕育核心竞争力的方法，专门从事核心竞争力的开发的方法。孵化法优于演化法的方面在于其培育的环境比较理想，这样带来的效果会较为显著，甚至可以迅速地将核心专长移植到整个公司。

在实际中，这两种方法经常被结合起来使用。

（2）创新。

创新是公司获得核心竞争力、保持竞争优势的关键所在。创新就是把生产要素和生产条件的新组合引入生产体系。核心竞争力开发的创新主要从以下几个方面获得。

① 技术创新。技术创新是培育核心竞争力的关键。在新技术、经济全球化、信息化的时代，公司应努力建立学习型组织和创新型组织，为培育和提升公司核心竞争力提供全方位服务。

② 产品创新。公司只有将生产的产品销售出去才能获得利润，才能在竞争中保持优势地位。产品必须根据市场和顾客的需求不断创新，因为产品是公司为顾客服务的载体。产品创新在很大程度上是以技术创新为基础的，公司只要具有强大的技术实力就可以通过产品创新获得竞争优势，甚至获得"垄断"地位。产品创新主要可以从产品线的创新和产品

品质、性能、外观等的创新入手。

③ 市场创新。市场创新型公司风行的是超越顾客导向。市场创新主要可以从以下两个方面进行。一方面，公司可以通过广告、促销活动和售后服务等渠道来挖掘顾客的潜在需求，提高市场占有率，在原有市场上进行渗透型创新；另一方面，公司可以通过寻找新的细分市场，重新给产品定位，寻找新的购买者和市场，进行开发型市场创新。

④ 业务流程创新。业务流程创新是随着工业生产的不断发展而出现的。生产流程的创新直接影响公司的竞争实力，公司实现流程再造是开发公司核心竞争力的重要因素。

⑤ 管理创新。管理创新的内容包括管理思想创新、管理方式创新、管理工具创新、管理制度创新和管理模式创新等。组织创新成为管理创新的重要内容之一，主要包括：突破传统层层分级的金字塔式的直线职能型组织结构和战略经营单位的束缚，构建灵活且高效、扁平式的新型企业组织；实现以人为中心、以组织过程为中心和分权化的组织；加强团队建设，建立公司内部的市场化组织。不同公司管理创新具有的共同点在于增强公司核心竞争力，使公司更有效率。

2. 公司外部并购

公司外部并购是公司实施多元化战略通常采用的方式。公司外部并购是对获取知识或者要素的快速途径。公司通过外部并购获取核心竞争力的做法主要有：搜寻具有某种能力、知识和资源的公司作为并购对象并实施低成本并购；将本公司所拥有的能力和资源与被并购公司的能力和资源进行有机整合，形成核心竞争力。并购只有通过内部资源和能力的整合，将其吸收并予以发展，这样才能使这种战略要素转化为公司的核心竞争力。公司外部并购可以实现快速性和排他性。但同时应当与被并购公司在文化、管理体制等方面进行磨合，否则会严重影响并购效果。

3. 公司间合作

公司间合作的重要方式是建立战略联盟。公司战略联盟，可以实现公司间的资源共享，降低研发成本与风险，同时公司可以借助战略联盟使各个公司能通过认识、消化、获得并利用其他公司所开发的技能和知识，加速自身核心竞争力的开发，从而能比竞争对手更快地进入新行业。

11.2.5　公司核心竞争力的整合

公司核心竞争力的获得具有一定的偶然性，但公司的成长得益于核心竞争力的整合。学习型组织和企业家精神是决定核心竞争力整合的两大因素。

（一）学习型组织的建立——核心竞争力整合的关键途径

学习型组织是一个能熟练地创造、获取和传递知识的组织，同时也善于修正自身的行为，以适应新的知识和见解。当今世界上所有的公司，不论遵循什么理论进行管理，主要有两种类型，一类是等级权力控制型，另一类是非等级权力控制型，即学习型。

学习型组织主要通过以下 3 个方面推动核心竞争力的整合。

1. 学习型组织高层管理者——核心竞争力整合的前提

首先是公司高层管理者的学习创新，并通过自身的做法影响其下属也能够积极参与学习，进而形成公司全员在学习中创新的局面。公司高层管理者需要用创新意识来明确公司的创新方向，善于发现那些对公司发展有重大影响的创意，同时还应当注重将这些创新思想变成行动，将创新技术形成完整的创新体系，进而转变成公司的核心竞争力，使创新真正成为公司利润的源泉。

2. 一专多能的创新型员工——核心竞争力整合的基础

由于现代技术和互联网的发展，公司部门内部的分工只能进一步模糊。项目的运作模式是各部门同时启动、协同作战，这就增加了对员工尤其是高层管理者的能力要求。每个职位的员工不单需要做好本职工作，还有可能会做其他相关工作。一专多能的员工将会成为公司整合核心竞争力的基础性资源。学习型组织将公司视为一个学习整体，公司内部各部门紧密联系，不再是独立、割裂的部分，每个人都是全局系统的一分子。

3. 使用有效的共享学习系统——核心竞争力整合的保障

学习型组织需要把学习融入组织的日常工作，共享学习工程和成果，这样有利于组织产生创新能力。信息共享是学习共享系统的核心。将学习到的东西作为组织的记忆保存下来，就需要设计将学习到的东西进行推广的方法，这就需要在组织系统中建立学习共享系统。监理信息共享平台，是公司核心竞争力的优势所在。公司通过制度化，同时借助一定的信息技术手段，可以建立通畅的信息交流渠道。

开发内部共享学习系统是十分有益的。它可以节约公司资源、提高效率，有利于公司成为一个内部有机联系的系统，同时有利于公司内部员工的合作互助，充分发挥团队的整体作用。学习型组织具有作为生产知识产品的组织发挥功能的作用。学习功能如果只是作为训练功能被分离出来发挥作用，就不会产生组织应有的变化。随着社会的不断发展，生产技术的不断提高，员工局限在工作现场的学习方式已经远远不够，同时这种学习方式也难以实现组织共享。这就要求公司必须创造出能够让员工随时随地都能学习的方式，同时这种学习方式应当是开放式和交流式的，能够实现组织的共享。

基于动态、网络的学习型组织的建立没有固定模式可以遵循，公司可以根据具体所处的环境与自身特点有针对性地选择实现方案，以知识创新和创新应用为核心，支持公司的动态核心竞争力和竞争优势。

（二）企业家精神塑造——核心竞争力整合的关键支持

每个公司都有一种理念，企业家就朝着这个理念努力拼搏，时间长了就会形成一种文化，企业家的成功就是靠他们这种精神的支持。聚焦公司管理八大领域，快速提升首席执行官自身领导力及管理能力，铸就企业家精神，借此达到推动公司成长的目的。

长期以来，企业家的概念通常是从商业、管理及个人特征等方面进行定义的。进入 20 世纪，企业家精神的定义就已拓展到了行为学、心理学和社会学分析的领域。而在当今发达国家，企业家转到政府或社会组织工作非常普遍，也不断提出和实施用企业家精神来改造政府服务工作和社会管理工作。

企业家理论认为，公司的发展是企业家人力资本作用的结果。企业家对公司成长的贡献是通过企业家创新精神对核心竞争力的开发、培育而体现的。企业家对核心竞争力的关键支撑作用主要通过企业家的创新精神和社会责任精神来发挥。

1. 企业家创新精神——核心竞争力整合的动力

彼得·德鲁克承继并发扬了约瑟夫·熊彼特的观点。他提出企业家精神中最主要的是创新，进而把企业家的领导能力与管理等同起来。他认为"企业管理的核心内容，是企业家在经济上的冒险行为，企业就是企业家工作的组织"。

学习和创新能力对公司核心竞争力的整合有着巨大作用。核心竞争力本身就包含公司的创新能力。企业家的创新精神对公司核心竞争力的整合作用具体表现为 3 个方面。首先，企业家对风险的承担意愿是保证公司创新的重要因素。一般来说，创新的风险性很大，只有敢于冒风险而且有风险承受能力的企业家才能真正敢于创新。其次，企业家的创新精神会极力推动公司学习的动力。最后，企业家的创新意识能够帮助公司有效地跟踪现代科学技术的发展，提升产品结构和公司发展的质量，进而保持公司的竞争优势。

2. 企业家的社会责任精神

企业社会责任，是指公司在其商业运作中对其利害关系人应负的责任。企业社会责任的概念是基于商业运作必须符合可持续发展的想法，公司除了考虑自身的财政和经营状况外，也要加入其对社会和自然环境所造成的影响的考量。利害关系人是指所有可以影响公司的决策和行动或会被公司的决策和行动影响的个体或群体，包括员工、顾客、供应商、社区团体、母公司或附属公司、合作伙伴、投资者和股东。

企业家的社会责任精神有利于推动公司管理变革。在成熟的市场竞争中，公众已经开始抵制那些有不道德商业行为的企业。谋求长远发展的公司更需要遵守伦理经营假设，提高伦理道德水平，建立基于卓越伦理的持续竞争优势。

企业家的社会责任精神是通过公司承担的社会责任来对公司核心竞争力发挥整合作用的，具体表现如下。

（1）优化资源配置。

企业家的根本作用在于对公司各种资源的优化配置。具有社会责任精神的企业家会重视资源配置的长远效益，整合公司核心竞争力，进而提升公司的竞争优势。企业家的社会责任精神对人力资源的作用最为突出。卓越的企业伦理对于求职者有很大的亲和力，能够吸引人才，能够激活人力资本的内在动力机制。通过在公司中确立共同的价值目标和价值信念，可以将员工个人目标和公司使命结合在一起，形成"道德共同体"，激发员工的工作潜能。

（2）降低管理成本。

道德作为一种心理契约，是正式制度的重要补充和替代，道德的一致性可以使许多合同能够自我履行，能有效降低管理成本和监督成本。企业家的社会责任精神可以有效提高公司内部的道德水准，通过塑造具有共同理想信念、明确的价值指向、高尚道德境界的员工群体，自发地协调公司与员工及公司内部各部门间的关系，减少内耗，促进合作，降低管理成本。

（3）提高公司运行效率。

团队精神能有效制约生产中的偷懒问题等道德风险，抑制机会主义倾向，实现"团队生产""联合劳动"的高效率，而团队精神要靠灌输道德行为准则来培养。提高效率与保持道德一致性之间存在着协同关系。

（4）化解公司危机。

有效的危机管理离不开战略统筹，如果企业家具备了社会责任精神，公司就能够在正确承担社会责任的前提下，迅速、一致地解决出现的问题和紧急情况，有效地预防人为产生的危机并化解非人为产生的危机，整合公司核心竞争力，提升公司的竞争优势。如果企业家没有社会责任精神，公司的道德文化就是一种对社会责任的漠不关心的氛围，就容易导致因为管理决策的失误而无法挽回的局面，损害公司形象甚至陷公司于万劫不复之地。

（5）增加公司长期价值。

公司在社会责任方面投入越多，所得到的形象与声誉就会越好，这样会给公司带来长远利益，会让更多消费者认同公司的产品，形成顾客忠诚度，同时顾客也愿意信赖公司，这样也有利于公司对新产品的推出。而如果公司不重视社会责任，那么公司在短期内可以减少投资成本，获得较高利润。然而这样并不利于长远发展，公司只能得到短期收益，这种不负责任的行为一旦被消费者知晓，公司的利益就会受到不可弥补的损失，其形象也会遭到破坏。可以说，社会责任不仅仅是成本，其带来的利润可以来自良好的口碑或者更高的顾客满意度。道德甚至也可以是企业品牌的一部分。

在激烈的竞争中，只有那些具有创新精神和经济优势以及具备社会责任精神的公司能够长盛不衰。

11.2.6　公司核心竞争力的提升

公司核心竞争力是公司获取持续竞争优势的来源和基础。我国公司想要在经济全球化大潮中立于不败之地，非常有效的也是非常关键的一点，就是提升公司的核心竞争力。公司核心竞争力的提升具有重要意义，如下所示。

（一）以技术创新为核心

创新是现代公司获得持续竞争力的源泉，是公司发展战略的核心。公司要想在日趋激烈的市场竞争中占有一席之地，必须从知识经济的要求出发，从市场环境的变化出发，不断进行技术、管理、制度、市场、战略等诸多方面的创新，其中又以技术创新为核心。只有源源不断的技术创新，公司才能不断向市场推出新产品，不断提高产品的知识含量和科技含量，改进生产技术，降低成本，进而提高顾客价值，提高产品的市场竞争力和市场占有率，并适时开拓新的市场领域。跨国公司都非常重视技术创新，设有专门的研发部门，并不断加大对技术创新的投入，以此增强公司的创新能力。

（二）质量创新，提高产品与服务质量

优良的品质是一个公司的生命，要与国际上的品质标准、环保标准接轨，公司就必须以客户为中心，提高客户的满意度，使用户信赖公司自身的产品与服务，培养客户的忠诚度。当今很多公司的成功，就是通过不断从提高产品质量与提供优质的售后服务做起的。质量过硬、服务到位，可以赢得客户的信任，提高客户对相关公司的满意程度，进而对公司的发展与扩大再生产起到不容忽视的作用。

（三）管理创新

管理创新是指公司采用新的、更有效的方法和途径来进行计划、组织、激励、协调、控制，从而不断提高公司经营管理效率，以适应市场变化，满足市场需求，达到公司效益和社会效益的目标有机统一的过程。公司管理创新的主要内容有经营管理思路、组织结构、管理方式方法、管理模式以及管理制度的创新。在现代企业中，任何一种创新，都必须通过管理职能来实施，都需经过公司管理各个层次的具体执行来实现。因此，管理创新是公

司各种创新的综合体，也是实现公司全面创新的基本保障。

（四）人力资本开发

高素质的人才是公司建立核心竞争力的基础。随着经济、社会的发展，科学技术成为了第一生产力，只有掌握了科学技术的高素质人才才能使公司保持竞争优势。知识为社会的发展提供了强劲的动力。公司为加强人力资本建设需要做到以下两个方面：第一，应当建立高素质的企业家团队，提高企业家自身素质，提高现代管理技巧；第二，应当加强专业性、技术性人才队伍的建设，为此，公司可以通过招聘、培训等方式建立属于自己的高素质人才团队。

（五）正确选择公司的战略发展方向

只有根据公司自身特点、所在产业发展规律制定符合自身情况的战略发展方向，才能有利于提升公司核心竞争力。一旦大方向搞错，公司将为此付出沉重代价。具体而言，企业总体战略包括发展战略、维持战略和收缩战略3个方面的内容。为做大做强，公司应当考虑发展战略。发展战略具体包括一体化战略、密集型战略和多元化战略。公司只有形成一定的规模才能享受规模经济带来的成本优势，而多元化发展是很多公司发展到一定规模所必须要考虑的问题。在实施多元化战略的同时，公司首先应当集中精力搞好主业，而不能为了副业拖垮主业，其次应当考虑利用核心竞争力的延展性进行相关多元化经营，以此实现良好的规模经济效应和范围经济效应。选择正确的战略方向有利于集中公司资源开发公司核心竞争力，并发挥核心竞争力的延展性和溢出效应，以此来提升公司的核心竞争力。

（六）企业文化创新

企业文化属于公司的独特资源，不易被竞争对手模仿。企业文化能够形成公司核心竞争力，培育独特的企业文化可以成为提升公司核心竞争力的有效途径。公司需要实施企业文化战略，提升品牌知名度，强化企业文化的人文色彩，有效激励员工，促进公司成为学习型组织。这样才能更好地引导员工创造更好的产品和服务以满足消费者的需求，进而实现公司的目标。

11.3　AI 在公司核心竞争力管理中的具体应用

11.3.1　AI 赋能核心竞争力识别的应用

（一）数据驱动的竞争力要素发现：从数据碎片到战略洞察

传统核心竞争力分析如同用放大镜观察市场——只能看到局部信息，而 AI 正在构建全景式"数字显微镜"。通过自然语言处理（NLP）技术，系统能批量分析财报、行业研报、社交媒体评论等非结构化文本。例如某零售企业通过解析 10 万条用户评价，发现"配送时效"提及率与复购率存在隐藏关联：当配送时间缩短至 3 小时以内，客户留存率提升23%。

机器学习模型进一步揭示关键指标间的隐性关系。某家电企业通过分析生产线良品率、客服投诉率、物流成本等 18 项指标，发现"安装服务响应速度"与产品返修率呈现强负相关（相关系数 -0.72）。这意味着优化售后服务响应，既能提升客户满意度，又能降低质量成本。

案例：某连锁超市通过聚类分析消费者购物篮数据，发现"母婴用品 + 速冻食品"的交叉购买群体具有特殊价值。该群体单客年均消费额比普通客户高 42%，且对会员权益敏感度是其他客户的 1.8 倍。基于此发现，企业针对性推出"母婴速冻套餐"，带动相关品类销售额增长 31%。

（二）智能对标分析系统：动态追踪行业制高点

构建行业知识图谱正在重塑竞争情报分析模式。某新能源汽车企业的知识图谱包含 2.3 万个技术节点、8.6 万条专利关系和实时市场数据。当系统检测到某竞争对手申请固态电池专利时，立即触发预警并生成应对策略：建议优先投资硅碳负极材料研发，同时申请电解液添加剂相关专利。

深度学习模型实现精准优势对比。通过构建"技术—市场—运营"三维坐标系，系统可量化评估企业竞争力。某手机厂商的影像技术得分虽领先行业均值 15%，但供应链韧性指标低于头部企业 23 个百分点。这种诊断帮助企业明确改进优先级：优先投资芯片封装产线，而非继续加码摄像头模组研发。

实施路径：首先为数据采集，整合企业年报、专利数据库、电商评论等 12 类数据源；其次为特征工程，提炼研发投入强度、专利转化率等 18 项核心特征；最后可视化呈现，生成动态雷达图展示各维度差距。

（三）实时市场机会识别：在数据湍流中捕捉先机

预测性分析正在改写市场机会发现模式。某新能源车企通过分析全球专利数据库，提前 18 个月预判固态电池技术突破方向。当系统检测到"硫化物电解质"相关论文引用量激增 300% 时，立即启动技术预研，最终在竞品发布前 6 个月完成专利布局。

AI 驱动的技术趋势监测已实现"分钟级"响应。某半导体企业部署的系统，每 15 分钟扫描全球学术期刊、行业会议资料和供应链动态。当发现光刻胶供应可能中断时，模型自动评估替代方案可行性：推荐某高校研发的纳米压印技术，成熟度评分达 82/100，商业化成本低于预期 37%。

工具推荐：BERT-LSTM 混合分析框架，其中 BERT 模型解析专利文献的语义内涵（如"量子隧穿效应"的技术含义）；LSTM 网络捕捉技术演进的时间序列规律。

应用实例：某医药企业用此框架预测 ADC 药物（抗体偶联药物）的市场爆发周期，准确率较传统方法提升 40%。

11.3.2　AI 优化核心竞争力构建与开发

（一）智能资源调配系统：让资源流动如"活水"

传统资源分配像手动调参的收音机——只能接收固定频段的信号，而 AI 正在构建动态优化的"数字交响乐团"。强化学习算法通过试错不断优化研发资源分配策略，就像围棋 AI 在百万次对弈中摸索最优解法。某汽车制造企业部署的 AI 系统，能实时分析研发进度、供应链状态和市场反馈，动态调整电池研发与车身设计的资源配比。当系统预测到固态电池技术突破临近时，立即将研发预算的 40% 从传统燃油车转向新能源领域。

数字孪生技术为资源调配装上"预演沙盒"。通过构建工厂的虚拟镜像，系统可模拟不同建设路径的效果：例如测试将机器人工作站从 A 区移至 B 区，对产能和能耗的影响。某电子制造企业的案例显示，AI 模拟发现将质检环节前置到组装线前端，能使返工率降低 28%，每年节省成本超 1200 万元。

实施案例：某家电企业的智能工厂通过强化学习动态调配生产线人力与设备资源。当系统检测到某型号洗衣机订单激增 30% 时，立即调整夜班人员排班，同时将注塑机运行参数优化至节能模式，使单台生产成本下降 9%。

（二）自动化能力开发平台：打造"自进化"组织引擎

AutoML（自动机器学习）正在改写技术能力迭代规则。某金融科技公司开发的平台，能在 2 小时内完成传统需要 2 周的数据清洗、特征工程和模型训练全流程。当系统检测到信用卡欺诈模式发生变化时，自动更新风控模型，使误判率始终控制在 0.1% 以下。这种

"自我进化"能力使企业技术升级速度提升5倍，研发成本降低70%。

智能人才匹配系统如同"职场导航仪"。通过分析员工技能图谱与项目需求，AI能精准推荐发展路径：某咨询公司的系统发现，参与过跨境并购项目的员工，后续转型战略咨询的成功率达82%。培训模块则根据员工能力短板推送定制课程，使技能提升效率提高3倍。

关键指标对比：一是能力构建周期，传统模式需6个月，AI加速后缩短至45天；二是投入产出比，AI驱动的培训体系使人均效能提升2.3倍，如图11-1所示。

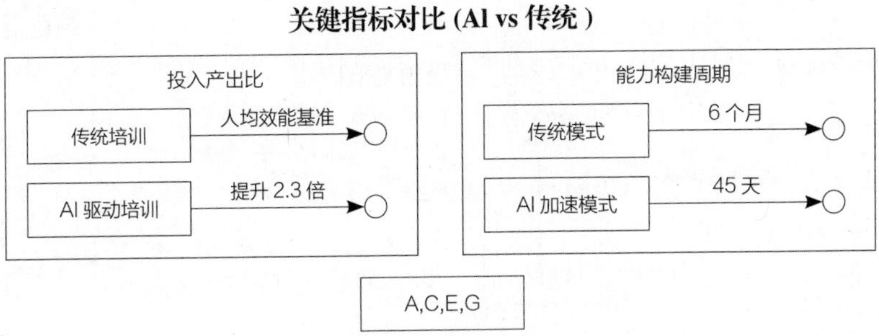

关键指标对比 (AI vs 传统)

图 11-1 关键指标对比

（三）协同创新网络构建：打破组织边界的"智慧蜘蛛网"

知识图谱正在编织跨部门协作网络。某制药企业构建的研发知识图谱，将市场部用户反馈、实验室分子数据、生产部工艺参数等数据节点互联。当肿瘤药研发团队遇到药物溶解度问题时，系统自动推荐材料科学团队的纳米晶体技术解决方案，使研发周期缩短11个月。

AI中介正在重塑生态合作模式。某新能源车企的匹配系统，通过分析技术专利、供应链能力和环保认证等300余种维度，为电池供应商与充电设备商建立精准对接。当系统检测到某固态电池企业的快充技术与某充电桩厂商的散热方案存在互补性时，自动促成战略合作，共同开发超充解决方案。

风险防火墙：算法偏见防范机制。一是数据清洗：自动识别并修正招聘系统中的性别/地域偏差；二是决策追溯：记录AI推荐合作伙伴时的关键参数，供人工复核；三是动态校准：每月更新训练数据，防止模型固化。

11.3.3　AI增强核心竞争力的动态管理

（一）实时竞争力监测仪表盘：企业健康的"数字听诊器"

传统竞争力监测如同定期体检——数据滞后且缺乏预见性，而AI驱动的监测系统能实现"实时听诊"。通过融合 ERP 数据、社交媒体舆情、供应链传感器等 12 类数据源，系统可构建多维度的"竞争力健康度模型"。例如某零售企业的仪表盘，能动态显示各区域门店的库存周转率、员工生产率、客户满意度等指标，并自动计算综合健康指数。

早期预警系统的阈值设定如同设置血压警戒线。当某关键指标（如市场份额变化率）超过预设阈值（±15%），系统会触发三级预警：绿色（观察）、黄色（策略调整）、红色（应急响应）。某制造企业通过 AI 预警系统，在原材料价格异常波动时提前囤货，避免3200 万元成本损失，如图 11-2 所示。

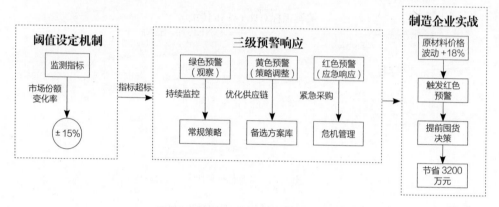

图 11-2　AI 预警系统

可视化方案：动态雷达图与热力图的组合，既能横向对比不同业务单元的表现，又能快速定位风险热点。例如当某产品线的客户复购率低于行业均值时，对应雷达图区域会自动变红，并在热力图中显示关联的供应链瓶颈。

（二）自适应调整机制：在变化中保持平衡的"数字冲浪板"

在线学习系统让企业策略像冲浪板随浪调整。某跨境电商的定价系统，每分钟分析竞品价格、汇率波动、物流成本等 200 余种变量，自动调整定价策略。当检测到某东南亚市场汇率骤跌 8% 时，系统在 72 秒内将商品价格下调 5%，同时推送优惠券补偿老客户，实现销售额逆势增长 12%。

竞争环境突变检测算法如同气象雷达。通过监测政策变化、技术突破、消费趋势等信号，系统能提前 1~3 个月预警重大转折点。某手机厂商的系统在芯片供应短缺前 6 个月发出预警，促使企业提前锁定长单，保障了新品发布计划。

案例：某连锁餐饮企业的动态菜单调整系统，通过分析门店销售数据、天气预测、社交媒体热点，每周自动生成最优菜单组合。当系统预测到连续阴雨天气时，自动增加汤品和外卖套餐的供应比例，使单店日均销售额提升 8%。

（三）知识持续进化系统：防止组织僵化的"数字新陈代谢"

企业知识库的智能更新如同人体新陈代谢。某咨询公司的知识管理系统，每天自动抓取行业报告、学术论文、客户反馈等数据，通过自然语言处理技术提炼新知识。当检测到"ESG 投资"相关文献激增时，系统自动更新战略咨询知识图谱，新增 12 个关联节点，如图 11-3 所示。

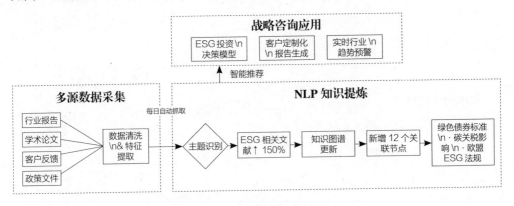

图 11-3　某咨询公司的知识管理系统

遗忘机制防止知识"肥胖症"。系统会定期评估知识的有效性：某技术文档若连续 12 个月未被引用，自动降级为历史资料；过时的定价模型会被新算法替代。这种机制使企业知识库的"信息新鲜度"保持在 90% 以上。

工具链：Neo4j 图数据库存储结构化知识，TensorFlow 处理非结构化数据，两者通过 API 实现动态交互。例如当销售合同条款更新时，系统自动将新规则写入图数据库，并训练对应的 AI 模型，使合同审查准确率提升至 98%。

11.3.4　AI 驱动的核心竞争力评估与提升

（一）多维评估指标体系：从模糊感知到精准丈量

传统核心竞争力评估如同用温度计测量海洋——只能获得粗略数据，而 AI 构建了多维度的"数字标尺"。定量指标方面，某家电企业的市场占有率预测模型，通过分析历史销售数据、竞品动态和宏观经济指标，将预测误差从 $\pm12\%$ 压缩至 $\pm3\%$。客户留存率的预测则结合用户行为数据：当某电商平台发现用户月均访问频次下降 20% 时，系统会自动标记为流失风险客户。

定性指标的数字化突破令人瞩目。某奢侈品牌通过分析社交媒体评论的情感倾向，发现"环保理念"相关关键词的正面情感值与其溢价能力高度相关（相关系数 0.68）。当系统检测到负面情感值超过阈值时，会触发品牌策略调整建议。

权重动态调整算法（AHP 优化版）如同自动天平。某零售企业的评估体系包含 12 项指标，传统方法需人工调整权重，而 AI 系统会根据市场变化自动优化：疫情期间，"供应链韧性"权重从 15% 提升至 32%，"线上转化率"权重则增加 27 个百分点，如图 11-4 所示。

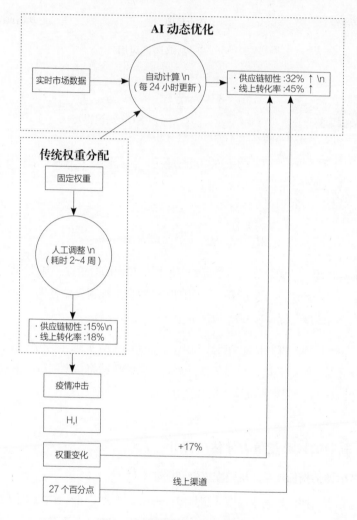

图 11-4 某零售企业的评估体系

（二）差距分析与提升建议：精准制导的改进路线图

深度强化学习正在改写改进方案生成模式。某连锁餐饮企业的 AI 系统，通过模拟数万种菜单调整方案，发现将汉堡尺寸缩小 5% 同时增加蔬菜配菜，可使单店日均销售额提升 9%。这种"试错—学习"机制，使改进方案的有效性较传统咨询模式提高 4 倍。

蒙特卡洛模拟如同天气预报般预演未来。某车企在考虑电池技术路线时，系统模拟了 1 万种市场情景：当固态电池技术成熟度达到 70% 时，其市场份额预测将跃升 35 个百分点。这种量化分析帮助企业锁定技术投资方向，避免盲目跟风。

三维矩阵实施模板：将抽象策略转化为可执行计划，如表 11-1 所示。

表 11-1　三维矩阵实施模版

差距维度	改进措施	所需资源
供应链响应	增加区域分仓数量	2000 万元，6 个月
数字化能力	部署智能预测系统	500 万元，3 个月
品牌认知	启动社交媒体互动计划	100 万元，持续投入

（三）持续改进闭环系统：永不停歇的进化引擎

PDCA 循环的智能化改造如同给管理流程装上"涡轮增压"。某制造企业的 AI 系统，在计划（Plan）阶段自动匹配历史最佳实践，在执行（Do）阶段实时监控设备参数，在检查（Check）阶段对比预测与实际结果，最后在处理（Act）阶段生成优化建议。整个循环从传统月度周期缩短至小时级。

知识沉淀的自动触发机制正在破解经验流失难题。当某项目团队完成新能源汽车电池研发后，系统自动提取关键参数、失败教训和解决方案，更新至企业知识库。后续团队遇到类似问题时，AI 会推送相关知识片段，使问题解决效率提升 60%。

标杆案例：某车企的 AI 质量改进流程。第一步缺陷识别，通过图像识别技术分析每小时生产的 1000 张车身照片，发现焊接瑕疵；第二步根因分析，关联设备传感器数据，定位到焊接温度波动超过 ±5℃；第三步方案生成，建议调整激光功率参数，并自动验证模拟效果；第四步效果追踪，实施后焊缝合格率从 92% 提升至 99.3%。

第 12 章
绩效量化考核体系

12.1　绩效管理与绩效考核

12.1.1　绩效管理

（一）绩效管理的含义

绩效管理，是指各级管理者和员工为了达到组织目标共同参与的绩效计划制定、绩效辅导沟通、绩效考核评价、绩效结果应用、绩效目标提升的持续循环过程。

（二）绩效管理的作用

1. 促进组织和个人绩效的提升

绩效管理通过设定科学合理的组织目标、部门目标和个人目标，为企业员工指明了努力方向。管理者通过绩效辅导沟通及时发现下属员工工作中存在的问题，给下属员工提供必要的工作指导和资源支持，下属员工通过对工作态度以及工作方法的改进，保证绩效目标的实现。在绩效考核评价环节，对部门和个人的阶段工作进行客观公正的评价，明确部门和个人对组织的贡献，通过多种方式激励高绩效部门和个人继续努力提升绩效，督促低绩效部门和个人找出差距，改善绩效。在绩效反馈面谈过程中，考核者通过与被考核者面对面的交流沟通，帮助被考核者分析工作中的长处和不足，鼓励被考核者扬长避短，促进个人得到发展。对绩效水平较差的部门和个人，考核者应帮助被考核者制定详细的绩效改善计划和实施举措。在绩效反馈阶段，考核者应和被考核者就下一阶段工作提出新的绩效目标并达成共识，被考核者承诺目标的完成。在企业正常运营的情况下，部门或个人新的目标应超出前一阶段目标，激励部门和个人进一步提升绩效，经过这样的绩效管理循环，部门和个人的绩效就会得到全面提升。

另外，绩效管理通过对员工进行甄选与区分，保证优秀人才脱颖而出，同时淘汰不适合的人员。绩效管理能使内部人才得到成长，同时能吸引外部优秀人才，使人力资源能满足企业发展的需要，促进企业绩效和个人绩效的提升。

2. 促进管理流程和业务流程的优化

企业管理涉及对人和对事的管理，对人的管理主要是激励约束问题，对事的管理就是流程问题。所谓流程，就是一件事情或者一项业务如何运作，涉及因何而做、由谁来做、如何去做、做完了传递给谁等几个方面的问题，上述 4 个环节的不同安排都会对结果和企业效率有很大的影响。

在绩效管理过程中，各级管理者都应从企业整体利益以及工作效率出发，尽量提高业务处理的效率，应该在上述 4 个方面不断进行调整优化，使企业运行效率逐渐提高，同时逐步优化企业管理流程和业务流程。

3. 保证企业战略目标的实现

企业一般有比较清晰的发展思路和战略，有远期发展目标及发展规划，企业在此基础上根据外部经营环境的预期变化以及内部条件制定年度经营计划及投资计划，在此基础上制定企业年度经营目标。企业管理者将企业的年度经营目标向各个部门分解就成为部门的年度业绩目标，各个部门将核心指标向各个岗位分解就成为各个岗位的关键业绩指标。

12.1.2　绩效考核

（一）绩效考核的概念

绩效考核是企业绩效管理中的一个环节，常见的绩效考核方法包括平衡计分卡、关键绩效指标法和 360 度考核等。绩效考核是一项系统工程，是绩效管理过程中的一种手段。

（二）绩效考核的作用

1. 达成目标

绩效考核本质上是一种过程管理，而不仅仅是对结果的考核。它是将中长期的目标分解成年度、季度、月度指标，不断督促员工实现、完成目标的过程。有效的绩效考核能帮助企业达成目标。

2. 挖掘问题

绩效考核是一个不断制定计划、执行、检查、处理的 PDCA 循环过程，体现在整个绩效管理环节，包括绩效目标设定、绩效要求达成、绩效实施修正、绩效面谈、绩效改进、再制定目标的循环，绩效考核也是一个不断发现问题、解决问题的过程。

3. 分配利益

与利益不挂钩的考核是没有意义的，员工的工资一般都分为两个部分：固定工资和绩效工资。绩效工资的分配与员工的绩效考核得分息息相关，所以一说起考核，员工的第一反应往往是绩效工资的发放。

4. 促进成长

绩效考核的最终目的并不是单纯地进行利益分配，而是促进企业与员工的共同成长。企业和员工通过考核发现问题、解决问题，找到差距进行提升，最后达到双赢。绩效考核的应用重点在薪酬和绩效的结合上。在人力资源管理中，薪酬和绩效是两个密不可分的环节。在设定薪酬时，一般已将薪酬分解为固定工资和绩效工资，绩效工资正是通过绩效予以体现的，而对员工进行绩效考核也必须要表现在薪酬上，否则绩效和薪酬都失去了激励的作用。

5. 人员激励

企业通过绩效考核，把员工聘用、职务升降、培训发展、劳动薪酬相结合，使得企业激励机制得到充分运用，有利于企业的健康发展，同时也便于员工建立不断自我激励的心理模式。

12.1.3 绩效管理与绩效考核的区别

（一）目的不同

绩效管理是为了达到一定的绩效目标，是以"做事"为中心的；绩效考核的目的，则是给一些综合的人事决策提供依据，如薪酬级别的晋升、职位调整等，因此，绩效考核是以"人"为中心的。当然，绩效管理中也会包含一些涉及人的措施，如发放绩效薪酬、进行人员培训等，但是这些都是围绕更好地达成结果目标和行为标准而进行的；而绩效考核的结果，则用于那些与具体的工作结果和行为标准没有直接关系的人事决策，如人员晋升、薪酬等级的提升等。当然，也有企业利用绩效考核的结果进行绩效薪酬发放、安排人员培训等，甚至很多从事管理研究的人也支持这种做法，但笔者认为这属于对绩效考核结果的误用，其管理效果往往并不好。

（二）对象不同

绩效管理对象是单项绩效，包括单项结果绩效和单项行为绩效；绩效考核的对象则是整体绩效，或者说是创造这些绩效的"人"。

（三）内容不同

绩效管理包括目标和标准设定、监督和控制等活动；绩效考核则主要包括绩效评价标准设计、绩效评估等活动。

（四）周期不同

绩效管理的周期一般来说比较短，并且随着绩效项目的差异而灵活调整。例如，对于生产工人的质量绩效的管理，有时必须以小时为单位来进行；对于科研项目这样本身周期较长的工作，则一般要划分为若干较短的周期进行绩效管理。绩效考核的周期较长且相对固定。

（五）管理者扮演的角色不同

在绩效考核环节，管理者的角色是裁判员；在绩效管理过程中，管理者的身份是多重的，包括裁判员、辅导员、记录员。绩效考核是对员工一段时间内绩效的总结，管理者需要综合各个方面给员工的绩效表现做出评价，公平、公正是至关重要的。因此在绩效考核中，管理者更像裁判员，根据事实客观公正地评价员工的绩效水平。在绩效管理中，管理者除了是裁判员，也是辅导员和记录员。绩效目标制定以后，管理者要做一名辅导员，与员工保持及时、真诚的沟通，持续不断地辅导员工提升业绩，从而帮助员工实现绩效目标。另外，要想做一名合格的裁判员，管理者要先扮演好记录员的角色，记录下有关员工绩效表现的细节，形成绩效管理的文档，以作为绩效考核的依据，确保绩效考核有理有据、公平公正。

（六）管理的目的不同

绩效考核是绩效管理中连接绩效实施和绩效反馈与面谈的环节，它从绩效实施过程中获得员工实际绩效的证据与事实，同时，绩效考核的结果成为绩效反馈与面谈的主题。显而易见，绩效考核的目的是从其作为绩效管理环节这一角度出发的，即对照既定的标准、应用适当的方法来评定员工的绩效水平、判断员工的绩效等级，从而使绩效反馈与面谈有针对性。与绩效考核相比，绩效管理的目的是从其作为人力资源管理环节的角度而谈的，它服务于其他环节，从而提升人力资源管理水平。绩效管理的目的主要体现在以下几个方面：为人员的内部供给计划提供较为详尽的信息；为更有效的职位分析提供依据；为员工薪酬调整提供信息；为制定员工培训与开发计划提供依据，并在此基础上帮助员工制定个人职业生涯发展规划，从而实现企业与员工的双赢。

12.2　绩效考核的衡量点

12.2.1　以工作结果为导向的绩效量化

（一）以工作结果为导向的绩效量化的内涵

绩效是在特定的时间内，由特定的工作职能或活动产出的记录。目标管理或成果管理的代表人物——著名的管理学家彼得·德鲁克认为：为了取得杰出的绩效，每项职务都要有助于整个组织目标的实现。管理人员预期取得的绩效，其绩效量化必须与企业的目标绩效保持一致，必须了解企业目标对自己的要求，清楚企业目标要求自己取得什么样的成果——将目标管理与自我控制绩效量化结合起来，在明确自身目标的前提下，对自己和自己的工作进行指导，自觉而及时地收集关于自己绩效水平的信息，进而根据这些信息对自己的不足之处不断进行修正。

（二）以工作结果为导向的绩效量化的优点

（1）能激励被考核者为达到既定目标而努力。

（2）有利于工作方法的创新。

（3）有利于考核者较为迅速地达到其考核目标。

（4）实施考核成本较低。

（三）以工作结果为导向的绩效量化的缺点

（1）被考核者之间可能会形成恶性竞争，从而忽视工作过程和人际关系的重要性。

（2）一定时期内的结果可能不是由被考核者的行为所致，而可能受与被考核者行为无关的其他因素的影响。

（3）被考核者在完成任务的过程中可能存在不平等的机会和条件，不同条件、相同目标有可能会引起被考核者的不公平感，进而影响被考核者日后的表现。

（4）被考核者为了达到目标，可能会出现短视行为，即以损坏长期利益为代价，达到短期的目标。

"绩效即结果"或是"目标管理"要注意目标绩效量化和员工的全员参与。对于企业来说，在企业初创期或是在短期内急于要完成一个目标的时候，"绩效即结果"的观点应该是最高效的选择，此时一定要注意目标制定过程中员工的参与。

12.2.2　以工作行为为导向的绩效量化

基于"绩效即结果"观点的不足之处，管理学者提出了"绩效即行为"的观点。绩效行为说的代表人物坎贝尔用 8 个因素来描述绩效。这 8 个因素分别为：具体工作任务熟练程度、非具体工作任务熟练程度、书面和口头交流任务的能力、自身付出的努力、个人工作纪律、促进他人和团队的业绩、监督管理或领导、管理或行政管理。

绩效即行为，是员工实际的行为表现，是能观察得到的，包含与组织目标有关的行动和行为，能够用个人的熟练程度（即贡献水平）来评定等级（测量）。绩效是行为的结果不是行为的本身，是可评价要素的行为，这些行为对个人或组织效益具有积极的作用。

可见，绩效是对工作行为（可观察的、可评价的而且与组织的目标有关的行为）进行评价。"绩效即行为"的逻辑：只要员工能够达到既定的行为要求，按部就班地进行工作，一般会达到企业的目标；如果没有达到，与个人无关，是外界因素造成的，不强调行为就放弃结果或企业的目标。"绩效即行为"与"绩效即结果"最大的不同就是"绩效即行为"将可控因素与不可控因素分开，并将不可控因素排除在员工的绩效评价之外，从而更加有利于给予员工恰当的评价，使员工得到适当的激励。但事实上，没有一个岗位只存在可控因素，谁都不能排除不可控因素，这种情况"绩效即行为"似乎鼓励员工不作为，显然对企业不利。对于不可控因素，既不能强制员工克服它而达到企业的目标，也不能放任员工袖手旁观，而应当鼓励员工积极应对困难，对有积极表现甚至是应对恰当的则给予奖励。

依据"绩效即行为"的观点，提出绩效的三维分类和绩效的二维分类。绩效的三维分类为：① 加入企业并留在企业中；② 达到或超过企业对员工所规定的绩效标准；③ 自发进行企业对员工规定外的活动。绩效的二维分类为：① 任务绩效；② 关系绩效或环境绩效。这些绩效维度的分类均为企业开展绩效考核提供了有效的方法，提高了企业的效率，并不断提高管理的有效性。

12.2.3　以胜任力为导向的绩效量化

胜任力对绩效的影响成为目前的热点话题，它在企业中的运用较广泛，良好的胜任力与任务完成良好之间可能存在高度相关，也可能不相关。注重长远发展的企业应当重视胜任力的作用，只有让企业的员工具有完成工作所需的胜任力，剩下的管理工作就变得轻松简单了。

12.2.4　基于平衡点的绩效

员工绩效的最大化也是企业绩效的最大化，所以要理解员工的绩效，首先就要明确企业绩效的最大化含义，归根结底即企业为什么存在。首先，企业在市场中生存和发展，必须能够不断选择、适应和改善自身生存环境，提高自身的创新能力和学习能力，努力进行新制度变革、新产品开发、新市场开拓的创新活力，不断改善人力资源状况、提高人力资源水平的能力，创建学习型组织。这是企业绩效最根本、最具战略性的意义和表现。其次，企业必须具有高效率的内部运作机制，能够围绕特定的价值链及时调整、优化和再造包括资金流、信息流和物流等在内的内部流程。而所有这一切，都与企业内部员工的工作流程状况直接相关，这一切都离不开企业的管理能力，正如彼得·德鲁克所说，管理已成为经济生产的决定性要素。通过人力绩效管理，提高组织运作效率，是企业获取优秀绩效的保障。最后，企业必须以企业总体经营目标为指南，将持续创新的学习能力、内部运作效率和以顾客为导向的市场营销系统等整合起来，将之转化为有效而优秀的效益表现。

要使企业达到杰出绩效，首要的一点就是要"保持关键性的平衡"。所谓关键性的平衡，即"平衡企业的业绩和员工的自我实现两方面的因素"，达到这个平衡可以使员工富有责任感。要想让员工有积极的责任心，能够发挥额外的力量，就在于让员工真正认为他们在工作中的付出与回报是平衡的。

12.3　影响绩效量化考核的因素

12.3.1　企业对绩效考核定位模糊

很多企业没有正确理解绩效考核的真正功能，企业在尝试绩效考核的过程中，都存在一个问题，那就是误解了绩效考核的本质，没有对绩效考核进行正确定位。

所谓绩效考核的定位问题，即企业通过绩效考核要解决什么问题，实施绩效考核工作的真正目标是什么。例如，部分企业只把绩效考核当作应景的事情，在每个绩效考核周期填写一堆表格便完事；有的企业则对考核目的定位过于狭窄，只是为了考核而考核，使考核流于形式；还有的企业则把绩效考核当成奖惩的工具，根据考核的结果对员工或奖或罚。如果企业对绩效考核定位不正确，绩效考核就难以发挥既定的作用，反而会导致企业不期待行为的发生。

12.3.2　企业没有量化绩效考核指标

制定绩效考核指标是实施绩效考核极为关键的一环，要对绩效考核指标进行量化，就要对指标设定量化项目。很多企业在确定绩效考核指标时，都在追求指标体系全面、完整和系统，全力将员工工作的每一个细节都囊括，却对如何使考核的标准量化并且具有可操作性等问题考虑得非常不周到，甚至所制定的绩效考核指标与绩效计划严重偏离。科学地实施绩效量化与考核，主要应该确定关键业绩指标量化项目，将员工的行为引向组织的绩效目标。考核指标如果设定得过多、过于复杂，只会增加绩效考核实施的难度，并且使员工不能清晰地做出行为的取舍。

12.3.3　企业绩效考核过于主观

绩效考核必然要涉及绩效评价，考核者很难规避主观性影响，这便导致绩效考核结果往往会受人为因素影响而产生偏差。例如，一种情况，某个上级对下属存在偏见，即使这名下属兢兢业业，工作十分出色，上级也可能低估下属的努力水平，给予不够公允的评价；另一种情况，有的领导做好好先生，为了不得罪人，便对每一位员工都给予同样的评价，导致考评结果中庸化。此外，考评者也极易产生一些无意的主观偏差，如晕轮效应、近因效应、刻板效应、折射效应等。

12.3.4　企业绩效考核缺乏必要的沟通与反馈

很多企业只是单纯把员工视为被考核者，当对员工实施绩效考核后，便彻底把员工排除在绩效考核体系之外，缺少了绩效沟通和绩效反馈环节，使员工对绩效考核流程和绩效考核结果一知半解，员工根本无从知道自己目前的工作还存在哪些问题，更不知道采取什么绩效改进措施。

12.3.5　企业绩效考核受环境影响

绩效考核结果难以完全规避环境的影响，绩效是人与环境互动的结果，宏观环境和微观环境将会对员工的绩效产生重要影响。若外部经济环境好，员工也许不怎么努力就可以实现较好的业绩；若外部经济环境不好，员工即使非常努力也难以产生较好的工作结果。

12.4 绩效量化考核管理程序

12.4.1 绩效诊断评估

任何管理系统的设计都有一个由初始状态到中间状态，再到理想状态的循序渐进的过程。如果管理者期望管理系统一步到位，则不仅不能将企业引向理想状态，反而还有可能将企业引向毁灭。因此，绩效量化考核的首要工作是深入、系统地诊断企业管理现状，摸清企业管理水平，这样才能为企业设计出科学、合理的绩效考核系统。绩效诊断评估，主要从以下 10 个方面着手。

（1）企业组织机构设置及工作流程。

（2）部门设置及岗位责权分工。

（3）企业战略目标及企业目标管理。

（4）企业工作计划体系及数据化程度。

（5）企业相关部门或岗位过去 1~3 年的业绩表现。

（6）企业制度及薪酬系统。

（7）企业工作目标和计划实现周期。

（8）员工业务技能评估。

（9）作业指导书。

（10）企业战略目标和经营计划。

12.4.2 绩效目标确定

所有企业的管理系统都是为实现企业战略目标服务的。因此，明确企业目标指向，将有助于实现目标、凝聚员工，使员工体验目标实现的成就感。此外，管理者要意识到，没有目标、没有计划，也就谈不上绩效。绩效目标主要通过以下 3 个方面确定。

（1）企业战略目标制定与确认。

（2）企业中长期经营计划。

（3）企业工作计划系统（项目计划、部门工作计划、个人工作计划等）。

12.4.3　绩效管理方案制定

这是一个重要的步骤，企业必须根据每个岗位的特点提炼出关键业绩指标，编制规范的考核基准书，作为考核的契约。设计绩效考核的流程时，要对考核的程序进行明确规定，同时要对考核结果的应用做出合理的安排，要体现与绩效奖金的挂钩，同时应用于工作改进、教育训练与职业规划。绩效管理的组织建设主要从以下 6 个方面开展。

（1）绩效管理实施计划。

（2）岗位关键指标和权重。

（3）考核周期及管理考核或跨部门考核。

（4）指标数据化、量化设计。

（5）绩效管理表单设计。

（6）绩效管理组织设计、绩效分析评估、改善流程设计。

12.4.4　绩效测评分析

这是考核的事务性工作，重点辅导绩效考核的组织管理部门学会如何进行考核的核算工作。必须培训绩效管理组织成员熟悉绩效管理工具，这是绩效考核的宣贯、试运行阶段。必须开展全员的培训工作，要每个员工深刻理解绩效考核的意义以及操作办法，这是绩效考核的完善阶段。企业可以根据实际情况和考核的实施情况，对考核的相关方案做出一定的调整，以确保考核的实效性与科学性。利用模拟实施阶段的测评核算出绩效结果，并对结果进行分析，挖掘绩效问题并组织相应的绩效面谈，以不断提升绩效。开展员工绩效考核的目的是帮助低绩效者找到真正影响绩效的问题并加以改善，提升个人或团队的工作绩效，促进个人或团队的发展与成长。绩效测评分析主要体现在以下 5 个方面。

（1）测试工作业绩与绩效考核结果，评估误差性。

（2）绩效管理培训（介绍绩效管理的意义、原理、一般方法和案例）。

（3）企业目标管理（介绍企业目标管理作用、基本思想、目标设定以及目标管理表格的应用）。

（4）绩效管理与平衡计分卡培训（介绍平衡计分卡的理论来源、关键绩效指标的分类、指标来源以及对绩效管理的重要意义）。

（5）全面绩效改善方案培训。

12.4.5 绩效辅导改善

上一阶段的测评分析，可以暴露企业各个层面的问题，如目标问题、组织体系问题、管理工作流程问题、部门或岗位设置分工问题、员工业务能力问题。根据各方面暴露的问题，专业咨询辅导顾问进入部门并给予辅导改善。绩效辅导改善主要体现在以下 7 个方面。

（1）营销管理培训辅导。

（2）生产管理培训辅导。

（3）采购管理培训辅导。

（4）品质管理培训辅导。

（5）仓库管理培训辅导。

（6）行政后勤管理培训辅导。

（7）人力资源管理培训辅导。

12.4.6 绩效考核实施

企业绩效管理组织运行，实施绩效管理与考核，并依据绩效管理方案的周期性进行分析评估，持续改进并完善绩效管理及企业各方面管理。绩效考核实施主要通过以下 8 个步骤实现。

（1）选择考核实施的负责人，该负责人应具备专业的绩效管理知识，在企业有管理威望，熟悉管理流程，有丰富的沟通技巧。

（2）试行期内广泛收集被考核人的意见和建议，让被考核人感受拥有被尊重权、参与制定权。

（3）分段收集考核数据，安排辅导。一个考核周期内的前期要特别关注，中期前由实施负责人安排绩效辅导。

（4）考核周期内的中期前采取沟通方式，特别是非正式沟通，以缓解被考核人的考核压力。

（5）考核期结束后使被考核人认同考核结果（在公布前先达成共识，保留不同意见）。

（6）绩效检讨。先让被考核人自行分析不足的原因及找出改善方案，并提出对考核的意见和建议，再协助分析重点缺失。

（7）绩效方法适时修正（广泛吸取意见，至少在 3 个考核周期内修正 1 次）。

（8）应用绩效考核结果（薪酬、奖罚、福利、调职等）。

第 13 章
AI 在考核与激励中的应用

13.1　AI 驱动的智能考核体系

13.1.1　多维度绩效数据自动采集与分析

（一）数据采集矩阵

企业绩效数据的采集需要覆盖员工工作的各个方面。首先，办公平台行为数据是重要来源，例如企业微信或钉钉的沟通记录、会议参与频率、文档协作次数等。这些数据能反映员工的协作效率和信息流动情况。其次，业务系统数据同样关键，比如 ERP 系统中的订单处理时间、项目交付周期、客户投诉率等业务指标，可以直接关联员工的工作成果。对于制造业等需要现场作业的场景，物联网设备（如智能工牌、GPS 定位终端）可以实时监测员工工时、设备操作规范度等物理行为数据。通过整合这三类数据，企业能构建覆盖"沟通—业务—执行"的完整绩效画像。

（二）技术实现

数据采集的第一步是建立统一的数据存储系统。企业可以通过 API 接口将不同平台的原始数据汇总到数据湖中，例如将企业微信的聊天记录、ERP 系统的业务报表、智能工牌的定位数据集中存储。接下来需要进行数据清洗：设定规则过滤无效数据（例如剔除测试账号的干扰记录），修正格式错误（如统一日期格式），并填补缺失值（如用平均值补全缺失的工时数据）。清洗后的数据会存储到时序数据库中，这种数据库擅长处理按时间顺序产生的数据（如每日的考勤记录），方便后续快速查询和分析。

（三）分析方法论

采集到的数据需要通过分析方法转化为有用信息。时间序列异常检测技术（如 Prophet 算法）可以识别绩效数据中的异常波动，例如某员工的周报提交时间突然从每周五变为周三，可能暗示工作节奏变化或系统故障。多模态数据融合技术则能结合不同类型的数据，例如用自然语言处理（NLP）分析员工周报中的情绪关键词（如"压力大""进度延迟"），同时用计算机视觉（CV）分析监控视频中的工作状态（如专注时长、疲劳迹象），从而更全面地评估员工状态。

（四）案例：某制造企业客户拜访质量评估

某制造企业为销售团队配备了智能工牌，通过 GPS 定位和录音功能记录客户拜访过程。系统会自动分析工牌数据：GPS 轨迹显示销售是否真实到达客户地点，录音文本通过 NLP 提取沟通关键词（如"产品优势""价格异议"），摄像头通过 CV 技术监测销售人员的肢体语言（如微笑频率、手势动作）。结合 ERP 系统中的订单转化率数据，AI 模型发现：拜访时客户专注度高的销售，后续订单转化率平均提升 35%。这一发现帮助企业优化了销售培训重点，从单纯强调话术转向提升现场互动技巧。

（五）技术延伸

在数据采集过程中，隐私保护至关重要。差分隐私技术通过在数据中添加随机噪声，确保即使黑客获取数据也无法定位到具体个人。例如在汇总员工沟通数据时，系统会自动模糊具体对话内容，只保留沟通频率等统计信息。区块链存证则为数据真实性提供保障：每次绩效考核数据更新时，系统会将操作记录（如修改人、修改时间）写入区块链，确保数据不可篡改。某金融机构利用这项技术后，绩效考核纠纷减少了 62%，因为所有操作痕迹均可追溯，多维度绩效数据自动采集与分析模块如表 13-1 所示。

表 13-1　多维度绩效数据自动采集与分析模块

模块	核心内容	技术要点	实施方法	应用示例	延伸技术
1. 数据采集矩阵	多维度员工绩效数据覆盖体系	办公平台行为数据（企业微信/钉钉）；业务系统数据（ERP/CRM）；物联网设备数据（GPS/传感器）	建立"沟通—业务—执行"三维数据采集规范	某零售企业通过工单系统数据优化客服响应效率	数据联邦学习框架
2. 技术实现	数据治理与存储架构	API 接口集成；数据湖建设；时序数据库选型	1. 数据清洗规则引擎开发；2. 缺失值插补算法实施；3. 数据血缘追踪系统部署	某银行实现日均 100 万条数据的自动化清洗	知识图谱驱动的元数据管理

模块	核心内容	技术要点	实施方法	应用示例	延伸技术
3. 分析方法论	智能分析技术体系	时间序列分析（Prophet/ARIMA）；多模态融合（NLP+CV）；关联规则挖掘	1. 构建动态基线模型；2. 开发混合分析工作流；3. 可视化预警看板搭建	某制造企业通过语音情绪分析降低客户投诉率 15%	强化学习驱动的动态阈值调整
4. 实践案例	客户拜访质量评估系统	GPS 轨迹验证；语音文本分析；视频行为识别	1. 部署智能工牌终端；2. 构建多模态分析模型；3. 制定优化建议知识库	某企业销售转化率提升 35%，培训成本降低 20%	边缘计算+5G 实时传输方案
5. 技术延伸	数据安全与可信保障机制	差分隐私保护；区块链存证；联邦学习	1. 设计数据脱敏策略；2. 部署智能合约审计链；3. 建立数据使用授权体系	某金融机构绩效考核纠纷下降 62%，审计效率提升 40%	同态加密技术应用

13.1.2 基于机器学习的 KPI 动态优化

（一）动态基准设定

传统绩效考核往往依赖固定指标，但跨部门协作的贡献度难以量化。Shapley 值算法通过数学方法公平分配团队成员的贡献比例，就像分蛋糕时精确计算每个人应得的部分。例如产品研发涉及设计、开发、测试多个部门，Shapley 值能分析每个部门在不同项目阶段的实际价值：当设计部门提出创新方案使开发效率提升 20% 时，系统会自动提高其贡献权重。这种方法解决了部门间"功劳扯皮"问题，某科技公司借此优化资源分配后，跨部门项目交付周期缩短了 18%。

（二）自适应调整机制

市场环境变化时，固定的 KPI 指标可能失效。LSTM 神经网络擅长预测趋势，比如提前 3 个月预判某产品销量可能下滑，而强化学习则像"自动调参工具"，根据预测结果动态调整 KPI 权重。例如当预测到原材料涨价时，系统会降低生产成本考核权重，同时提高供应链稳定性指标的优先级。这种双闭环架构（预测 + 调整）如同恒温器，能根据实时数据自动调节策略。某汽车企业应用该模型后，在芯片短缺危机中灵活调整生产目标，将产能利用率维持在 92% 以上。

（三）行业适配方案

不同行业的绩效考核逻辑差异显著。互联网公司 OKR 强调创新与灵活性，例如程序员的关键成果可能是"完成 AI 模型训练框架搭建"，这类目标需要长期投入且难以量化；制造业 KPI 则聚焦效率与良品率，如"生产线每小时产出合格零件数"。AI 模型需要针对性适配：对互联网公司，系统会分析代码贡献度、文档协作频率等软性指标；对制造企业，则重点监测设备运行参数、质检合格率等硬性数据。某跨国集团通过这种差异化建模，使全球工厂与研发中心的考核体系实现无缝对接。

（四）案例：某科技公司动态调整研发 KPI

某科技公司研发团队曾面临"重数量轻质量"的问题，季度末突击完成代码量却忽视系统稳定性。引入强化学习系统后，模型实时分析代码质量指标（如 bug 密度）、项目延期风险等数据，动态调整 KPI 权重：当检测到某模块代码复杂度超过阈值，系统自动将"代码评审通过率"权重从 30% 提升至 50%。三个月后，该团队严重漏洞数量下降 47%，产品上线周期缩短 22%。这一调整过程完全由 AI 驱动，管理者只需在系统建议界面确认执行即可。

13.1.3　员工画像与能力评估模型

（一）特征工程

员工能力评估的第一步是构建"能力地图"。通过知识图谱技术，将员工的岗位技能、项目经验等数据连接成网络。例如，某工程师的技能树可能包含"Python 编程""机器学习模型部署"等节点，而他的项目经验网络会记录他参与过的自动驾驶算法优化项目。这些数据能直观展示员工的技能分布和经验深度。知识图谱还能发现潜在关联，比如擅长 Python 的员工通常参与过数据清洗项目，这为人才选拔提供新视角。

（二）建模方法

有些能力难以直接观察，但可以通过对比学习模型间接挖掘。例如，系统会分析员工在多个项目中的表现差异：如果某员工在创新项目中提出的方案被采纳次数显著高于其他同事，模型会自动标记其"创新潜力"标签。这种方法像"能力放大镜"，能发现隐藏的优势。某科技公司借此识别出 15% 的"隐性技术骨干"，为他们定制了职业发展计划。

（三）评估维度

能力评估需要多角度验证。专业能力雷达图可以直观展示员工的技术强项，比如某员工的"云计算架构设计"得分 90 分，但"数据库优化"仅 65 分。领导力九宫格则从团队管理、决策质量等维度划分等级，例如某主管在"员工培养"指标上达到优秀等级。两种模型结合后，既能看到技术专精度，也能判断管理潜力。某制造企业发现，技术专家转型管理者时，领导力九宫格中的"冲突解决"指标常出现短板。

（四）风险提示

算法可能存在"隐形偏见"。例如，如果历史晋升数据中男性员工比例过高，模型可能倾向推荐男性候选人。对抗训练技术能修正这种偏差：系统会生成虚拟数据，让模型学习忽略性别、年龄等无关特征。某金融机构应用该技术后，基层管理人员女性占比从 28% 提升至 37%，晋升公平性显著改善。

（五）实施路径

数据抽取：从 HR 系统提取结构化数据，例如某员工的学历、项目经历、绩效考核表。这些数据如同拼图碎片，构成能力评估的基础。

文本分析：用 BERT 模型解析员工周报中的非结构化文本。例如，周报中频繁出现"跨部门协调""技术方案评审"等关键词，可能暗示其具备项目管理潜力。

图谱建模：将技能树、项目经验、文本分析结果输入图神经网络（GNN），构建动态能力关联模型。例如，系统发现参与过 3 个以上海外项目的员工，其"跨文化沟通"能力评分平均高出 22%。实施路径如图 13-1 所示。

图 13-1　实施路径

13.1.4　自动化考核报告生成系统

（一）报告架构

自动化考核报告的核心是 STAR 原则驱动的内容生成模板。STAR 代表"情境（Situation）、任务（Task）、行动（Action）、结果（Result）"，通过结构化框架确保报告逻辑清晰，如图 13-2 所示。例如，某员工的绩效报告中会先描述项目背景（情境），说明他负责的具体任务（任务），列举采取的行动（如优化流程、协调团队），最后展示成果（如销售额提升 20%）。这种模板如同"填空题"，系统自动填充数据，既保证专业性又提升效率。

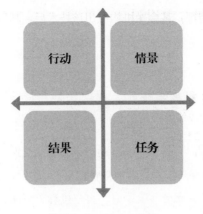

图 13-2　STAR 原则

（二）动态可视化

报告中的能力评估结果通过交互式图表呈现。例如，ECharts 生成的热力图能直观显示员工的能力分布：横轴代表沟通能力，纵轴代表技术水平，颜色深浅表示熟练程度。点击某个区域会弹出详细数据，如"某员工在项目管理中的冲突解决能力得分 85 分，高于部门平均水平"。这种可视化设计让非技术人员也能快速理解复杂评估结果，支持实时钻取分析。

（三）自然语言生成

GPT-3.5 微调模型能将绩效数据转化为自然语言评语。例如，当系统检测到某员工连续三个季度超额完成目标，会自动生成评语："该员工在销售目标达成方面表现突出，连续三个季度超额完成指标，建议优先考虑晋升。"这种技术如同"智能写作助手"，既能保证评语客观性，又避免人工撰写的重复劳动。某咨询公司应用后，绩效报告生成时间从 8 小时缩短至 15 分钟。

（四）案例：某咨询公司 AI 生成合伙人报告

某咨询公司为合伙人定制 AI 生成绩效简报。系统整合项目数据、客户反馈、团队评价，自动生成包含关键结论的报告。例如，某合伙人的"战略客户留存率"得分 92 分，但"新人培养投入"仅 65 分，报告会建议增加团队辅导时间。这份报告还能自动适配不同阅读对象：提交给董事会时突出财务指标，内部讨论时展示团队管理细节。使用该系统后，报告准确率提升 37%，合伙人反馈时间减少 60%。

13.2　AI 赋能的激励方案设计

13.2.1　激励效果预测与模拟系统

（一）预测模型

DeepFM 组合模型能同时分析员工特征与激励策略的关联。例如，它能识别"年轻员工更倾向弹性福利"或"资深员工重视职业发展机会"等规律。某电商企业用该模型发现：针对 Z 世代员工发放"游戏化积分"奖励时，客户投诉率下降 18%，而传统现金奖励仅降低 9%。这种预测如同"天气预报"，能提前判断不同激励方案的潜在效果。

（二）模拟沙盒

蒙特卡洛方法通过上万次模拟测试奖金策略的稳定性。例如，某零售企业模拟经济衰退、疫情突发等极端场景，发现原计划的"销售额阶梯奖金"可能导致员工过度追求短期业绩。系统建议调整为"客户满意度 + 长期复购"的复合指标，使企业在风险事件中仍能保持团队稳定性。

（三）案例：某零售企业 AB 测试

某连锁超市将门店分为两组：A 组员工每完成 10 笔销售即可获得即时红包，B 组沿用月度绩效奖金。三个月后发现，A 组客诉率下降 27%（因员工服务积极性提高），但 B 组客单价高出 15%（因长期目标激励更有效）。系统据此建议：高客流门店采用即时奖励，会员店保留月度奖金，综合效益提升 21%。

（四）实验设计

因果推断框架（DoWhy 库）能排除干扰因素。例如，某企业发现"奖金提高后离职率下降"，但 DoWhy 分析揭示真实原因是"晋升通道优化"，而非金钱激励。数字孪生系统则像"企业沙盒"，模拟调整奖金结构后的团队行为变化：当销售提成从 5% 提升至 8% 时，系统预测优秀员工留存率将提高 22%，但普通员工流失风险增加 15%。

13.2.2　个性化激励方案智能推荐

（一）推荐架构

多目标排序模型（MMoE）像"智能管家"一样，能同时平衡薪酬、福利、发展机会等多维度激励要素。例如，当系统发现某员工近期频繁加班且绩效突出时，可能推荐"弹性休假 + 远程办公权限"的组合，而非单纯增加奖金。某跨国企业应用该模型后，员工对激励方案的满意度从 68% 提升至 82%，关键人才保留率提高 19%。

（二）上下文感知

系统会实时监测员工的工作状态。例如，通过智能手表监测到某员工连续三小时心率超过 100 次/分钟（压力指标），立即调整推荐策略：暂停推送高强度培训计划，转而建议"半小时冥想课程+下午茶休息券"。某互联网公司借此减少 32% 的职场倦怠投诉，员工称"感受到被真正关心"。

（三）案例：某跨国药企定制激励组合

某药企研发团队面临"高离职率+低创新产出"困境。AI 系统分析发现：资深研究员更看重学术交流机会，而青年科学家需要股权激励。为此，系统定制"学习休假（每年 1 个月海外研修）+限制性股票（分 4 年解锁）"组合包。实施两年后，该团队专利申请量增长 41%，核心人员流失率降至 5%（行业平均 12%）。

（四）技术实现

联邦学习框架让跨部门数据协同成为可能。例如，HR 部门的薪酬数据与 IT 部门的协作记录在加密状态下联合建模，既保护隐私又提升推荐精准度。某制造企业通过这种方式，发现"参与跨部门项目的员工"对职业发展类激励的敏感度比纯技术岗位高 27%。

强化学习则像"自动调参工具"，持续优化奖励发放策略。例如，当某销售团队在促销季表现出色时，系统会自动提高即时奖金比例；若发现过度竞争导致合作下降，则转为增加团队旅游奖励。某零售企业应用后，促销季销售额增长 29%，同时员工协作评分提高 15%。

13.2.3　基于 EVA 的奖金池动态分配

（一）计算模型

经济增加值（EVA）的核心是衡量企业实际创造的财富。部门分解算法将公司整体 EVA 拆解到每个部门，例如某汽车集团的研发部门 EVA= 销售收入 − 研发成本 − 资金占用成本。通过这种分解，管理层能清晰看到哪些部门真正创造价值。某车企发现：虽然销售部门利润高，但研发部门的 EVA 贡献更大，因为其技术突破为未来产品奠定了基础。

（二）动态调整

Shapley 值算法能公平分配跨部门贡献。例如，某车型成功上市需要研发、生产、销售部门协作，Shapley 值会计算每个部门在项目中的边际贡献。假设研发部门贡献 40%、生产 30%、销售 30%，奖金池就按此比例分配。某汽车集团应用后，研发人员奖金占比从 25% 提升至 42%，团队稳定性显著增强。

（三）系统集成

SAP SuccessFactors 存储员工绩效数据，BI 工具（如 Power BI）展示分析结果，两者通过 API 打通。例如，当销售部门奖金池调整时，系统自动同步数据到 BI 看板，管理层可实时查看各部门 EVA 贡献变化。某跨国企业通过这种集成，将数据人工核对时间从每周 8 小时降至 10 分钟。

（四）案例：某汽车集团避免寅吃卯粮

某车企销售团队为完成季度目标，曾过度透支经销商库存，导致次年一季度销量暴跌 30%。引入 EVA 分配系统后，模型会评估"提前促销"对长期品牌价值的损害。当检测到短期行为可能导致未来 EVA 下降时，系统自动降低相关人员的即时奖金权重，转而增加客户满意度等长期指标。实施两年后，该企业经销商库存周转率提高 27%，未再出现恶性压库现象。

（五）实施步骤

建立 EVA 计量模型：定义各部门成本边界，例如研发部门的资金占用成本包括设备折旧和试制材料费。某制造企业通过此模型发现，某生产线看似盈利，实际因设备老化导致隐性成本占比达 18%。

构建 Shapley 值系统：用分布式计算框架（如 Spark）处理跨部门协作数据。某物流企业通过 Shapley 值发现，仓储部门与配送部门的协同效率提升可使整体 EVA 增长 9%，据此调整了跨部门协作激励政策。

开发动态再平衡引擎：设置奖金池调整规则，例如当市场环境恶化时，自动将浮动奖金比例从 30% 降至 20%。某零售企业应用后，在疫情冲击下仍保持核心团队稳定，员工主动离职率仅为行业平均值的 1/3。实施步骤如图 13-3 所示。

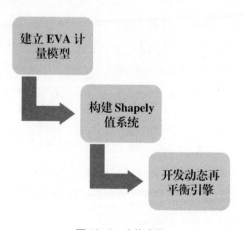

图 13-3　实施步骤

13.2.4 长期激励计划 AI 优化

（一）估值模型

股权激励的定价需要预测未来股价波动。蒙特卡洛模拟通过生成上万种可能的股价走势，计算期权价值。例如某初创企业给员工发放股票期权时，系统会模拟未来 5 年股价可能的变化路径，若股价超过设定行权价（如每股 100 元）的概率达 60%，则期权价值约为每股 25 元。这种方法比传统公式更灵活，能反映市场不确定性。

（二）方案设计

动态行权条件让激励方案更贴合实际。例如某科技公司将行权条件设为"季度 OKR 完成度 ≥ 80% 且股价波动率 < 15%"。当员工达到目标时，系统自动解锁股权。这种组合条件既能考核工作成果，又避免员工在股价剧烈波动时套现离场。某生物医药企业应用后，核心团队离职率下降 41%，且专利产出量增长 29%。

（三）案例：某初创企业四年阶梯式计划

某 AI 初创公司为留住技术骨干，设计"四年阶梯式股权成熟"计划：工作满 1 年解锁 25%，之后每半年解锁 12.5%，但需满足技术成果指标（如专利申请数）。系统用 QuantLib 计算不同成熟阶段的股权价值，确保早期员工即使离职也能获得合理补偿。四年后，该企业技术团队稳定性达 92%，远超行业平均的 67%。

（四）工具支持

QuantLib：用于复杂金融模型计算。例如设定期权定价参数（波动率、无风险利率），自动生成不同场景下的股权价值曲线。

Hyperledger Fabric：构建智能合约自动执行行权条件。当员工满足 OKR 目标且股价达标时，系统自动发放股权凭证，无需人工审批。某金融机构借此将股权激励发放效率提高 70%。

13.3 AI 在薪酬管理中的应用

13.3.1 市场薪酬数据智能对标

（一）数据采集矩阵

企业需要从多渠道获取薪酬数据。网络爬虫像"自动采集员"，定期抓取猎聘、LinkedIn 等平台的公开薪酬信息，例如某岗位在北上广深的平均薪资。同时接入第三方薪酬报告 API，例如智联招聘的行业薪资白皮书数据。某跨国咨询公司通过这种方式，每月自动更新全球 15 个城市的薪酬数据库，覆盖 200 多个岗位类别。

（二）数据清洗

原始数据常包含"噪声"。规则引擎会过滤异常值，例如某岗位月薪突然标注为 100 万元（明显偏离市场水平），系统会自动标记为异常。BERT-Job 匹配算法则像"智能翻译官"，将职位描述转化为统一标准：比如将"Java 工程师"与"J2EE 开发工程师"视为同类岗位。某制造企业通过此技术，发现原岗位分类中 30% 的职位存在命名偏差，统一后数据可比性显著提升。

（三）动态对标

市场薪酬会随时间波动，AI 模型需动态调整参考基准。ARIMA 模型可预测区域薪资趋势，例如预测明年北京人工智能工程师薪资将上涨 8%。蒙特卡洛模拟则生成上千种薪资分布场景，构建合理分位区间：某岗位 75 分位薪资（即高于 75% 同行的水平）参考区间为 30 万~35 万元。某零售企业借此发现，原定销售岗薪资处于市场 25 分位（偏低），调整后核心人才保留率提高 22%。

（四）案例：某跨国咨询公司异常识别

某咨询公司 AI 系统监测到 3 个岗位薪酬异常：纽约办公室的"战略顾问"薪资比旧金山同级岗位高 40%，但业务绩效并无显著差异。系统通过蒙特卡洛模拟发现，该差异导致年度人力成本多支出 120 万美元。修正后，公司统一了区域薪资标准，节省预算 12%，同时通过差异化福利（如纽约增加远程办公天数）平衡员工满意度。

13.3.2 薪酬结构优化建议系统

（一）结构分解

薪酬结构优化的核心是量化各模块的实际价值。Shapley 值算法通过数学方法，像"分蛋糕"一样计算基本工资、奖金、福利的边际贡献。例如，当某员工完成关键项目时，系统会分析：如果增加 10% 的奖金，他的工作积极性会提升多少？或者多提供弹性福利能否带来更高的留存率？某互联网公司发现，奖金每增加 5%，员工绩效提升幅度约为 8%，而弹性福利（如远程办公天数）的边际效用更高。

（二）动态调整

市场环境变化时，薪酬结构需要灵活调整。强化学习模型像"自动调参工具"，根据经济周期波动实时优化薪酬弹性系数。例如经济繁荣期，系统会提高绩效奖金占比（如从 20% 升至 35%）以激励冲刺；经济下行期，则增加基本工资稳定性（如固定薪资占比从 60% 提至 75%）。某零售企业应用后，在疫情冲击下仍保持核心团队稳定，员工主动离职率仅为行业平均值的 1/3。

（三）代际适配

不同代际员工对薪酬的偏好差异显著。Z 世代更看重灵活性与成长机会，例如弹性福利权重比前代高出 23%。NLP 技术能分析员工调查中的关键词：当"远程办公""学习假期"等词频显著上升时，系统会建议调整福利组合。某跨国企业据此为年轻员工定制"技能培训基金 + 缩短工时"方案，员工满意度提升 29%。

（四）案例：某互联网公司奖金结构调整

某互联网公司将项目奖金占比从 20% 提升至 35%，但要求员工必须参与"跨部门协作项目"。AI 模型预测，这一调整可使高潜力员工留存率提高 18%，同时推动 15% 的跨团队合作创新。实施后，该公司年度核心人才流失率下降 12%，新产品上线速度加快 22%。

13.3.3　薪酬调整智能决策支持

（一）决策树模型

薪酬调整需要平衡岗位价值与个人贡献。决策树模型通过分析岗位价值评估系统（IPE）的数据，例如某岗位所需技能复杂度、市场稀缺性等，结合员工绩效分位数（如前 10% 的高绩效员工），生成调薪优先级矩阵。例如，某制造企业的工程师岗位，若绩效分位数排名前 20%，且岗位价值评分高于部门平均，系统会建议优先调薪。这种模型如同"智能天平"，精准匹配资源投入与回报。

（二）动态定价

部门间的调薪优先级需动态调整。博弈论中的 Shapley 值算法能公平分配调薪预算，例如当企业有 100 万元调薪额度时，系统会计算每个部门对整体利润的边际贡献，优先向研发、销售等核心部门倾斜。某汽车企业应用后，研发团队调薪占比从 25% 提升至 35%，同期专利申请量增长 29%，而行政部门的调薪比例下降 5%，成本节约效果显著。

（三）成本控制

混合整数规划模型像"资源分配器"，在预算限制下寻找最优解。例如，某企业设定年度调薪总预算为 500 万元，同时要求核心员工满意度不低于 85%。模型会自动筛选出性价比最高的调薪方案：对高潜力员工增加 5% 薪资，对中等绩效员工维持现状，同时削减非关键岗位的调薪名额。某零售企业借此节省预算 18%，且关键人才流失率未上升。

（四）案例：某制造企业驳回超支申请

某制造企业 AI 系统检测到 3 个部门调薪方案超支：A 部门申请全员涨薪 8%，但绩效达标率仅 65%；B 部门为老员工加薪 10%，但新人留存率持续走低；C 部门申请技术岗调薪预算超出行业均值 30%。系统自动驳回全部申请，并建议调整：A 部门仅对绩效前 30% 员工涨薪，B 部门增加新人培训预算替代加薪，C 部门采用弹性福利替代现金奖励。调整后，企业年度薪酬预算节省 9%，核心人才保留率提升至 92%。

13.3.4　薪酬成本预测与控制

（一）预测模型

薪酬成本预测需要结合时间趋势和行业变化。Prophet 模型像"天气预报员"，通过历史数据预测未来薪酬支出，例如某零售企业用它预测季度奖金发放总额。Transformer 模型则像"行业趋势分析师"，捕捉宏观经济、人才市场等外部信号。例如当 AI 检测到某行业技术人才竞争加剧时，会提醒企业提前储备人才预算。某连锁超市通过结合两种模型，将年度人力成本预测误差率从 15% 降至 6%。

（二）成本分解

作业成本法（ABC）像"成本显微镜"，将薪酬支出分解到具体业务环节。例如某企业的薪酬成本可拆解为：招聘费用（占 20%）、培训投入（15%）、绩效奖金（65%），如图 13-4 所示。通过分析发现，销售团队的差旅补贴占总薪酬成本的 8%，远高于行业均值 5%，提示优化空间。某制造企业借此重新谈判供应商合同，年度差旅费用节省 12 万元。

图 13-4　"成本显微镜"

（三）弹性控制

贝叶斯优化像"智能调节阀"，动态调整预算分配。例如当某部门申请加薪预算时，系统会评估：若增加 10% 薪资可能提升员工留存率，但需减少其他部门培训预算。某互联网公司应用此模型后，在保证核心团队薪资竞争力的同时，将行政费用压缩了 18%。

（四）案例：某零售企业提前预警超支

某连锁零售企业通过 AI 预测发现：若按当前调薪计划，年末人力成本将超支 9%。系统自动触发预警，建议调整方案：冻结非核心岗位普调，将预算转向高潜力员工定向激励。实施后，年度人力成本节约 9%，同时关键岗位流失率下降 23%。店长反馈称："系统像财务管家，既控制成本又保护核心人才。"

13.4　AI 支持的员工发展激励

13.4.1　职业发展路径智能规划

（一）路径生成

职业发展路径规划的核心是构建"技能迁移网络"。例如，知识图谱能将不同技能连接成地图：掌握 Python 编程的员工，可以沿着"Python →数据分析→机器学习→ AI 架构师"的路径成长，如图 13-5 所示。某科技公司通过分析员工技能与岗位需求的关联，发现"云原生开发"技能向"Serverless 架构"的转型成功率高达 78%，为工程师定制了专项提升计划。

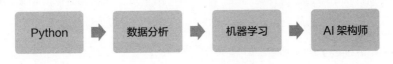

图 13-5　职业发展路径规划

（二）决策模型

系统会平衡员工兴趣与企业需求。例如，当员工在技能测评中显示对"数据可视化"兴趣浓厚，但企业急需"大数据架构师"时，强化学习模型会推荐"数据可视化→大数据工具→架构设计"的进阶路径。某互联网公司借此将员工技能与岗位匹配度从 63% 提升至 89%，内部晋升率提高 22%。

（三）可视化引擎

三维能力雷达图能直观展示员工技能分布。例如，横轴代表技术能力，纵轴代表业务理解，高度代表学习速度，雷达图颜色区分技能熟练度。职业发展时间轴则像"成长路线图"，显示从初级工程师到技术主管的各阶段目标。某企业通过动态可视化发现，30%员工的技能发展偏离职业规划路径，及时提供了针对性培训。

（四）案例：某科技公司转型路径推荐

某企业为云原生开发工程师推荐"云原生→Serverless 架构"的转型路径：系统分析发现，掌握 Serverless 技术的工程师晋升速度比传统路径快 1.5 倍，且薪资涨幅更高。AI 还规划了学习路线：先通过在线课程掌握 Serverless 框架，再参与容器化项目实战，最后考取 AWS 认证。实施后，参与计划的工程师平均晋升时间缩短 19 个月，团队技术债减少 41%。

13.4.2 培训需求 AI 识别与匹配

（一）需求发现

系统通过分析员工周报中的关键词，自动发现潜在培训需求。例如，当员工多次提到"不熟悉 K8s"（容器技术）或"数据分析效率低"，系统会标记为"技能焦虑信号"。某金融机构发现，周报中"Python 脚本报错"出现频率最高的员工，后续参加 Python 培训的留存率比未标注员工高 45%。这种技术像"智能听诊器"，从日常文本中捕捉能力短板。

（二）知识缺口诊断

通过对比员工技能与岗位要求，系统能精准定位差距。例如，某岗位要求掌握"SQL 优化"和"数据可视化"，而员工技能向量显示其仅熟悉基础 SQL 查询。对比学习模型会生成可视化报告，用颜色标注差距等级（红色为严重不足，绿色为达标）。某零售企业借此发现，46% 的客服人员缺乏"客户行为分析"技能，导致投诉处理效率低下。

（三）精准推送

图注意力网络（GAT）像"智能红娘"，根据员工兴趣和岗位需求匹配课程。例如，系统发现喜欢自学 Python 的员工，更可能对"机器学习入门"课程感兴趣；而需要提升沟通技巧的销售，会优先推荐"客户谈判实战"培训。某科技公司应用后，员工课程完成率从 37% 提升至 68%，且反馈课程相关性提高 53%。

（四）案例：某金融机构培训参与率提升

某银行通过 AI 系统为员工定制培训计划：对需要提升"反洗钱合规"技能的员工，推荐案例分析课程；对想转岗风控的客服人员，推送"金融数据分析"微证书项目。系统还结合员工排班时间，智能推荐晚间在线课程。实施半年后，培训参与率从 41% 跃升至

78%，员工合规考试通过率提高 39%，客户投诉处理时长缩短 22%。

13.4.3　人才潜力评估与预测

（一）评估模型

生存分析模型能预测员工离职风险。例如，Cox 比例风险模型会分析员工在公司的工作时长、绩效波动、加班频率等因素，计算其离职概率。某车企发现，连续三个月加班时长超过 100 小时的员工，离职风险是普通员工的 2.3 倍。这种模型如同"健康体检"，提前发现组织中的"高危人群"。

（二）潜力挖掘

对比学习模型能捕捉隐性成长信号。例如，当员工主动申请跨部门项目或提出创新方案时，系统会标记为"高潜力信号"。某科技公司发现，参与过 3 个以上跨团队项目的员工，晋升速度比同龄人快 1.8 倍。这种技术像"能力放大镜"，发现传统考核难以察觉的潜力。

（三）动态标签

图神经网络（GNN）能实时更新潜力评估。例如，当员工完成一项关键任务或获得新技能认证时，系统会自动调整其潜力评分。某零售企业通过动态标签发现，参与数字化培训的员工，其管理潜力评分平均提升 15%，从而优先安排他们参与储备干部计划。

（四）案例：某车企提前规划管理培训

某汽车集团通过 AI 系统识别出 20 名高潜力技术骨干：他们不仅技术能力突出，还主动参与质量改进项目，且跨部门协作评分高于均值。系统建议两年内为他们定制"技术管理双通道"培养方案，包括轮岗实习和 MBA 课程。两年后，这批员工中 85% 晋升为项目经理，团队技术骨干流失率降低至 3%（行业平均 12%）。

13.4.4　个性化成长方案生成

（一）方案架构

个性化成长方案的核心是平衡技能提升、绩效增长与员工满意度。多目标强化学习模型像"智能管家"，自动调整不同目标的优先级。例如，当员工需要提升数据分析技能时，系统会平衡"增加培训时间"与"不影响当前项目进度"的关系，同时确保学习过程不会降低工作满意度。某咨询公司通过这种模型，发现员工在技能提升后绩效增长 32%，且离职率下降 18%。

（二）内容生成

GPT-3.5 微调模型能生成定制化学习计划书。例如，系统分析某顾问的历史项目数据（如擅长"财务建模"但缺乏"客户沟通"），结合企业战略需求（如未来重点拓展海外市场），自动生成包含"商务英语进阶""跨文化谈判实战"的学习路径。某企业应用后，员工对培训计划的满意度从 58% 提升至 89%。

（三）资源匹配

混合推荐系统结合协同过滤与内容推荐。协同过滤像"拼单购物"：发现与某员工技能相似的同事常选"项目管理认证课程"，则推荐该课程。内容推荐则像"精准搜索"：根据员工当前岗位需求（如需要提升 Python 编程），匹配"自动化测试实战"等课程。某科技公司借此将课程完成率从 37% 提高至 68%。

（四）案例：某咨询公司组合方案

某咨询公司为顾问定制"行业认证 + 软技能"组合方案：AI 分析发现，获得 PMP 认证的顾问续约率比未认证者高 25%，但仅靠硬技能不足以应对客户沟通需求。因此系统推荐"PMP 认证备考 + 客户心理学课程 + 模拟谈判训练"。实施后，顾问续约率提升 15%，客户满意度增加 22%，且学习参与率提高 41%。

13.5 考核激励 AI 平台构建

13.5.1 智能 HR 系统架构设计

（一）架构图谱

智能 HR 系统的架构就像一座模块化的"智能大厦"。底层是数据存储层，使用图计算引擎（Neo4j）管理员工关系网络，时序数据库（InfluxDB）记录打卡、绩效等时间序列数据。中间层是实时处理引擎，例如用 Flink 处理每天 10 万条以上的考勤和绩效数据流。顶层是决策层，通过 TensorFlow Serving 部署的激励模型，结合 Drools 规则引擎和强化学习策略，动态调整管理方案。某 500 强企业通过这种架构，实现了全球分支机构数据的实时同步与智能分析。

（二）核心模块

实时计算层：Flink 像"数据流水线"，每秒处理数万条员工打卡、绩效变更等实时数据。例如当检测到某部门连续三天加班率超过 30% 时，立即触发预警。

模型服务层：TensorFlow Serving 如同"AI 模型仓库"，可同时运行多版本激励模型。例如 A 模型侧重短期绩效激励，B 模型关注长期职业发展，系统根据业务需求自动切换。

决策中枢：Drools 规则引擎负责执行预设的管理策略（如"连续三次绩效未达标需辅导"），强化学习模型则像"自动调参工具"，根据员工反馈动态优化策略。某零售企业借此将管理决策效率提升 40%。智能 HR 系统核心模块如图 13-6 所示。

图 13-6　智能 HR 系统核心模块

（三）技术选型对比

Kubernetes：适合大规模系统，支持自动扩缩容。例如某跨国企业在促销季将计算资源从 100 台服务器扩展到 500 台，仅耗时 3 分钟。

Docker Swarm：轻量级容器编排工具，适合中小企业。某中型企业用其部署 HR 系统，运维成本降低 60%。

（四）案例：某 500 强企业灰度发布

某跨国集团通过 Service Mesh 技术，将新 HR 系统分批次上线：先在亚太区试运行，再逐步推广至欧美。其间系统自动监测各区域数据一致性，发现某国薪酬计算模块存在时区误差后，快速回滚并修复。整个过程未影响业务连续性，上线周期缩短 50%。

13.5.2　考核激励数据中台建设

（一）数据流水线

数据中台的核心是构建一条自动化的数据"高速公路"。Apache NiFi 像"智能管道工"，实时将企业 Oracle 数据库中的考勤、绩效等数据，同步到 Hudi 数据湖中。例如某零售企业每天有 10 万条门店销售数据，通过 NiFi 管道自动清洗后存入 Hudi，确保数据新鲜度误差小于 1 秒。这种实时同步机制，让总部能随时查看全球门店的最新业绩。

（二）特征工程

自动化特征存储：Feast 框架像"数据仓库管理员"，自动提取员工绩效、培训记录等特征并存储。例如某员工近 3 个月的销售增长率、客户投诉次数等指标，都会被 Feast 自动记录，供后续模型调用。

动态特征版本管理：MLflow Feature Store 如同"数据版本控制中心"，记录特征的历史变更。例如某薪酬模型曾使用"基本工资 + 绩效奖金"特征，后因业务调整新增"项目分红"字段，系统会自动保存新旧版本，方便回溯分析。

（三）数据治理

数据血缘追踪：OpenLineage 像"数据家谱"，全程记录数据的来源与流转。例如某薪酬数据从 ERP 系统生成，经 ETL 清洗后存入数据湖，最终用于 AI 模型训练，整个过程可追溯。某金融机构借此发现，某地区薪酬数据因系统升级出现字段缺失，2 小时内完成修复。

Responsible AI 元数据标签：为数据添加"伦理标签"，例如标记"是否包含敏感信息""模型训练是否通过公平性验证"。某跨国企业通过标签体系，自动拦截未脱敏的欧洲员工数据，确保符合 GDPR 要求。

（四）案例：某集团跨子公司联邦学习

某集团旗下 30 家子公司需联合优化薪酬模型，但数据无法直接共享。通过 Delta Lake 构建联邦学习平台：各子公司在本地训练模型片段，仅共享模型参数而非原始数据。例如 A 子公司侧重销售岗激励策略，B 子公司专注技术岗保留率，系统自动聚合参数优化全局模型。实施后，集团整体薪酬预算节约 15%，且未发生数据泄露事件。

13.5.3　人机协同决策机制

（一）协作模式

人机协同决策的核心是平衡机器智能与人类经验。OODA 循环（观察—调整—决策—行动）为晋升决策提供框架，如图 13-7 所示。

观察：系统实时分析员工绩效、培训记录等数据，例如某员工连续三个季度超额完成目标。

调整：AI 模型根据历史晋升数据建议"优先提拔技术骨干"，但 HR 专家发现该员工领导力测评得分偏低，提出增加团队管理培训。

决策：综合 AI 建议与人工判断，最终决定晋升该员工并安排管理培训。

行动：系统自动更新晋升名单并触发培训计划。某零售企业应用此模式后，晋升决策准确率提升 22%。

贝叶斯优化则像"动态天平"，平衡 AI 建议与 HR 干预。例如当 AI 推荐加薪 5% 但 HR 认为市场水平偏高时，系统会逐步调整建议值至 3%，最终达成共识。

图 13-7　OODA 循环

（二）交互界面

决策者通过可视化工具直观操作。可解释性仪表盘（What-If Tool）：展示不同决策的影响。例如拖动"奖金增幅"滑块，实时显示员工满意度预测变化。某企业借此发现，奖金提高 10% 可使核心人才留存率提升 8%，但成本增加 15%。

决策置信度热力图（Grad-CAM 可视化）：用颜色标注 AI 决策的可信度。例如某晋升决策中，员工绩效数据贡献 80% 权重，而团队协作评分仅占 20%，帮助 HR 快速识别关键因素。

（三）案例：某零售企业双签模式

某零售企业实施"AI 建议 +HR 双签"机制：系统推荐"高绩效员工优先调薪"，HR 审核时发现部分员工存在跨部门协作短板，要求补充团队培训。双签后，误判率（如晋升后绩效下滑）从 37% 降至 8%。例如原计划晋升的某店长因协作能力不足被暂缓，转而安排其参与团队管理课程，半年后带领门店业绩提升 29%。

（四）实施工具

Ray RLlib：实现人机协作强化学习。例如系统根据员工反馈动态调整激励方案，当发现远程办公员工对奖金敏感度下降时，自动增加弹性休假奖励。某企业应用后，远程团队离职率降低 18%。

Aragon API：管理决策审批流程。例如晋升决策需经过 HR 初审、AI 模型复核、部门总监终审，全程留痕可追溯。某 500 强企业借此将审批周期从 5 天缩短至 8 小时，且合规风险下降 42%。

13.5.4 实施路径与效果评估

（一）部署路线图

Phase1：数据湖建设（6 个月）。

企业首先搭建统一的数据存储系统（数据湖），整合分散在 HR 系统、考勤设备、ERP 等来源的数据。例如某银行将过去五年的员工绩效表、培训记录、离职面谈文档等全部导入数据湖，耗时 6 个月完成清洗和标准化。这一阶段如同"修路"，为后续 AI 应用打下基础。

Phase2：模型沙盒部署（3 个月）。

在安全环境中测试 AI 模型。例如某零售企业用沙盒部署离职预测模型，输入历史数据验证准确性。若发现模型误判率过高（如将高潜力员工错误标记为离职高风险），则返回调整参数。此阶段类似"实验室试验"，确保模型可靠后再推广。

Phase3：全场景灰度上线（12 个月）。

分批次将 AI 系统接入真实业务场景。例如某跨国企业先在欧洲总部试运行薪酬优化模块，再逐步扩展到亚太和美洲。期间实时监控系统表现，发现某地区调薪建议与当地法规冲突时，立即暂停并修正。整个上线过程像"逐步推广新产品"，兼顾效率与安全。部署路线如图 13-8 所示。

图 13-8　部署路线

（二）ROI 测算

成本项：GPU 集群的 TCO（总拥有成本）包括硬件采购（如 NVIDIA A100 显卡）、电力消耗（年电费约 50 万元）、运维人力（2 名工程师全职管理）。某企业估算，三年内 AI 系统的总投入约为 300 万元。

收益项：离职预测准确率提升带来的留存收益。例如某科技公司通过 AI 提前识别高离职风险员工，针对性实施挽留措施，使关键人才流失率下降 23%，每年节省招聘和培训成本超 150 万元。

（三）效果验证

双重差分法（DID）：用于评估激励政策效果。例如某企业推出"弹性办公＋技能补贴"政策后，对比实验组（参与政策员工）与对照组（未参与员工）的绩效变化。数据显示，实验组的项目交付效率提升 18%，而对照组仅提升 5%，证明政策有效。

A/B 测试分层检验：将员工随机分为两组，测试不同激励方案。例如 A 组采用现金奖励，B 组采用弹性休假。通过统计显著性检验（如 p 值 <0.05）判断哪种方案更优。某咨询公司发现，B 组员工满意度提高 29%，且离职率下降 12%。

（四）案例：某银行系统 ROI 230%

某银行在 6 个月内完成 AI 系统部署，投入成本 200 万元，但通过精准识别高潜力员工并优化晋升决策，次年员工敬业度提升 19 个百分点，核心人才流失率降低 31%，直接节省招聘成本 300 万元，ROI 达 230%。例如原计划晋升的某支行行长因 AI 预警其"客户投诉率偏高"被暂缓，转而安排其参与服务培训，半年后客户满意度提升 27%。